羅石의物詩

라석문집 三

라석심물시 — 동아시아문명기행시집 [1]

孫炳哲 著

羅石文果
Ⅲ

羅石의物詩
동아시아문명기행시집

라석 손병철 지음

도서
출판 **불한재**

이 시집을 나의 사랑하는 부인
우향 안정숙 선생에게 바친다

시인은 보는 자다

최진석 철학박사/새말새몸짓 대표

1992년은 한중간에 특별한 의미가 있다. 그해 8월에 한국과 중국 간에 국교가 수립된 것이다. 오랫동안 적대시하던 두 나라가 수교하고 새로운 관계에 들어섰으니 모든 일에 특별한 분위기가 입혀졌다. 이듬해 수십 년 만에 처음으로 북경대학에서 한국 유학생을 받아들였다. 필기시험을 치른 후, 몇 달 있다가 면접을 보았는데, 공교롭게도 내가 면접 1번이었다. 그렇다면, 내게 물어지는 첫 질문이 수십 년 만에 한국 유학생에게 제기되는 첫 질문이 된다. 두근두근한 마음으로 첫 질문을 기다리는데, 면접 교수님께서 물으셨다. "당신은 최치원의 후예인가?" 질문 하나에도 역사적인 의미를 부여하고 싶을 정도로 첫 유학생들의 심리나 주위의 풍경이나, 심지어는 새소리 바람 소리까지 다 조금씩이라도 신기하고 눈길을 머물게 하였다.

라석 손병철 작가는 북경대학 철학과 동학으로 만났다. 나보다 10살 정도의 연상으로 알고 있다. 우리는 동학 정도가 아니라 같은 지도교수를 모시는 한 문파(門派)다. 나는 도교를 연구했고, 라석 작가는 불교를 연구했다. 북경대 교정에서 마주치다 보면, 라석 작가에게는 언제나 약간의 방관자적 태도가 있었다. 얼마 전에야 수교를 맺은 사회주의 국가의 생경한 대학 교정에서 예민한 탐구자라면 보일 수밖에 없는 방관인 줄 알았었다. 나는 한참 후에 "몰입의 바닥에는 시가 없다. 불타는 장작을 뒤집어 불길의 이면을 읽어야 하는 남자여. 불쌍한 시인이여."라는 구절이 들어있는 이화은의 시, "시론(詩論), 입맞춤"을 읽고서, 시인의 미덕은 장작에 밀착해서, 눈을 지그시 감은 채 따스한 열기를 즐기는 것이 아니라, 오히려 눈을 뜨고 장작을 뒤집어가며 이면을 읽어보려고 애쓰는 것임을 더 충분히 알게 되었다. 생경하게 느껴질 수밖에 없는 교정에서, 라석 작가가 신입생처럼 거기에 동화되려 애쓰지 않고 유유자적하게 방관자적 태도를 유지할 수 있었던 것은 그의 마음에서 오랫동안 자랐던 "관찰"이라는 힘든 일에 습관이 된 예술가적 기질이 살아있었던 것이 아닌가 한다. 예술가에게는 "관찰"이 일상이다. 그의 관찰 능력이 처음에는 방관으로 보였는데, 방관도 오랜 기간 연마한 내공의 표현이었음을 이제는 알겠다.

시인은 판단하는 사람이 아니라 보는 사람이다. 대상에 밀착하면, 볼 수 없다. 시인은 사랑하는 사람이 아니라, 사랑을 보는 사람이다. 사랑에 빠지면, 시인이 될 수 없다. 차라리 사랑에 빠져 죽어버리고 싶더라도 참아야 한다. 아무리 사랑하더라도 일정한 거리를 유지하면서 연인의 볼과 속눈썹의 떨림을 봐야 한다. 시인의 운명은 결국 "방관"이나 "관찰"이다. 자기 안에 있는 판단의 장치를 직접적으로 적용하는 판단자는 시인이 될 수 없다. 판단의 장치에마저도 밀착하지 않고, 거리를 유지해야 할 것이다. 그래야 볼 수 있다.

문명 세계에서는 시인이 제일 높다. 시인의 시선과 시인의 영혼을 한 조각이라도 품을 수 있다면, 인간으로서는 잘사는 축에 들 것이다. 그래서 죽기 전까지 우리는 모두 시인으로 살다 죽을 포부를 가져야 한다. 『동아시아문명기행시집』(1)을 읽으며, 나는 한 권의 시집을 읽는 느낌보다는 시적인 문명기행을 함께 하는 느낌을 더 강하게 받았다. 기행에 몰입하는 자가 아니라, 기행을 방관하고 관찰하는 자를 본 것이다. 문명의 일상에 빠진 자가 아니라, 문명 자체를 들여다보고 또 들여다보는 관찰자를 본 것이다. 시인의 시선과 시인의 영혼을 품고, 쉼 없이 걸으며 인간다운 인간으로 살다 가고 싶어 하는 한 명의 소탈한 구도자를 만났다.

2023년 11월 7일 함평 나비꿈집(호접몽가)에서

心物詩, 핸드폰 속의 거대한 중국문명기행

玉珖 李達熙 시인

조그만 핸드폰을 통해 우리에게 매일 매일 유구한 중국문명의 폭과 깊이를 생생히 보고 느끼게 해주었다. 이는 지난 1년 동안 라석(羅石) 손병철(孫炳哲) 시인이 심혈을 기울여 해낸 일이다. 잘 다듬은 시와 주해, 몇 장의 관련 사진들이 하루도 빠짐없이 우리들 핸드폰에 올려지던 그 놀라운 작업이 대단원의 막을 내렸다. 지난 해 9월 1일부터 시작하여 366회를 끝으로 연재를 마친 이 시인의 노고와 성취에 진심으로 격려와 축하를 드린다.

출발은 조용히 했지만 날이 갈수록 이 작업의 울림은 커졌고, 그 명성이 국내외로 널리 알려지면서 많은 이들이 책으로도 출간되기를 바랐는데, 다행히 연재가 끝나자마자 신속하게 출판되는 것도 함께 기뻐할 일이 아닐 수 없다. 나 같은 사람에겐 중국대륙을 두루 답사하는 것만으로도 그저 꿈만 같은 일이다. 거기다 그 문화 문명 전반을 대상으로 글을 쓴다는 것은 누구도 하기 힘든 일이 아닌가. 더욱이 그것을 시문으로 정리해냈다는 것, 예나 지금이나 그 사례를 찾기 힘들 것 같다.

라석 시인은 일찍이 유년기부터 배우고 익힌 동양고전에 대한 남다른 소양을 갖추었고, 문사철(文史哲)의 인문학적 교양을 겸비하여 청년기부터 한국 시서화(詩書畵)의 예술계에서 두루 활동하다가, 한중수교(韓中修交) 이전에 중국 북경대(北京大)로 유학하여 철학박사 학위를 받은 바 있다. 이로부터 중국을 30여년 넘게 오고 가며 폭넓게 쌓아온 지식과 경험, 그리고 여러 차례 중국 대륙의 각 지역에 대한 집념어린 현장 답사가 이런 창작의 바탕이 된 것이리라.

그러나 한 개인이 그리고 한 유학생이, 저 머나먼 장강대하(長江大河)를 건너고 오악(五嶽)을 오르고 대륙의 곳곳을 종횡으로 답사하는 일이 예사로 할 수 있는 일일까. 남다른 집념 없이 가능한 일일까. 이 연작시에서 펼쳐지는 기나긴 행로의 지도를 펼쳐놓고 바라보면 더욱 그런 느낌을 지울 수 없다. 이 행로를 시인 자신의 메모를 통해 요약해보면, 산동(山東)에서부터 출발하여 황하(黃河)를 쭉 거슬러 올라가, 天山 남북으로 갈리는 서역 실크로드의 고대국가 유적지를 돌아서, 곤륜산(崑崙山)과 티벳에서 발원하는 양자강(揚子江)을 따라 장강(長江) 삼협(三峽)으로 내려오고, 다시 남쪽 주강(珠江)을 거슬러 차마고도를 따라 올라갔다가 남해도(南海島)를 거쳐서 東北 3省(요녕성, 길림성, 흑룡강성)에서 고구려와 발해의 유적지들을 살피며 백두산 천지에 이르는 기나긴 여정임을 알게 된다.

여기서 우리는 이 연작시의 그 웅혼한 스케일과 집념의 뿌리를 어느 정도 가늠해 볼 수 있지 않을까 한다. 황하로부터 백두산에 이르는 이 연작시의 의식적 흐름 속에는, 유구한 동아시아 상고시대 문명을 다시 일깨우며,

우리 민족의 원대한 꿈의 새벽을 예감한 동아시아적 염원이 서려 있음을 느끼게 된다는 것이다.

이것은 시문 가운데서도 어느 정도 드러나고 있다고 생각한다. 시인은 연작시 출발부터 제1편 <황하>의 해설 부분에서 "해동산하(海東山河)의 개벽시대를 여는 계명성(鷄鳴聲)"에 귀 기울이며 긴 여정의 답사와 사색을 펼쳐내기 시작한 듯하고, 연작시의 마지막 시편 <백두산 천지>에서 홍익인간 이화세계로 통일된 세상의 구현을 기원하는 구절로 끝을 맺고 있지 않은가. 그러나 이런 원대한 시인의 꿈을 오해하지는 마시라. 이 시인의 꿈은 어느 한 민족만의 꿈이 아니라, 동아시아 상생(相生) 화해(和諧)시대의 꿈, 인류 평화시대의 찬란한 새벽을 염원하는 큰 꿈임을 연작시 한편 한편을 통해 분명히 보여주고 있기 때문이다. 이런 큰 염원이야 말로 시인이 이와 같은 놀라운 작업을 해낸 근원적인 힘이 아닐까 하고 생각한다.

이 라석심물시 연작은 시 형식에도 주목할 필요가 있다. 우선 이들 시가 처음 발표될 때, 핸드폰이란 일상의 디지털 매체를 사용했다는 점이다. 여기서 이 심물시의 새로운 형식이 창출된 것 같다. 핸드폰은 발표 즉시 신속하게 많은 독자들이 작품을 접하고, 사진 이미지를 곁들여 현장감을 구사할 수 있는 반면에, 핸드폰의 문자판 크기와 한 행 글자 수의 제한성 등 자유로운 시작업과 표현에 제약을 가하는 단점도 있다. 특히 시행의 길이나 행갈이에 민감한 시창작(詩創作)의 경우에도 이런 제한을 감내해야만 한다. 그런 단점에 순응하면서 시인은 나름대로 자신의 시 형식을 창조해냈다는 점이다.

핸드폰 문자판의 폭에 맞춰 1행에 가능한 글자를 10자에서 11자로 정하고, 1장을 2행 4음보 4구절로 하여, 8장 16행으로 된 정형시를 만든 것이다. 이는 핸드폰에다 시를 쓸 때, 하나의 합리적인 형식으로서 참고할 만하다고 생각한다. 이들 시작품의 구성은 '시문과 짧은 설명(註), 그리고 관련사진'의 순서로 이뤄졌다. 이는 라석심물시 연작에 최적화된 것이기도 하다. 이 시형식은 우리나라 시조나 한시(漢詩)의 오언률시(五言律詩)나 칠언률시(七言律詩)의 전통과도 맥이 닿을 수 있다는 점에서 새겨볼 만하다. 오늘날 '핸드폰'에 맞춘 시 형식의 하나가 만들어졌다는 점을 주목해 보고 싶다.

이 연작시들은 내용으로 분류하자면 일반적으로 기행시(紀行詩)라 하겠는데, 시인은 처음부터 '심물시(心物詩)'라는 생소한 이름을 붙이고 있다. 이에 대한 설명이 필요하지 않을까 한다. 왜 '심물시'라고 했을까. 독자로서 당연한 질문이다. 학술적으로도 다양한 의미를 가진 심(心)과 물(物), 심물(心物)이란 용어가 사용되고 있다는 점에서도 그렇다. 그런데 이 시인의 약력에서도 알 수 있듯이, 그가 일찍이 난해한 저술로 알려져 있는 위진

(魏晉)시대 승조(僧肇, 384-414)의《조론, 肇論》을 심물론적으로 해석하여 박사학위를 받았으며, 이후 저술, 창작 및 비평 활동에도 '심물론(心物論)'을 펼친 학자이기도 하다는 점을 알고 나면 그 까닭을 짐작할 수 있다. 그러므로 이 연작 심물시는 그의 심물론철학을 반영하고 있는 이름인 것이다.

심물시가 무엇인가에 대한 나의 질문에 대해 시인은 "심물(론)철학을 시로 표현했으니 심물시이다. 과거엔 종교 유심론이다 역사 유물론이다 말했으나 다 부족한 이론들이었지만, 심신(心身)이 하나이듯 이제는 심물이 하나(合一)인 사유시대를 살고 있고 또 그렇게 살아야 한다는 것이 심물론 철학의 핵심"이라고 간략하게 답해 주었다. 그러나 심물에 대한 설명이 좀 더 필요할 듯하다.

여기서 심물이란 '심물합일(心物合一)'을 전제한 말이라는 점이다. 단순히 말하면, 내재적인 심(心)과 외재적인 물(物)의 합일을 의미하며, 유교 도교 불교를 비롯하여 동아시아 전통의 철학, 사상, 예술 등에서 천인합일, 물아일체, 범아일체, 자타일여 등으로 표현되기도 하는 핵심적 개념의 하나라는 것은 잘 알려져 있다고 생각한다. 위에서 말한《조론》의 <열반무명론(涅槃無明論)>에서도 "천지는 나와 더불어 동근(同根)이고, 만물은 나와 더불어 일체(一體)"라고 했으며, <부진공론(不眞空論)>에서는 '물아동근(物我同根)' 즉 사물과 내가 같은 뿌리라고 하며 하나의 개념으로 묶어내고 있음을 볼 수도 있다.

그러나 이와 같이 심물에 대해 조금 이해를 한다고 해도, 물아가 한 몸이나 한 뿌리라 하더라도 나의 마음, 즉 심신의 기운작용을 통하지 않고는 알 수가 없는 것이다. 그러므로 나의 마음이 맑고도 고요한 청정(淸靜)의 기운에 이르고, 활연관통하여 무애(無碍)하게 되었을 때라야 만물이 나와 하나이며 심물이 합일되는 경지에 이르게 된다.

이는 유교 도교 불교를 비롯한 동아시아 종교의 심신수행론의 근거가 되고 있는 것이다. 그러므로 심물, 심물합일이란 수행을 요구하는 개념이기도 하다. 그렇다고 수행이 특별한 것이라고 할 것은 아니다. 우리들 나날의 삶이 닦고 행하는 수행이기 때문이다. 그 어떤 삶이거나 그 삶 속에서 자기 마음(심신작용)을 있는 그대로 지켜볼 수 있다면 수행이 되리라고 생각한다.

라석 시인이 오래전에 펴낸《창가에 두고 온 달》(1995)이란 시집 속에 <심물 혹은 마음과 법>이란 4행시를 하나 읽어보자.

샘가에 사슴 서 있네
물 속 비친 그림자
내 마음 속에도 있네
물은 흘러도 마음 흐르지 않네

이 시를 통해서 시인이 마음과 사물(心物)의 관계를 어떻게 보고 있는지를 어느 정도 느낄 수 있을 것 같다. 그리고 최근 한 전시회(달항아리전)의 도록 평문에서 매우 분명하게 시인 자신이 '심물'에 대해 언급하고 있는 부분도 여기 인용해 본다.

"옛 사람들은 심신수양에도 비유법으로 달을 이끌어 표현해 왔다. 즉 천상월(天上月), 수중월(水中月), 심중월(心中月)의 경지를 각각 다르게 은유적으로 말했던 것이다. 필자는 마음달(心月)을 심물로 해석한다. 심신이 둘일 수 없듯 마음과 사물이 합일(心物合一)된 경지를 일컫는다. 심물론 철학에 입각해 보면 하늘 달(實像)이나 물속의 달(虛像)이나 다 하나의 마음(一心)에 귀결된다. 달항아리라 해서 다를 바 없다. 그것은 마음(心)에 조응(照應)된 사물(物) 즉 작품을 만든 자의 심물이자 보는 감상자의 심물일 따름이다."

그렇다 하더라도 '심물시(心物詩)'는 새로운 용어임에 틀림없다. 시인이란 늘 새로움을 갈구하는 사람이 아닌가. 그의 심물시가 손안에 든 핸드폰을 통해서 많은 사람들을 감동시켰듯이 책으로 출판되어 더 많이 확산되기를 바랄 뿐이다. 중국문화를 비롯하여 동아시아 전체의 문화와 문명을 큰 눈으로 관찰하는 이 시인의 심물합일의 시, 심물시의 새로운 길에 축복이 있기를 바란다.

2023. 9. 24.
초가을날 오후에

賀頌刊出弗寒子心物詩集

木人 全鍾柱 /시인, 서예가

萬頃文瀾對意衷(만경문란대의충)　　백만 이랑의 시문 물결에서 시인이 지향하는 참뜻 마주하니
妙哉心物露詩融(묘재심물로시융)　　묘하도다! 마음과 사물을 시로 융합해 드러내 보이는 이 경계.
句章語法如流水(구장어법여유수)　　문장의 단락 이루는 어법은 흐르는 물처럼 자연스럽고
韻響山河若磬瓏(운향산하약경롱)　　시의 맑은 울림 온 강산에 번지는 풍경소리와도 같네.

三界袖禪羅石貫(삼계수선라석관)　　삼계의 기행시문은 라석의 심물(心物)로 이어지고
一毛孔刹白雲通(일모공찰백운통)　　털구멍 속 불찰(佛刹)은 백운(白雲)으로 통한다네.
月華有絿修心鏡(월화유규수심경)　　달빛 기운을 모아 무형의 마음거울(無形心鏡)을 닦는 것은
道法無相哲理同(도법무상철리동)　　도법의 모양 없는 이치를 밝히는 자연의 명기(明氣)와 같다네.

雲與包藏漂萬里(운여포장표만리)　　구름이 전해 주는 무애(無碍)의 뜻 가슴에 품고 만리를 떠돌아
天遊意象起飄風(천유의경기표풍)　　시작(詩作)의 자유로운 경계에 이르러 회오리바람 일으키네.
積年懷抱如今印(적년회포여금인)　　수십년 동안 쌓였던 크나큰 회포가 이제 두꺼운 책으로 인쇄되니
弗寒子心物詩叢(불한자심물시총)　　곧 [불한자심물시-동아시아문명기행시집]이라네.

刊出聞馳彌槿域(간출문치미근역)　　출판 소식이 근역의 이 땅에 두루 알려져
遠揮韻馥到山翁(원휘운복도산옹)　　멀리서 퍼진 시향(詩香) 산골 늙은이에게도 이르렀네.
不通一字親無類(불통일자친무류)　　한 글자도 통하지 못하여 가까이 할 사람 없는 세상에
詞伯高明莫有窮(사백고명막유궁)　　사백은 고상하고 식견이 높으니 나는 마음에 가냘픔이 없다오.

註　　· 文瀾(문란) : 글의 형식과 내용이 합일되어 물비늘처럼 반짝이는 결.
　　　· 意衷(의충) : 마음속에 깊이 품고 있는 참뜻.
　　　· 韻響(운향) : 시(詩)의 신비스러운 음조(音調)와 운치(韻致).
　　　· 山河(산하) : ① 온 산과 강. ② 나라. 국토. 국가. 천하 ③ 대자연(大自然).
　　　· 磬瓏(경롱) : ① 영롱(玲瓏)한 풍경(風磬). ② 옥처럼 맑은 풍경소리.
　　　· 袖禪(수선) : ① 수행자가 소맷속의 필기도구로 각처를 여행하면서 남긴 기록.
　　　　　　　　　　②행선(行禪 : 각처로 만리(萬里)를 여행하면서 선을 닦음). ③ 수진(袖珍).
　　　· 一毛孔刹(일모공찰) : 능엄경에 "一毛孔中 無量佛刹"이라 했다.
　　　· 雲與(운여) : 구름이 주는 의미. 雲與와 與雲은 다른 뜻임. (與雲은 구름과 더불어의 뜻).
　　　· 包藏(포장) : ① 어떤 생각을 마음속에 품거나 간직함.
　　　　　　　　　　② 물건(物件)을 겉으로 드러나지 않게 싸서 간직함.
　　　· 天遊(천유) : 사물(事物)에 구애(拘碍)되지 않고 마음에 막힌 데 없이 자연
　　　　　　　　　　그대로 자유(自由)로운 것. 天遊와 遊天은 다른 의미임.
　　　· 意象(의상) : 의경(意境). 시에 담고 있는 경지(境地).
　　　· 回老(회로) : ① 생성(生成)과 소멸(消滅)의 자연 질서에 따라 죽음이 찾아옴.
　　　　　　　　　　② 늙음이 돌아옴. ③ 여동빈(呂洞賓, 796-1016)의 별호.
　　　　　　　　　　중국 도교의 신선으로 알려져 있으며 당나라 때 실존한 학자이자 시인.
　　　· 安知(안지) : 안식(安識). 어찌 알겠는가?
　　　· 奉行空(봉행공) : 불법을 받들어 행하다. 여기서 공(空)은 청정의 불법(佛法).
　　　· 羅語(라어) : 라석시어(羅石詩語), 또는 라석심물시(羅石心物詩)를 말함.

臨老目前何處去(임로목전하처거)	죽음이 눈앞에 다가와도 어디로 가야 할지
安知求道奉行空(안지구도봉행공)	어찌 알겠는가? 도(道)를 구하고 불법(佛法) 받들어야 하는 것을.
此思羅語湛融解(차언라어담융해)	이런 철학사상 라석의 시어(詩語)에 깊이 녹아있으니
推及胸書萬卷中(추급흉서만권중)	미루어 생각하건대 가슴속에 만권의 책이 쌓여 있으리.
高逸眞光雲掩耀(고일진광운엄요)	빼어난 진리는 구름에 가린 듯 하고
下心流水海逢躬(하심유수해봉궁)	아래로 흐르는 물은 바다가 허리 굽혀 맞이하니
人生功迹泥中在(인생공적니중재)	인생의 공적은 진흙 가운데에 남아있으련만
天道回環莫始終(천도회환막시종)	하늘의 도리인 생성과 소멸의 순환질서는 시작도 끝도 없네.
擊石敲金也硯農(격석고금야연농)	돌을 치고 쇠를 두드리는 것 또한 선비의 벼루농사이나
高風難以語形容(고풍난이어형용)	고상한 기풍으로 시어(詩語)를 표현하기 어려워라.
幽玄意趣模東坡(유현의취모동파)	헤아릴 수 없이 깊은 의취와 풍류는 소동파를 본받고
象外虛明問邵雍(상외허명문소옹)	범속의 경계를 벗어나는 맑고 순박함은 소강절에게 묻는다네.
路上異途行萬里(노상이도행만리)	길 위의 길 새로운 길로 만리를 여행하고 나면
自然丘壑在吾胸(자연구학재오흉)	저절로 구학의 천하(天下)가 가슴속에 생기게 된다네.
環中妙契時心露(환중묘계시심로)	환중(環中)의 오묘한 이치 시중(時中)의 마음에 드러나니
心物吾東物波宗(문철오동물파종)	라석의 심물(心物)철학은 이 나라 물파(物波)의 조종(祖宗)이라네.

- 高逸(고일) : 높이 빼어남.
- 眞光(진광) : 참. 진리(眞光不輝).
- 掩耀(엄요) : 빛을 덮어 가림("雨止日出無雲 念止明心無愁")
- 下心(하심) : 머리를 낮추고 마음을 아래로 향하게 함.
- 逢躬(봉궁) : ① 절을 하다. ② 허리 굽혀 공손히 맞이하다.
- 回環(회환) : 자연의 운회(運回)하는 질서.
- 擊石敲金(격석고금) : 금석을 두들겨 울리는 청아한 소리처럼 시문의 울림이 매우 훌륭함을 이르는 말.
- 幽玄(유현) : 사물(事物)의 이치(理致) 또는 아취(雅趣)가 헤아리기 어려울 만큼 깊음.
- 象外(상외) : 범속(凡俗)과 떨어진 경계(境界). 상외상(象外象)의 무형.
- 虛明(허명) : ① 하늘이 맑고 밝음. ② 마음이 깨끗하고 순결함. 청정(淸靜)의 경계.
- 丘壑(구학) : 언덕과 골짜기라는 뜻으로 산수(山水)의 한적(閑寂)하고 청아(淸雅)한 정취(情趣), 천하(天下)의 자연에서 즐기는 삶, 은거를 의미하기도 함.
- 環中(환중) : 莊子「內篇」齊物論에 "樞始得其環中, 以應無窮"(지도리가 비로소 순환질서의 중심을 얻게 되면 무궁한 변화에 照應하게 된다)이라 함.
- 妙契(묘계) : ① 因果相應으로서의 신묘한 契合. 심물합일(心物合一)의 경지.
  ② 순간적으로 떠오르는 한 생각이나 그 깨달음.
- 時心(시심) : 그 때의 진솔(眞率)한 본마음. 글로 옮긴 時中의 밝은 마음(時物文理哲).
- 吾東(오동) : 옛날에 "동쪽에 있다"는 뜻으로 우리나라를 이르던 말.
- 物波(물파) : 라석이 주창(1997)한 '物波主義(Mulpaism)' 필묵예술운동의 미술용어.

목차 Contents

007 　서문1 / 시인은 보는 자다(최진석)
008 　서문2 / 心物詩, 핸드폰 속의 거대한 중국문명기행(이달희)
012 　축시 / 賀頌刊出弗寒子心物詩集(전종주)
019 　서시 / 길 위에 길이 있다면(손병철)

020	黃河江	082	梁山泊	144	殷과 二京
023	揚子江	085	濰坊에서	146	安陽殷墟
024	中國夢	086	墨子紀念館	149	安陽 文字博物館에서
026	毛澤東	088	孟嘗君	150	甲骨文
029	北京	091	王重陽	153	司母戊鼎
030	南京	092	全眞七仙	154	婦好·婦姸
033	上海	095	聖經山	157	殷墟를 떠나며
034	杭州	096	諸葛亮	158	五嶽의 중심 崇山
036	蘇州	099	王羲之 故鄕	160	少林寺
039	泰山에 올라	100	神醫 扁鵲	163	達磨洞
040	岱廟	102	吳子兵法	164	許由洗耳
042	孔廟	105	秦始皇帝	167	杜甫故鄕
045	孔府	106	桃園結義 三義祠	168	李白과 杜甫
046	孔林	109	董仲舒	171	鄭州市에서
049	魯壁	110	趙州의 柏林禪寺	172	竹林七賢 隱居處
050	尼丘山	113	康節先生 故鄕	175	廣陵散曲
053	周公廟	114	熱河의 避暑山莊	176	群鷄一鶴의 嵇康
054	孟廟	117	清東陵을 찾아서	178	阮籍白眼視
057	孟府	118	山海關에 올라	181	阮籍風流
058	蚩尤 天王의 墓	121	두 개의 孟姜女墓	183	竹林七酒
061	姜太公墓	122	秦皇島	184	竹林音樂
062	蓬萊閣과 煙台水城	125	北戴河에서	187	哲學者 向秀
064	邱處機道士와 칭기즈칸	126	天津港	188	開封, 清明上河圖
066	青島	128	保定 漢墓	191	中國 猶太人
069	威海에서	131	古武當山을 찾아	193	슬픈 自畵像 宋徽宗
070	赤山 法華院	132	大同 雲岡石窟	194	蔡邕의 딸 蔡文姬
073	武氏祠畵像石	135	龍門石窟을 보며	197	鬼谷子
074	青州 駝山石窟	136	白居易墓를 찾아서	198	창힐릉을 찾아
076	管鮑之交	139	최초의 절 白馬寺	200	京房易을 읽고
079	聊齋志異	140	關林	203	두 곳의 老子故鄕
080	孫子兵法	143	明道와 伊川 兄弟에게	204	太上老君

羅門文集 Ⅲ [詩三]

206 莊子論	269 祁山 木門道	331 玉出崑岡의 和田
209 惠施論	271 麥積山 石窟	333 잠바스타의 冊
211 韓非子	273 須彌山 石窟	334 山普拉古墳
213 荀子	274 西夏國 王陵	336 熱瓦克佛寺 遺址
214 張子房	277 賀蘭山 岩刻畵 앞에서	338 단단윌릭의 古文書
216 古博浪沙	279 寧夏 回族自治州에서	341 達瑪溝 遺址
219 臥龍草廬	281 蘭州의 黃河鐵橋	343 尼雅 遺址
220 王弼玄學	283 炳靈寺 石窟	344 精絕國 尼雅
223 僧肇法師	284 草聖 張芝	347 니야 미라부부
224 慧空 肇論	287 嘉峪關	348 且末國 古城
227 草堂寺 消遙園에서	288 다시찾은 敦煌遺蹟	351 米蘭 天使壁畵
229 위대한 譯經家 鳩摩羅什	291 아, 鳴沙山 月牙泉	352 樓蘭 가는 길
230 大慈恩寺	292 莫高窟	354 若羌 鄯善國에서
233 玄奬法師	295 慧超의 往五天竺國傳	356 樓蘭의 美女
234 大雁塔에 올라	296 17號 藏經洞	359 로프노르의 공주
237 興敎寺 三塔 앞에서	299 懸泉置遺址	360 樓蘭을 떠나며
238 西明寺 圓測	300 火焰山을 지나며	363 돈황으로 돌아가며
240 終南山 雲際寺를 찾아서	303 베제클리크 千佛洞	364 敦煌·格爾木
243 王維의 終南別業	305 高昌國의 吐魯番	367 껄무에서 라싸로
244 西安 碑林에서	306 아스타나 古墳群	369 신의 땅 라싸에서
247 大明宮의 武則天	309 天山南路	370 포탈라궁 가는길
248 唐乾陵을 찾아서	311 古龜玆國을 찾아	372 티벳에서의 7년
251 淸平調詞 세 首	312 克孜爾 千佛洞	374 조캉사원
252 楊貴妃의 華淸池	315 키질 제38석굴에서	377 장미사원
255 兵馬俑博物館	317 4世紀 庫車 龜玆國	378 세라의 토론광장 최라
257 秦始皇陵에 올라	319 역경가 쿠마라지바	380 세라사원 도서관
258 西岳 華山	321 고려인 高仙芝將軍	383 드레풍 사원
261 千字文의 磻溪 伊尹	322 카쉬가르(喀什)를 향해	384 노블랑카 宮
263 李白의 故鄕은 어딘가	325 사마라칸트의 길	387 간덴사원을 찾아
265 伏羲史蹟地를 찾아	327 天山雪神을 그리며	389 얌드록쵸 호수
266 卦台山에 올라	328 호탄(和田)에서	390 다양한 티벳 장례법

393 시가체(日喀則)에서	461 大足石刻群	529 歸去來와 飮酒
394 팡코르 쵸르텐사원	462 三峽博物館	530 李白와 五柳先生
396 티벳[死者의 書]	465 부릉의 白鶴梁	533 李白의 望廬山瀑布
399 순례자의 길	466 豊都 鬼城	534 九華山 地藏信仰
401 茶馬古道를 따라	469 忠縣 白居易祠堂	537 黃山과 黃山畵派
402 차(茶)와 말(馬)의 고향	470 忠縣 石寶寨	538 黃山의 名茶
405 蒙頂甘露仙茶	472 雲陽 張飛廟	541 安徽와 文房四寶
406 蒙山 茶神殿	475 劉備託孤의 白帝城	543 虞姬 무덤을 찾아
408 茶의 길, 茶의 빛	476 泣斬馬謖과 言過其實	544 項羽의 一擧兩得
411 長一江流水何處去	479 李白詩 早發白帝城	546 駐馬河의 烏江亭
413 峨眉山의 金頂	480 杜甫 登高를 생각하며	549 項羽의 衣冠塚
415 樂山 彌勒大佛	483 瞿唐峽을 지나며	550 劉邦의 大風歌
416 馬浮의 復性書院	484 巫山의 巫峽	553 黃石公과 張良
419 三蘇祠에서	487 巫山의 神女峯	554 韓信의 故鄕 淮安
421 李白의 옛집	488 西陵峽의 屈原故鄕	557 韓信과 漂母祠
422 杜甫 草堂	491 王昭君 故鄕을 지나며	558 兎死狗烹의 韓信
425 薛濤遺址 望江樓	494 王昭君 明妃의 무덤	560 옛 金陵의 南京
426 諸葛亮 武侯祠	494 巴東에서 宜昌까지	563 달빛도시 揚州
429 三星堆文化	496 宜昌 삼협댐을 보고	564 揚州 崔致遠紀念館
430 靑羊宮의 來歷	499 洞庭湖에 이르러	567 長江三角洲 崇明島
433 靑城山 老君閣	500 洞庭山의 湘妃廟	568 天目山과 千島湖
434 上淸宮 大千畵室에서	503 君山島 銀針茶	571 太湖와 太湖石
437 天谷山과 新羅無相	504 岳陽樓에 올라	572 畵聖 顧愷之
438 寧國·大慈·淨衆無相	507 範仲淹의 岳陽樓記	575 會稽山 蘭亭에서
440 鄧小平의 故鄕	508 黃岡의 赤壁을 찾아	576 會稽山 大禹陵
443 長江 따라 萬里 길	510 東坡 赤壁賦를 생각하며	578 天台山 國淸寺
445 장강제일성 宜濱	513 東坡 安國寺記	581 杭州 靈隱寺
447 蘇東坡와 黃山谷	514 東坡의 記承天寺夜遊	582 慧因高麗寺
448 東坡와 山谷의 書畵	516 武漢 黃鶴樓에서	585 무역의 도시 寧波
451 옛 江陽 로주시	519 황학루의 각필정	586 普陀山 觀音道場
452 酒城을 지나며	520 九江과 廬山	589 安吉 吳昌碩 故鄕
455 重慶直轄市	522 廬山과 慧遠	590 두 개의 朱熹紀念館
456 重慶 대한민국임시정부	525 金山寺의 東坡像	593 朱子의 武夷精舍
459 重慶의 풍물	526 陶淵明 紀念館	594 푸젠의 土樓建築들

羅石亦集 Ⅲ [詩三]

597	客家人은 누구인가
598	夏門과 金門島
601	Formosa 台灣
602	中華民國과 TAIWAN
605	台北 · 台中 · 台南
606	珠江下口 廣州
608	光孝寺 六祖惠能髮塔
611	曹溪山 南華禪寺
612	端溪硯의 産地 肇慶
615	桂林 山水甲天下
616	石濤의 고향 桂林
619	毛澤東의 고향 韶山
620	文武를 겸한 曾國蕃
623	龍場悟道의 王陽明
624	貴州의 名酒名茶
626	黃果樹大瀑布
629	貴州의 아름다운 곳
630	貴州의 文化觀光村들
632	苗(蒙)族의 根源
635	苗族祝祭 미니스커트
637	貴州의 彝族文化
638	남으로 떠도는 구름, 雲南
641	雲南의 省都 昆明
642	昆明의 石林과 洞窟
645	雲南의 옛 大理國
646	아름다운 강산 麗江
648	麗江의 4大名勝地
651	納西族 文字와 壁畵
652	보이차의 고향 푸얼市
655	古樹茶와 西雙版納
656	개혁개방모범도시 심천
659	심천의 美術館들
660	개방의 관문 羅湖站
663	香港과 九龍半島
664	유럽풍 추억도시 홍콩
667	홍콩에서 마카오로
668	카지노 도시 마카오
671	마카오의 유적들
672	珠海市의 圓明新園
674	中國 海南島 三亞에서
677	海南의 '天涯' 刻石
678	옛 崖州 海南島
681	싼야시 원숭이섬에서
682	아틀란티스 싼야에서
685	海口市 宋徽宗御筆碑
686	海南의 東坡書院에서
688	동파2고향 해남을 떠나며
691	東坡의 平生功業三處
692	旅順 安重根義士 殉國處
695	遼東半島 旅順, 大連港
696	鞍山의 製鐵所를 보며
698	盖州의 石棚山石棚
701	岫岩玉과 紅山玉文化
702	鴨綠江 변경도시 丹東
705	遼寧 瀋陽故宮을 찾아
706	瀋陽의 東陵과 北陵
709	滿州國 수도였던 長春
710	러시아풍 도시 하얼빈
713	아무르강변 黑河에서
715	柳河 羅通山 高句麗城
716	廣開土境平安好太王碑
718	高句麗 20代 長壽王
721	졸본의 忽升骨城에서
722	本溪桓仁縣 長軍墓
725	第2首都 國内城
726	集安博物館을 찾아서
729	集安通溝의 丸都城
730	다시 찾은 山城下古墳群
733	四神塚壁畵의 書藝家들
734	長川古墳群의 狩獵圖
737	禹山下 舞踊塚을 찾아
738	白頭山 氷葡萄酒
740	渤海 첫 도읍지 東牟山
743	尹東柱의 고향 龍井
744	先驅者 쉼터의 一松亭
747	동鳳梧洞과 青山里 戰鬪
749	國境都市 圖們과 琿春
751	白頭山 天池에서

752	발문1 / 고전과 함께 떠나는 동아시아문명기행(박정진)
754	발문2 / 시인의 물음은 무겁고 벅차다(김주성)
759	366首 讀後感 / 羅石心物詩를 읽고(정우영)
760	심물철학자료/ 心物詩와 心物哲學(손병철)
766	편집자 후기(김호근)

羅石心物詩集

길 위에 길이 있다면
羅石心物詩 序

사람이 밟고 다녀서 생긴 길
처음엔 밟아도 없어지던 길

장자의 말씀 따라 길을 따라
35년을 중국 대륙 떠돌았네

루쉰이 간 혁명의 길 아니나
희망이 없으면 갈 수 없던 길

장성 황하 장강 합한 것보다
더욱 머나먼 길 걸어 돌았네

길 위의 길을 도라고 한다면
도를 도라 말하면 도 아니니

아하, 노자도 이미 말했으니
길 위의 길에서 벗어난 건가

나는 길이요 생명이라 했나
2천년 뒤에 내 스승의 말씀

늙음 돌아오니 어디로 가나
길 가운데 봉안식이라 했네

2023. 10. 3.

註 2022년 9월 1일에 시작한 중국대륙 문명기행의 '羅石心物詩' SNS 연재가 1년 만에 막을 내리게 되었다. 그간 코로나 펜데믹의 어려움과 개인적으로 슬픔을 겪은 일도 없지 않았지만, 行道의 이 일만은 쉴 수가 없었다. 天水市의 복희축제에 참석하러 갔다가 감숙성 군사지역에서 통신두절로 3일간 국내외 300여 독자에게 拙詩를 발송하지 못한 일이 있었다. 작품번호를 건너뛰거나 잘못 쓴 적도 있어서 379번으로 끝났지만, 실제로는 365일에 하루를 더한 366편이었다. 한중 수교 이전부터 35년 동안 수 없이 왕래하면서, 대륙과 섬까지 구석구석을 여행하였다. 미개방지역에 모르고 들어갔다가, 여권을 압수당하고 벌금을 물거나 추방당한 적도 있었다. 한편 방송특집 취재팀이나 학술 답사단에 합류하게 되어, 덤으로 좋은 기회를 갖게 된 적도 없지 않았다. 개혁개방 당시에는 교통시설과 여행 조건이 지금보다 매우 열악했고, 핸드폰이 없던 때라 여행 정보를 찾아보기도 어려웠다. 사정상 서역과 내몽고를 비롯하여 동북지역과 같은 몇 곳은 가서 보고도 시로 옮기지도 못했다. 빠진 글이나 옮기지 못한 곳의 기행시를 함께 엮어서, 언젠가 세상에 나갈 수 있기를 바란다. 매일 핸드폰으로 시를 쓰다 보니, 저절로 새로운 詩形式이 되기도 하였다. 장소와 시간을 가리지 않고 썼으니, 떠돌이 시가 되었다. 더욱이 시간에 쫓겨 퇴고의 시간을 못 가졌으니, 蕪雜한 곳도 많다. 사진의 용량과 자료 찾기도 문제였다. 무엇보다 핸드폰으로 작은 글자를 장시간 들여다보게 되니, 시력이 나빠져 가족들의 만류도 없지 않았다. 여기까지 올 수 있었던 것은 오직 독자들의 격려와 愛讀에 힘입은 바 크다. 서문을 대신하여 여기에서 감사드린다. 시집 副題를 [동아시아문명기행시집](1)로 잡았으니, 일본, 시베리아, 몽골로 두 번째 여행을 떠나려고 준비하고 있다는 사실을 밝힌다. 序詩의 마지막 구절은 스승의 말씀 가운데 "回老何處去 道中奉安識"을 옮긴 것이다. 癸卯年 개천절에 불한자 孫羅石

黃河江
羅石心物詩(1)

황하가 다시 맑아진다면
새로운 태평성대 오리라

복희 하도가 문왕 낙서로
공자가 열 날개 달았어도

천지도수 주역이 엇갈려
삼천년 전쟁시대 되었네

운도가 다시 와야 태평도
성인 재림해야 가능한 것

선천운수 돌고돌아 다시
시중역수 상생시대 맞아

곤남건북에 태동간서로
진장남 제자리 돌아오니

달아 달아 밝은 달아 태백
소백 양백 위에 솟은 달아

후천운 개벽시대 해동천
밝으니 계명성 분명하네

2022. 9. 1.

黃河一淸이면, 새로운 성인이 다시 태어나 태평시대가 된다는 예언이 있다. 黃河再淸이 언제일지, 인류는 학수고대하고 있었다. 河圖가 洛書로 바뀌고, 또 한 번 河洛의 中乾度數의 새 시대를 맞게 된다는 것이 時中易의 핵심 요지이다. 朱子가 뒷세상 천기누설하기를 "海東山河에 鷄鳴山川이 밝아온다"고 말했다고 한다.

揚子江
羅石心物詩(2)

세계에서 길이가 세 번째
일명 장강이라 부른다네

육천삼백 키로 열두 성을
가로질러 바다로 간다네

신화시대와 동이 상고사
써내려 엮어낸 황하라면

중원시대의 중고사 이어
오늘에 이른 장강이라네

강남 갔던 제비 돌아오는
남쪽 땅이 바로 장강 아래

하나의 몸에 두개의 띠로
대륙은 남과 북 나누어져

진시황 만리장성 쌓을 때
무엇이 그토록 무서웠나

밀물 썰물처럼 밀고 밀린
영욕을 장강은 알고 있네

2022. 9. 2.

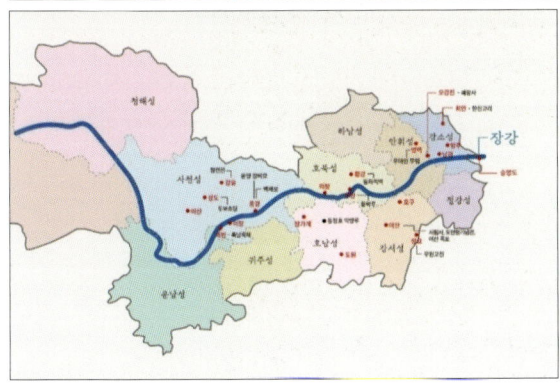

장장 6300km의 長江 혹은 양쯔강은 중국대륙을 남북으로 나누는 중원허리인데, 12개 성을 가로지른다. 삼국지의 주무대이자 평원이고, 곡창지대로서 인구 밀도가 가장 높다. 강 주위에 1000만 이상의 도시만 해도 상해, 남경, 무한, 중경 등 네 개나 된다. 남쪽에 세 번째로 큰 강인 珠江이 있지만, 중원 문화의 중심은 역시 장강이다.

中國夢
羅石心物詩(3)

꿈은 언제나 아름다운 법
이루어질 때 아름다운 법

벌써 장자의 호접몽부터
찬란한 꿈들이 많았느니

대륙을 종횡무진 해 봐도
이루다 헤아릴 수 없어라

어느 꿈 금빛 왕조가 되고
어느 꿈 영웅들의 시 되고

21세기의 새로운 중국몽
그것은 어떤 빛깔 꿈일까

일대일로, 하나는 동서로
옛길의 육상 실크로드 꿈

다른 하나, 동남아시아로
아프리카로 해상 뱃길 꿈

거대 경제권 벨트 꿈꾸는
중국몽 과연 이루어질까

2022. 9. 3.

一帶一路란 2013년에 시진핑이 제시한 야심찬 국가전략이자 중국인의 대망인 육상과 해상의 새로운 실크로드이다. 주변 60여 개 국을 포함하는 거대한 경제권을 구상하고 있다. 중화주의의 부활을 꿈꾸고 있는 것이기도 하다. 2012년에 내세운 中國夢 역시 중국의 위대한 부흥을 꿈꾼다는 뜻이었다. 경주의 괘릉에 가면, 실크로드로 통해 들어온 서역인 武人石像이 서 있다.

毛澤東
羅石心物詩(4)

한 때 붉은 태양신이었다네
어느 누구도 가까이 못 했지

그는 천안문루 높은 곳에서
지금도 내려다 보고 있다네

중국 역사상 어느 시대보다
큰 땅을 다스렸던 제왕보다

절대권력을 누린 마오쩌둥
죽어서도 인민을 지배하네

광장 주석기념관 유리 속에
살아있듯 반듯이 누워 있네

홍위병 없다면 심심했겠지
전쟁이 취미였던 혁명기계

또 다시 마오가 돌아온다면
새 중국 옛 왕조로 돌아갈까

혁명은 낭만에서 꽃이 피듯
향수는 꿈속에서 살이 찌네

2022. 9. 4.

모택동은 살아서도 태양과 같은 존재였지만, 죽어서도 신적 우상으로 떠 받들어지고 있다. 그가 다시 부활한다면, 어떠한 중국이 될까? 마오의 별명이 '革命機械人'일 만큼 투쟁을 좋아하였다. 문화대혁명은 혁명기계인의 마스터피스이다. 그는 젊었을 때 북경대학 도서관에 근무했는데 평생 독서광이기도 했다. 그는 시도 잘 썼지만 글씨는 광초로 유명하다.

北京
羅石心物詩(5)

펄벅의 페킹에서 온 편지
그 북평 오늘 베이징인데

이백 년 전 추사가 다녀온
연경은 금 명 청의 수도로

지금 자금성은 원나라 때
대도 궁성과 크게 겹친다

북방민족과 중원 한족이
천년을 주고받은 도읍터

그 자리에 오늘 15억 인구
천백만 중심 도시 되었다

비록 강이 없어 흠이지만
이화 원명 중남해 큰 호수

원림과 어우러져 있으니
바다같이 넓고 성대하다

일망무제 산 하나 없는 곳
서쪽 향산 홍엽 보기 좋다

2022. 9. 5.

북경, 北平은 周나라 初에 燕나라의 도읍지였던 계성이 있었던 곳이다. 당나라 때는 幽州의 치소로 동북방의 정치 군사 요충지였다. 요나라는 이곳을 副都로 삼아 南京이라 부르다가, 천도한 뒤 中都라 했다. 遼를 물리친 金나라 땐 燕京, 元나라 땐 大都로 불렸고, 마르코 폴로는 Khanbalik이라 했다. 명나라가 국도를 남경에 두었다가 천도해서 北京이 되었다. 청나라 땐 연경, 국민시대엔 북평, 공산 중국이 서자 다시 북경이 되었다.

南京
羅石心物詩(6)

요에 밀리고 금에 쫓기다
칭기스칸 원에 망한 뒤에

일구월심 중원 회복 꿈꾼
한족들이 세운 명의 도읍

양자강 하구 옛 금릉땅이
영락제 천도 전 수도였네

동북 여진족의 청나라 땐
홍수전 태평천국의 수도

종교혁명이 실패로 돌자
서구에 또 밀려 난징조약

손문이 신해혁명 일으키자
삼민주의 국민정부 섰다네

높은 언덕 자리한 중산릉
조용히 굽어 보고 있지만

일제 침략의 난징 대학살
잊지 못 해 잠 못 이루네

2022. 9. 6.

남경의 옛 지명은 金陵 江寧 建康 등이었고, 建業은 孫權의 첫 도읍지였다. 백제의 무령왕릉에서 건업인이 제작했다는 전돌이 출토되었다. 1942년 1차 아편전쟁 때, 남경조약을 맺으면서 남경이라고 불렸다. 1853년에 태평천국의 수도가 되었다. 손문이 젊을 때 홍수전을 롤모델로 삼았었기 때문인지, 남경을 중화민국의 수도로 삼았다. 1937년 12월에 일본침략군이 학살, 생매장, 불태워서 죽인 남경시민이 30만을 넘는다. 난징대학살 박물관이 있다.

上海
羅石心物詩(7)

고대사의 지명에 나오잖고
버려진 땅이나 마찬가지던

항주와 소주에 견주어 보면
갯벌의 작은 어촌이었던 곳

상하이의 옛이름인 호독은
황포강에서 비롯된 것인데

아편전쟁으로 서양인들이
선뜻 식민지로 조성했다네

대한민국 임시정부가 그 곳
영국 프랑스 조계에 있었던

백년 전의 세계 금융 중심지
외이탄에 가보면 알 수 있네

장개석과 합작했던 청방도
중국 근대사의 진실이었듯

세계 최대인구의 도시 상해
동방 명주로 부활하고 있네

2022. 9. 7.

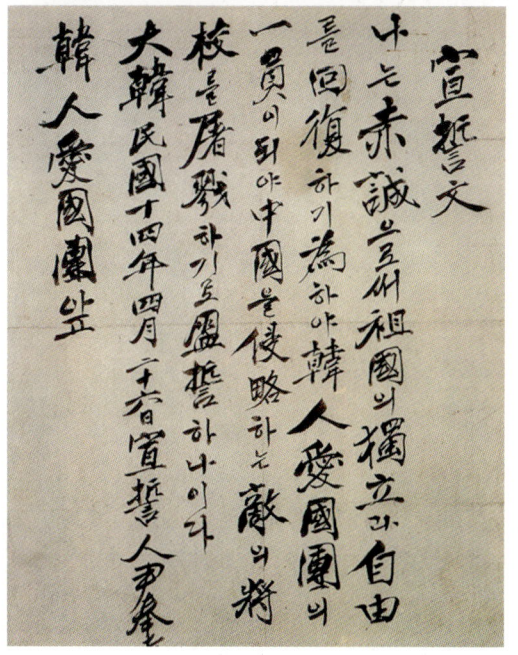

상하이는 2백 년 전에 서양인들이 조성한 중국의 근대도시이다. 청나라가 아편전쟁에서 패배하자, 홍콩과 마카오 상하이 광저우 푸저우 등 항구의 소유권이 영국에 넘어갔다. 프랑스와 네덜란드 등 열강들이 가세하자, 유럽형 도시로 발전해 갔다. 공산당과 대결하던 장개석은 우리 임시정부를 도왔지만, 한때 상해 암흑사회를 지배했던 靑帮과 거래한 이력도 갖고 있다. 윤봉길의사가 폭탄을 투척한 홍구(노신)공원도 있다.

杭州
羅石心物詩(8)

천년 전 대각국사가 방문해
고려사가 되었다는 혜인원

동파와 정원대사가 영접한
고려국 왕자 승통 의천스님

남송의 수도 임안이 곧 항주
그 때 서호의 인상 어떠했나

서시가 제 아무리 미인인들
출가승에게 무슨 소용일까

용정차나 한 잔 들고 가게나
그쯤의 수작 밖에 더 있겠나

소제 이제 제방길을 따라서
고산에 이르러 시나 읊던가

악비장군 아무리 억울해도
용쟁호투 필묵혼 남아있듯

옥화탑 그림자 비친 호수에
장이모의 서호 인상 멋져라

2022. 9. 8.

항주는 南宋의 수도로 옛 臨安이다. 고려국 대각국사인 義天이 遼나라 눈을 피해서, 1085년에 밀항하였다. 개봉 거쳐 항주에 도착하니, 淨源법사와 소동파가 영접했다. 중국의 4대 미녀 가운데 하나가 월나라의 西施인데, 西湖는 그녀의 이름에서 따왔다. 서호엔 백거이와 소동파가 쌓은 易堤와 蘇堤가 남아있다. 호반엔 남송의 영웅인 岳飛의 廟가 있으며, 항주는 龍井茶와 옥화탑으로 이름 높다. 특히 윤봉길 의사가 상해의 홍구공원에서 폭탄을 투척하여 일본에 타격을 주었기에, 대한민국 임시정부는 일본의 눈길을 피하려고 항주로 피난갔다.

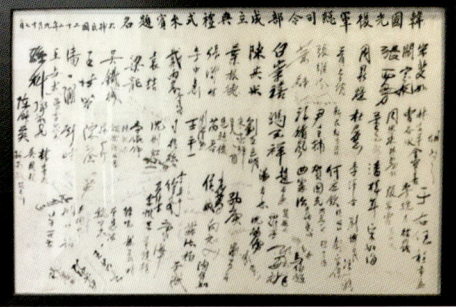

蘇州
羅石心物詩(9)

춘추전국시대가 어느 땐가
오나라의 수도였던 쑤저우

7세기 초 대운하가 생기자
태호동쪽 물의 도시 열렸네

능라 실크 실어나른 선박들
풍요와 함께 문화를 싣고와

하늘엔 천당 땅엔 소주항주
여생 보내기가 넘 좋았다네

이곳의 종합예술 원림들은
운치와 풍류를 대표했으니

졸정원 사자림 여덟개 정원
세계문화유산 등재 되었네

합려의 무덤이 있는 호구산
시검석 칼자국 아직 남았고

고탑은 비스듬히 기울어져
이태리 피사의 사탑 닮았네

2022. 9. 9.

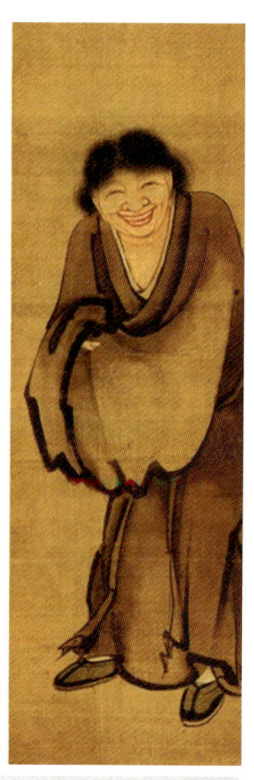

121개 섬으로 된 바다의 베니스와 달리 소주는 섬처럼 다리로 연결되었다. 동양의 베네치아로 불린다. 太湖 가까이에 있어서 물길이 좋은 관계로 운하가 발달했고, 부유한 도시가 되었다. 살기좋은 곳으로 소문이 나자, 퇴임관리나 부자들이 몰려들어 원림이 크게 발전하였다. 拙政園과 留園은 중국 4대 園林에 속한다. 闔閭王 무덤이 있는 虎丘山에 7층 8각 호구탑(宋 961)이 피사의 사탑처럼 비스듬히 서 있고 소주엔 寒山寺도 있다.

泰山에 올라
羅石心物詩(10)

대륙의 오악 중 하나인 동악
산동에서 가장 높은 옥황봉

진시황제 무제 광무제 등이
하늘에 봉선을 거행한 이곳

장자에서 비롯된 이름 태산
신령한 도교의 중심 성지로

그 기슭 대묘의 금석비문들
동이족 태산 신앙 전해주네

태산이 높다하되 하늘아래
뫼이로다 읊은 시조뿐일까

티끌모아 태산 걱정도 태산
수없이 많아서 갈수록 태산

태산은 대륙에 있는데 어찌
우리말에 다 들어와 있을까

태산은 중국이 생기기 전에
동이족의 삶을 품었기 때문

2022. 9. 10.

泰山의 출처는 <장자>이며, 대륙의 五岳 중 東岳이다. 진시황을 비롯한 13명의 황제들이 천하를 평정하고 나서, 하늘에 고하는 奉禪 의식을 거행한 곳이다. 6,660계단의 南天門을 오르면 孔子登臨處를 볼 수 있다. 1,535m의 玉皇峰엔 도교 유명사원 碧霞祠가 있고, 부근에 刻石들이 많이 남아있다. 태산 기슭 岱廟엔 고대부터 조성된 碑林이 東夷族의 무속신앙과 태산의 역사를 밝혀주고 있다. 태산의 또 다른 이름은 岱山이다.

岱廟
羅石心物詩(11)

예로부터 으뜸 산들인 오악
그 중에 우두머리의 산이니

태산엔 신이 산다 믿었다네
천자는 그 신의 아들이었고

태산의 최고신 동악대제를
동이족이 모시던 풍습남아

황제들이 봉선제 올렸던 곳
남쪽 기슭 아래 대묘있다네

중심엔 신의 궁전인 천황전
기둥엔 꽃과 용이 새겨 있고

동 서 북벽 태산 신 나들이
697명 거느린 62m의 그림

금동으로 만든 정자와 철탑
장엄하게 정원을 꾸몄다네

신관들 복장 모자에 꽂은 깃
눈에 익은 우리 무속 닮았네

2022. 9. 11.

태산은 五岳之宗이라 불릴 만큼 대륙의 으뜸 산이다. 남쪽 기슭에 동악대제 태산신을 모신 사당이 있다. 대묘의 주건물 천황전은 중국 3대 건축물의 하나로 손꼽힌다. 송나라 때 도교풍의 대작벽화가 있고, 화려한 조각의 岱廟坊과 銅亭, 鐵塔 등도 유명하다. 첫 봉선제를 지낸 진시황제를 수행했던 李斯의 글씨를 비롯해서, 秦漢이후 碑林과 한무제가 심은 漢栢이 남아 있다. 한편 동악제를 주관한 밀랍 神官들의 복장과 깃 꽂은 모자는 우리 巫俗차림 그대로이다.

孔廟
羅石心物詩(12)

공자는 누구인가? 그리고
2400년 중국은 무엇인가?

중화문화 흥망성쇠의 모습
곡부 공묘에 가보면 알리니

공자의 춘추로부터 시작된
중원의 역사 단층 살피자면

새삼 놀랍고 두렵기도 해서
슬픈 마음조차 사라진다네

몽골 여진 돌궐의 외침자들
이민족은 그를 존숭했어도

한족엔 타도대상 되었으니
어인 이유로 그리 되었나?

그가 본래 동이족이어선가
등잔밑 어둠이 두터워선가

5. 4운동부터 문화혁명까지
공자점 끔찍히 혁파 당했네

2022. 9. 12.

옛 魯나라 땅 曲阜에 가면, 孔廟, 孔府, 孔林이 한곳에 넓게 펼쳐져 있다. 공묘는 공자의 사당이고, 공부는 후손들의 생활공간이고, 공림은 2400년 공자가문의 무덤들이 있는 일종의 공원묘지다. 모택동의 문화대혁명시절에 홍위병들이 철저히 파괴하였다. 1990년대부터 복원되기 시작했다. 공자가 한족들이 오랑캐라 부른 동이족의 핏줄이었기 때문이라고 의심될 만큼, 孔子店이란 모욕적인 용어를 내세워 타도했다.

孔府
羅石心物詩(13)

공묘가 공자의 사당이라면
공부는 후손들 생활공간터

때로는 나라로부터 연성공
벼슬받고 때론 홀대 당했던

부침의 세월 수천년 지나서
이젠 제대로 괜찮을 것인가

국공 갈림길 대만에 모셔간
종손도 소홀하지는 않았네

21세기에 이르러 복권인가
공산당의 주목받은 공자는

전세계 160여 국가에 500개
공자학원 생겼다고 하던데

공부가주 여전히 인기 높고
맛있는 공푸채 잘 팔리는데

심지어 공자를 브랜드화 해
복권까지 판다니 할 말 없네

2022. 9. 13.

역사에서 이민족보다 도리어 한족에게 무시를 당한 것이 공자 생애이자 유교의 푸대접 역사였다. 孔府는 역대 공자후손들 생활공간이기도 했지만, 衍聖公과 같은 현지 벼슬을 받아 公務를 집행했던 곳이기도 하다. 77대 적손 孔德成은 장개석을 따라 대만으로 가서 국책고문 등으로 대접을 받았지만, 孔府는 공산당에게 수난을 당해야 했다. 孔府家酒와 孔夫菜는 지금도 국내외에서 유명하다.

孔林
羅石心物詩(14)

공묘와 공부 지나 숲길따라
걸으면 지성림 안의 분묘엔

아름드리 나무들 박힌 봉분
높다란 상석이 놓인 그 앞에

대성 지성 문선왕 묘비석이
오랜 풍파 견디며 서있는데

제단 너머 임금왕자 가린 건
참배 온 제왕들 배려였다네

그 옆에 6년 시묘살이 했던
자공이 심은 그루터기 있고

자사를 비롯한 후손 무덤들
2400년 비림 역사 알리네

여기로부터 조선의 유림과
시묘살이가 시작 되었으니

한족이 버리고 팽개쳤어도
우리는 꿋꿋이 지켜왔다네

2022. 9. 14.

공림은 공묘와 공부의 맨 위쪽에 자리잡고 있다. 2400년 공자가문의 공동묘지이자 가족공원인 셈이다. 10만餘基의 무덤에 남아있는 묘비만도 3,600개나 된다고 한다. 문화혁명 때 공자의 묘는 많이 훼손되었으나, 지금 복구되어 있다. 조선의 儒林과 시묘살이 폐단이 여기로부터 비롯되었음을 알 수 있다.

補註 공자는 大聖이 아니고 大成으로, 성인의 경지에 이른 至聖일 따름이다. 文宣王은 諡號이다. 유교의 內聖外王의 가르침을 받들어 王字를 붙이기는 했으나, 역대 왕들에겐 불편했던 것 같다. 제단의 상석 돌을 높여서 담장 밖에서 보면, 비표의 王子가 보이지 않게 연출되었다. 참배하는 제왕들의 비위를 맞추려고 했던 것인데, 어찌 보면 왕들이 성인을 무시한 처사인 것이기도 하다. 王字 아래 墓字도 가려져서 보이지 않는다. 지금은 봉분도 높이면서 정비를 잘 했지만, 1991년에 필자가 처음 방문했을 땐 아름드리 나무들이 봉분 위에 자라고 있었다. 그래서 여기가 공자의 무덤인가 싶을 만큼 규모도 작고 초라하기만 했었다. 말로는 인류의 스승 운운하지만, 성인을 대하는 모습은 안타깝다. 중국의 문화수준을 보여주는 것 같다. 비석을 자세히 보면 비신은 세 조각으로 깨어져 있다. 다시 수리했지만, 깨어진 흔적은 뚜렷이 남아있다. 모택동의 문화대혁명 때 공묘·공부·공림의 비석과 유물들 대부분이 파괴되었다. 이제는 보수된 것도 있고 다시 만든 것도 있다.

魯壁
羅石心物詩(15)

진시황의 무서운 분서갱유
어떻게 알고 미리 피했는가

공자 직계 후손들이 벽속에
책을 숨겨 후대에 전했다네

노나라 경전이 벽에서 나와
한대 고문 금문 나뉘어졌듯

공부가의 공벽이 노벽이 된
표석의 내력이 아스라하네

협서율 피해서 통째 외우던
짊어지고 산 속에 들어갔던

수많은 공부가의 경서들을
숨겨놓고 도망가기 바빴네

하늘이 무심하지 않았는지
다행스레 불타지 않았으니

그 덕분에 한나라는 마침내
공자 유학을 국교로 삼았네

2022. 9. 15.

진시황의 焚書와 挾書律을 피해서, 당시에 경서 내용을 외우든가 책을 짊어지고 산으로 도망갔었다. 그 때 魯나라 曲阜의 공자의 후예는 많은 책들을 벽속에 감추고 피난했다. 漢代에 다시 햇빛을 본 그 벽을 魯壁 혹은 孔壁이라 부른다. 漢나라 때 古文과 今文으로 나뉜 것도, 동중서의 건의로 儒敎가 國敎가 될 수 있었던 것도, 모두 공벽(노벽)의 덕이다.

尼丘山
羅石心物詩(16)

공자의 이름은 구(丘)이고
그의 호가 중니(仲尼)이니

그 유래 니구산에 있다고
고향 산천 모두들 말하네

일흔 넘은 아버지 숙량흘
셋째 부인 열여섯 안정재

두 사람 만나 치성드린 곳
호랑이 동굴 있는 부자동

니산 사당엔 공자 좌우에
안회 증자 자사 맹자위패

제자 넷 영정이 말해주듯
만대에 유가의 사표라네

뒤뜰엔 후학을 가르치던
널찍한 니산서원 있는데

한국에도 맥을 이어 오니
명륜당 원조 거기 있었네

2022. 9. 16.

곡부 동남쪽 25km의 니산 동쪽자락에 尼山孔廟가 있다. 後周 때 공구의 고향에 세운 가장 오래된 기념사당이다. 영성문을 지나 다시 대성문에 들어서면, 공자와 가장 업적이 빛나는 네 명의 유학자 위패를 모신 사당이 있다. 공자부모의 사당과 후학양성을 위한 尼山書院이 있고, 한국의 성균관에 있는 같은 이름의 明倫堂도 있다.

周公廟
羅石心物詩(17)

공자가 꿈에도 그리워한
주공이 누구인가 했더니

동이의 은나라를 무찔러
주나라 창업한 문왕 아들

왕이 될 수가 있었는데도
조카 성왕을 도와 섭정한

공자가 이상적인 군자로
70평생 경모한 인물이네

봉국으로 받은 노나라는
아들 백금이 다스렸다네

그곳에 공자가 출생하니
우연만은 아닐 듯싶은데

성인이 본받으려 할 만큼
그는 오롯한 군자였을까?

문왕이 효사를 쓴 주역엔
공자의 10개 논문 붙었네

2022. 9. 17.

주공 묘는 곡부에서 동북쪽 1km 지점에 위치한다. 그는 무왕의 동생이자 창업공신인데, 역성혁명의 정당성을 어떻게 주장했는지 알 수 없다. 동이족 혈통이었던 공자의 입장은 어떠했을까 생각해 볼 여지가 없지 않다. 그의 봉국이자 동이문화의 중심지인 노나라에 성인 공자가 태어난 것도 예사롭지는 않다. 어쩌면 공자는 상나라 동이문명을 이은 주공을 외면할 수 없었는지도 모른다. 공자의 선조는 동이족의 후예들이 살았던 옛 宋나라의 사람들이다.

孟廟
羅石心物詩(18)

성인인 공자에 버금간다는
아성으로 불려온 맹자이니

맹묘와 맹부가 없진 않은데
공림같은 맹림은 있지 않네

맹자의 사당은 곡부로부터
멀지않은 추성시에 있는데

송대 이르러 공자의 45대손
맹자의 무덤 찾아 건설했네

옛부터 추로지향이라 했듯
맹자 없는 공자가 있겠는가

영성문 들어서 좌우 살피면
동쪽엔 계왕성 서쪽 계래학

유학도통 이었음을 알리고
다섯개 큰 뜰 64개의 전당

300개의 사적비들 가운데
구양순의 글씨가 돋보이네

2022. 9. 18.

맹묘의 亞聖殿이 말해주듯, 공자의 儒學을 이은 사람은 맹자이다. 맹자의 사당에 繼往聖 開來學을 새긴 방패가 그것을 전해준다. 그러나 '繼旺聖啓來道統 修學'까지는 수 천 년을 더 기다려야만했다. 맹묘의 조성은 송대 이후 시작되었으며, 공묘에 비해 아담하지만 2인자의 소박한 여유로움이 느껴지는 곳이다. 맹묘가 있는 鄒城과 공묘의 魯나라 곡부를 병칭해 鄒魯之鄕이라 하니, 유학의 본향이라는 뜻이다.

孟府
羅石心物詩(19)

맹묘에서 길 하나 건너면
아성부 현판이 걸린 정문

그곳 들어서면 맹부대당
황제로부터 받은 임명장

한림원 오경박사 근무처
명대이후 18대 세습했듯

습유관과 강유당엔 아직
후학 가르침의 전통있네

감은당 주제는 모친 은혜
감사하는 사회 보답인데

위패 모신 맹모전앞 비석
모교일인(母敎一人) 넉 자

어머닌 일인의 교육잔지
어머닌 교육의 일인잔지

어떤 해석 맞을지 몰라도
홍위병 재앙도 비켜 갔네

2022. 9. 19.

이곳에도 官廳 府자 붙은 것은 孔府의 선례에 따라 맹자의 후손에게 벼슬을 내려 공무를 집행하게 했던 곳이기 때문이다. 무엇보다 孟母의 三遷之敎의 교훈과 그 전통이 깊게 남아 있는 것이 인상 깊었다. 문화대혁명 때 많은 유물이 파괴되고 비석이 부숴졌어도, 이곳 비석들만 화를 온전히 면했단다. 어머니의 위대함 때문인가, 至誠이면 感天인가 싶어 깊이 감동했다.

蚩尤天王의 墓
羅石心物詩(20)

옛 구려족의 지도자 치우는
전쟁의 신이자 군신이었네

그는 염제 신농을 평정한 뒤
중원의 황제 헌원과 10년 간

73번 싸워 이겼으나 단 한번
탁록전에 실패했다는 전설

사지가 찢겨진 무덤이라고
산동 양곡현에도 전해오네

황제군이겼다 해도 곤륜산
서왕모의 음부경 도움이면

자력으로 물리친 것 아니니
이겼어도 이긴 것이 아니네

배달국 4대 치우천왕 모습
뿔달린 구리머리에 쇠이마

2002 월드컵 때 '붉은 악마'
치우는 결코 악마 아니었네

2022. 9. 20.

치우천황은 동이족의 조상으로 전쟁신, 무기의 軍神으로 추앙받는 영웅이다. 북경 근처인 탁록전에서 패해서 다시 살아나지 못하게 사지를 잘라 여러 무덤에 묻었다고 전해오지만 그것은 사서의 조작된 기록이라는 주장도 있다. 옛 구려족인 동이족뿐만 아니라 남방의 묘족도 그를 조상으로 지극정성 받들고 있어서 흥미롭다. 惡氣를 쫓는 鬼面 형상이 모두 치우로부터 비롯되었다.

姜太公墓
羅石心物詩(21)

세월을 낚다 문왕 부름에
국사 태공망의 이름 얻어

육도의 병법에 치술 빛나
제나라의 시조왕 되었네

숲으로 덮힌 낮은 무덤에
고색 창연한 작은 사당은

137세를 살아 신선이 되니
원조 도교 사당 부럽잖네

뜨락 연못가 텅빈 낚시터
산서 위수가로 가고 없고

그의 사당엔 강씨를 비롯
구씨 노씨 최씨 시조비석

한 뿌리에서 나온 가지들
해동 조선까지 뻗었으니

대한민국 노씨 대통령도
다녀간 자취마저 남았네

2022. 9. 21.

강태공은 산서성 渭水에서 곧은 낚시로 80년의 세월 기다리다 주문왕의 발탁으로 제상이 되었고, 산동의 齊나라 시조 왕이 된 인물이다. 3000년 사당엔 周師齊祖, 즉 주나라의 國師이자 제나라의 시조가 되었다는 글자가 새겨 있다. 그의 저서 [六韜]는 黃石公의 [三略]과 더불어 [육도삼략]으로 전해 온다. 姜씨뿐 아니라 丘씨 盧씨 崔씨 등도 태공으로부터 비롯되었으니, 그를 시조로 받든다. 2000년 노태우 대통령도 이곳을 다녀갔다.

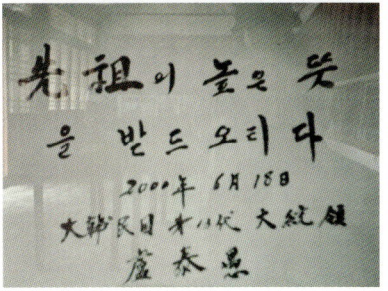

蓬萊閣과 煙台水城
羅石心物詩(22)

산동반도 북쪽 발해만이
내려다 보이는 단애산정

장산열도 아련한 운무속
신기루도 이따금 떠올라

신선들이 산다는 해동의
봉래산을 그리며 자리한

여덟 신선 모신 봉래각은
만고에 빛난 선경이라네

이 언덕 오른 선인과 묵객
읊은 시들 헤일 수 없는데

삼청전 여조전과 더불어
소공사 주련에 새겨 놓아

신기루 환상에 불과하나
충효자 곧 선선 동파싯귀

나그네 발길을 세워놓고
착함이 선선이라 알리네

2022. 9. 22.

봉래각은 산동 연태시 발해만 단애산정에 있다. 옛부터 신선이 살았다는 풍광이 퍽 아름다운 곳이다. 공자도 동경했던 海東의 神仙國을 그리던 역대급 유명 八仙들을 기념한 곳. 산동반도와 한반도 그리고 요동반도를 삼각구도로 오고간 仙人 詩人 묵객들의 시문을 새긴 현판, 주련, 詩碑들에서 옛 풍류 한 눈에 볼 수 있다. 소동파를 기린 蘇公祠 주련의 시구는 善化가 곧 仙化임과 통한다. 고려말 외교관으로 鄭夢周와 조선의 이인승, 정도전 등도 이곳을 다녀갔다.

邱處機道士와 칭기스칸
羅石心物詩(23)

고희가 지난 산동의 구도사
칭기스칸 원정 중 부름받아

중앙아시아 사마르칸트까지
2년 걸쳐 수만 리 달려갔네

칸이 장춘진인에게 묻기를
불노장생법 진실로 있느냐

구도사 답하길 되도록이면
살생을 줄이라 감히 말했네

원나라 삼교총책 임명받고
2년을 달려 되돌아 왔으니

북경 백운관에 있는 무덤이
그의 멀고먼 여정의 발자취

더불어 젊은날 색을 떨치려
기생집에서 도를 닦았다는

그의 도력 오늘까지도 전해
전진교 천년을 지키고 있네

2022. 9. 23.

長春子 구추기 도사는 산동 棲霞縣人으로, 西征 중이던 칭기즈칸의 명을 받아 18명의 제자를 거느리고 초원, 사막, 설산을 넘었다. 아프가니스탄(1222) 땅에 도착하기 까지 2년이 걸렸다. 장생의 도를 묻는 칭기스칸 앞에서 씩씩하게 살생을 줄이라고 하자, 과연 신선이라 칭송받았다. 삼교의 총괄 책임을 맡고 귀국한 그는 유불선 三敎合一 사상의 全眞敎를 중흥시켜 북방 도교의 祖師가 되었다.

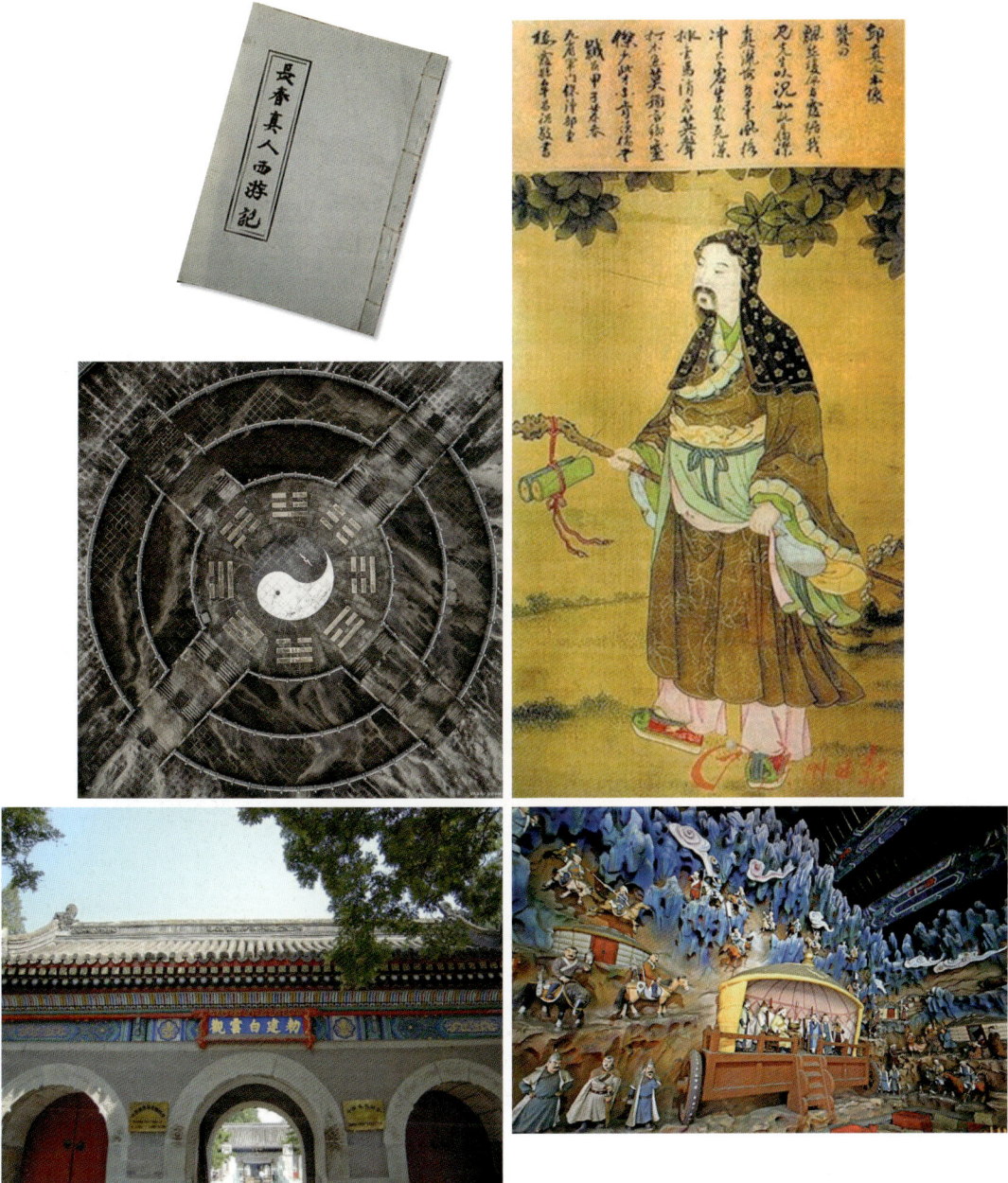

靑島
羅石心物詩(24)

칭따오하면 같은 이름
맥주가 떠오르는 것은

서세동점 시절 독일이
70년을 주둔했기 때문

구시가지는 유럽풍에
아름드리 포플러의 숲

천년만년 살 것 같더니
공산당에 손들고 갔네

맥주와 더불어 청도는
낭만의 도시가 됐지만

동쪽을 돌아 바닷가엔
신선이 살던 노산 있네

도교 발상지 태청궁엔
2천 년 곧추 지켜 서서

해동으로부터 불어 온
그윽한 선풍 이어 왔네

2022. 9. 24.

산동반도 남쪽 항구 청도는 서구화된 이국적 도시지만, 동북쪽 바닷가 도교발상지 노(崂)산은 도인과 신선들 수도처가 즐비한 바위산이다. 옛부터 海東과 교류해온 곳으로, 중국 최초로 지정된 국가급 '풍경명승구'이다. 진시황이 불로초를 구해 해동으로 사신을 보낸 곳이기도 하다. 매년 시월이면 세계적인 맥주 축제가 열리기도 한다. 청도에는 중국 근대 개혁가 康有爲가 살던 집과 묘가 있다.

威海에서
羅石心物詩(25)

신라방이었던 옛 문등땅
산동반도 최동단 위해시

백년 전 작은 어촌이었고
한때 영국령이 되었다네

어찌된 일인가 그곳 사람
위해라고 우리 말 하는데

도리어 우리는 웨이하이
중국식으로 말하고 있네

어찌된 일인가 런민이라
하지 않고 인민이라 하네

그곳엔 동이 동족 때부터
태산 울타리 발해 품에서

동쪽바다 신선국 오가며
수만 년 이웃해 살아왔던

지워지지 않는 지문처럼
오랜 혈연지연 남아있네

2022. 9. 25.

산동반도는 옛지명이 文登으로 비류백제와 新羅坊이 있던 곳이다. 遠古 시대부터 동이족 본 고장이니, 그 흔적들이 언어 속에 남아있다. 동이문자 한자음을 威海 人民 無通 등 우리와 똑 같이 발음해서, 동질감을 크게 느끼게 한다. 威海는 威震海疆의 줄임말인데, 군사적 요새였다. 19세기 갑오년 일본으로부터 수모를 겪었으나, 한국과 가장 가까워 인적 물적 교류가 빈번한 곳으로 발전했다. 이곳 劉公島엔 甲午년 청일전쟁박물관과 망해루가 있다.

赤山 法華院
羅石心物詩(26)

산동반도 동쪽 끝자락
영성시 붉은 돌산기슭

신라촌에 장보고 세운
천년된 법화원이 있네

황해 800리 뱃길 건너
고향 땅 바라보던 가람

흥덕왕 때 적산법화원
신라인들 신앙처였네

신라평민 출신 장보고
당나라 장군이 되었네

귀국후 세계최대 상선
거느린 아시아 해상왕

청해진 돌아서 구법승
엔닌도 도움받았던 곳

지금은 한중일 힘모아
기념하는 교류처 됐네

2022. 9. 26.

법화원 혹은 신라원은 산동성 榮成市 적산 남쪽 기슭에 있다. 해상왕 張保皐가 세운 사찰은 옛 신라방이 있던 곳으로 신라승뿐 아니라 일본 구법승들의 외교적 문제까지 맡아 해결하는 영사처 업무를 보기도 했다. 일본 승려 엔닌(圓仁)의 入唐求法巡禮行記에 나타나 있다. 일본대사를 지낸 미국인 동양사학자 라이샤워는 그것을 연구해서 당시 장보고를 '해양상업 제국의 위대한 무역왕'이라 평했다. 장보고는 한중일 正史에 기록된 인물로서 유일하다.

武氏祠畫像石
羅石心物詩(27)

예수님 재림하실 때 천사
무리 거느리고 나팔 불며

하늘에서 내려 오리라고
예언한 대목 성경에 있듯

하늘로부터 내려온 환웅
창세 개천시대의 천자국

그 이야기 산동성 가상현
무씨 사당에 그대로 있네

텅그리의 동이족 신화가
상나라 무정왕 후예에게

천년을 넘게 전해지더니
화상석에 그대로 새겼네

혹자는 치우왕과 유융씨
두 영웅 전쟁화라 하지만

날개 달린 천마수레 타고
지상에 온 신화 분명하네

2022. 9. 27.

무씨사당 畫像石은 漢나라 147년에 조성된 것으로 옛 동이의 땅 산동 嘉祥縣에 있다. 상나라 武丁王의 후손에게 전해오던 이야기를 돌에 그림으로 새겨서 사당 석실에 보관한 것. 1786년 홍수범람 때 발견되었다. 학자마다 달리 해석한다. 우리의 환웅신화와 닮았다는 설과 치우왕의 전쟁화로 보거나 부여 고구려의 건국설화로 보는 견해도 없지 않다. 나아가 상나라 이전의 동이족 단군신화의 벽화로 보는 학자들도 많다.

青州 駝山石窟
羅石心物詩(28)

아아 멀리도 흘러 왔구나!
불보살 유풍 새긴 조각들

간다라에서 돈황과 용문
청주에 있는 낙타산까지

길은 거기서 끝나지 않아
해동의 동남 끝에 이르면

더욱더 깊어진 완성미로
떡하니 석굴암이 앉았네

그렇지 않아 크게 그렇지
원효의 설법 따라 그런지

닮지 않은 듯 서로 닮아서
일심 이문의 진리를 보듯

마음의 빛 석굴 밝히는데
자(慈)보다 비(悲)가 큰 건

부처의 미소에 파인 상처
못난 혁명 광풍 때문이네

2022. 9. 28.

산동의 청주는 한반도에서 장안가는 길목에 있다. 낙타산(駝山) 석굴을 보면, 형식과 규모 면에서 경주 토함산 석굴암과 무척 닮았지만, 아름답기는 비교가 안 될 만큼 미완성작 같다. 수나라 때 착굴한 것이니, 석굴암상이 그 영향을 직접 받은 것 같다. 20세기 문혁 때, 석상들과 부조들이 크게 훼손 되었다. 보수를 했으나 안타까움을 지울 수 없다. 원효는 '不然而大然'이라 했으며, 起信論疏에 一心과 二門을 통해서 해석했다.

管鮑之交
羅石心物詩(29)

나를 나아준 건 부모지만
나를 알아준 건 포숙아다

벗이여, 그대는 관중인가
포숙아인가, 그런 벗 있나

살아서 아름다운 우정은
죽어서도 역시 죽마고우

기념관 무덤 사당 나란히
제나라 수도 쯔버에 있네

어려울 때나 성공한 때나
그 믿음 변함없이 빛나서

포숙아 없는 관중이 없고
관중 없는 환공 없었다네

금란지교 그윽한 향기가
2600년 그 맥 이어 오니

공자의 논어 첫 구절처럼
내 벗을 만난 듯 즐겁다네

2022. 9. 29.

管仲과 鮑叔牙는 춘추시대의 齊나라 사람으로서 관포지교의 고사로 유명하다. '生我者父母 知我者鮑子'라 말한 管子의 이 한마디는 그들의 우정을 대변한다. '生我者父母 活我者父母'의 聖訓처럼, 그를 살려준 자도 사실 포숙아였던 것. 淄博의 무덤 앞 기념관과 관포사당을 참관하노라면, 스스로 내 벗과 벗의 나를 반성해 보지 않을 수 없다. 관중은 '管子'라는 저서를 남긴 정치가 겸 철학자로 제갈량과 함께 명제상이다.

聊齋志異
羅石心物詩(30)

산동 쯔버(淄博)에 가면
포송령의 자그마한 서재

방대한 괴기소설의 산실
그윽한 료재(聊齋)가 있네

고금 세상 기담 야화들을
시장에서 듣고 모아 쓰며

기상천외한 귀신 괴물들
산해경 박물지 통달했네

최치원과 쌍녀분의 전설
선선이 사는 조선의 얘기

국제적으로 얽혀 있는데
천녀유혼 판타지도 있네

벼슬않고 글쓰며 종생한
김시습이 반열에 있는데

생전에 인기작가로 원고
베껴간 수가 끝이 없다네

2022. 9. 30.

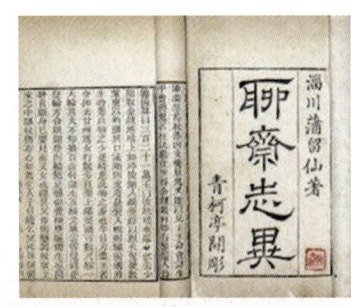

蒲松齡(留仙)은 명말 청초작가로 60넘어 급제하였으나 포기하고, 일평생을 기담과 괴담의 글쓰기로 살았다. 산해경과 박물지 등에 밝았으며, 조선에 대해선 비교적 우호적으로 표현되어 있다. 쯔버 즉 치박은 齊나라의 수도로 周村古商城이 있을 만큼 상업이 발전했던 도시다. 서양 카프카와 보르헤스도 읽고 감명을 받았다니, 책 제목처럼 그의 책 [유재지이]는 시대를 초월한 奇書이다.

孫子兵法
羅石心物詩(31)

손자병법의 저자 손무는
춘추시대 산동 제나라인

병법 13편 오왕에 받치고
장군 되어 초나라를 쳤네

전쟁 역사상 최초 병서로
만고에 이름 드날린 것은

적을 알고 나를 알면 백번
싸워 위태롭지 않다 했네

손빈은 손자의 후예인데
시샘을 받아 빈형당했고

일본 소프트뱅크 창업주
손정의 병법 만들었으니

300년 가도 망하지 않는
기업 전략 세워졌다는데

내 별명이 손자의 손잔데
칠십 넘도록 이룬 것 없네

2022. 10. 1.

道	天	地	將	法
頂	情	略	七	鬪
一	流	攻	守	群
智	信	仁	勇	嚴
風	林	火	山	海

손정의의 제곱병법

1행. 이념: **道天地將法** (도천지장법) 싸움에 이기기 위한 조건
2행. 비전: **頂情略七鬪** (정전략칠투) 리더가 갖추어야 할 지혜
3행. 전략: **一流攻守群** (일류공수군) 1인자가 되려는 이의 싸우는 방법
4행. 마음가짐: **智信仁勇嚴** (지신인용엄) 전투방법
5행. 전술: **風林火山海** (풍림화산해)

孫子는 춘추시대 孫武에 대한 敬稱이기도 하고, 그의 후예이자 전국시대의 전략가 손빈에 대한 경칭이기도 하다. 손자병법과 손빈병법이 함께 1972년 산동 臨沂縣 銀雀山 漢墓의 竹簡으로 출토되었다. 손빈병법은 唐이후 유실되었다가 되살아났다. 현대는 일본 제일 부호 한국인의 孫正義兵法이 유명한데, 기업이 망할 수 없는 전략을 세워졌다. 중국에 유학갔을 때 필자 별명은 '孫子의 孫子'였다.

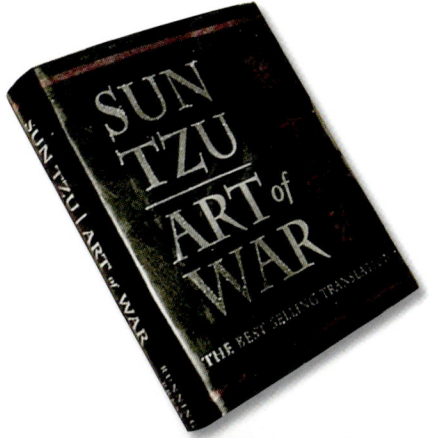

梁山泊
羅石心物詩(32)

물이 양산에 머무른다고
인물도 그곳에 머물렀네

수호지의 백 팔 영웅들이
한때 이곳서 활동했으니

소설도 아닌 듯 현실속에
그 자취 그대로 남았는데

그 많던 호걸들 떠나가고
양산박엔 물마저 말랐네

하늘 대신해 도를 행한다
취의당 깃발 높이 휘날려

높은 언덕 위 요새의 산채
관군들도 어쩔 수 없었네

여러 파벌 중 가장 센 3걸
임충 노지심 무송 셋인데

두령 송강마저 두려워 한
그들 얘기 환히 남아있네

2022. 10. 2.

중국 4대 소설 가운데 하나인 水滸誌의 무대는 산동성 양산현인데, 옛날엔 늪지 같아 물이 많았으나 지금은 몇 개 인공호수만 남고 관광도시가 되었다. 替天行道! 공허한 깃발에 백 팔 영웅 호걸들이 활동했다는 소설 줄거리 따라 조성한 영화 셋트장 닮은 건물과 스토리 자취만 남아 쓸쓸한 풍경이다. 80년대 부산의 광복동입구에 양산박이라는 실내주막이 있었는데, 당대 예술인들과 강호 명인들이 출입했었다.

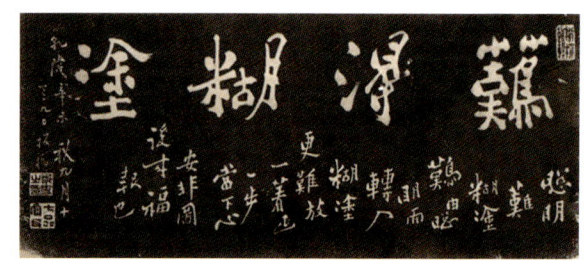

濰坊에서
羅石心物詩(33)

칭따오에서 서북쪽 이백리
순임금 출생지 웨이팡도시

독일인이 놓은 철도를 타고
일본군 산동 점령했던 때로

미국선교사 세운 낙도원이
강제수용소로 변했던 그곳

세계 연날리기 대회의 수도
해마다 풍쟁 축제 열린다네

웨이팡 가면 평생 청백리로
불우하기만 했던 삼절작가

오십 넘어 11년 현령을 지낸
판교 정섭의 기념관 있다네

호도 노인에게 준 육분반서
탁본글씨 선명히 남았는데

난더후투! 총명도 어렵지만
바보인 척하기 더 어렵다네

2022. 10. 3.

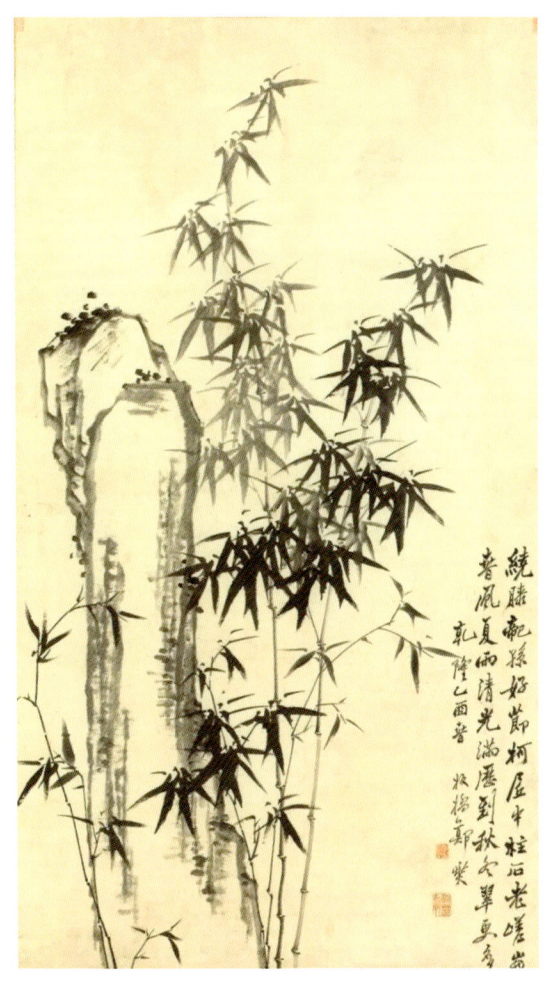

웨이팡 시는 옛부터 연날리기로 유명해서 세계대회 風箏祝祭가 열린다. 그곳은 청나라 楊州八怪의 한 사람 板橋 鄭燮이 縣슈으로 부임해 청백리로 이름을 얻은 관청 터와 기념관이 있다. 바보 노인에게 써줬다는 '難得糊塗' 네 글자 아래에 "총명하기 어렵고 어리석기도 어렵지만, 총명한 사람이 어리석게 되기 더욱 어렵다.(聰明難 糊塗難由聰明而轉入糊塗更難)"는 구절은 중국인들이 가장 좋아하는 말이다.

墨子紀念館
羅石心物詩(34)

공자와 맹자 사이에 살았던
묵자의 고향은 산동 텅저우

그의 조상은 상나라 동이족
춘추시대 송나라 사람이네

기념관의 별도인 군사청엔
그가 개발한 방어용 무기들

공격 위주의 손자와는 달리
그는 방어 위주 전략가였네

싸움은 말리고 봐야 한다고
초왕을 설득해 전쟁 막았듯

법가의 법보다 엄격한 가법
이로부터 묵수란 말 나왔네

삼가는 유가 도가 묵가인데
한때 인기는 유가를 앞섰네

중국 최초 사회주의사상에
동양 좌파의 원조격이라네

2022. 10. 4.

墨家를 창시한 [墨子], 저자의 본명은 墨翟이고, 東夷의 후예이다. 하늘과 神을 믿었던 묵자의 兼愛說은 商의 유풍을 따랐으며, 家法을 엄격히 해서 墨子란 칭호 생겼다. 중국 전통의 幇會(사회조직)의 원뿌리이다. 중국 암흑가의 조직 우두머리는 황제라는 말이 있듯, 국민당시절 장개석이 지지했다. 흰 실이 검게 물드는 것을 보고 슬퍼했다는 천자문의 墨悲絲染과 墨守란 말은 묵자에서 나왔다.

孟嘗君 故鄕
羅石心物詩(35)

명성은 헛되이 전하지 않는다
벗이여 명불허전 출처 아는가

옛 설(薛)땅 산동 등주 이곳은
천하의 인재 구름처럼 모였던

진(秦) 제(齊) 위(魏)의 재상을
역임한 맹상군의 영지 있던 곳

밥이 하늘인 이치 홀로 깨달아
남 먼저 보란 듯 실천해 보였네

물건을 사주는 고객이 아니라
밥을 얻어먹는 식객이 왕이니

백성 아닌 왕 다스리는 주인공
그는 누구일까 궁금도 했겠네

진나라 재상 때 모함을 당해도
계명구도 재사들 주인 구했듯

명성이 널리 오래 전해온 데는
그럴만한 까닭이 다 있기 때문

2022. 10. 5.

史記에 나오는 名不虛傳의 출전은 陳壽의 정사 삼국지이다. 전국시대 四公子 가운데 하나인 맹상군은 돈 많은 귀족후예였다. 그는 천하 재사를 모으기 위해 고향인 田氏 가문의 田文에서 인재를 후하게 대접하고 수많은 食客을 거느렸던 일로 이름이 높다. 그가 손님을 접대할 때는 병풍 뒤에 보좌하는 사람을 두고, 사는 곳이나 친척에 대해 물은 내용을 기록하게 했다. 손님이 떠나면 사람을 보내 집안 형편을 살펴서 도와주고, 선물을 전했다. 모함을 당해 秦에서 齊로 탈출할 때, 재주꾼(鷄鳴狗盜)들이 그를 도왔다는 고사가 있다. 우리의 판소리 흥보가에도 맹상군의 이름이 나온다. 구한말 圓丁 閔泳翊이 상해로 도피했을 때, 千尋竹齋 별장을 짓고 오창석 및 포화 같은 명사들을 식객으로 거느린 일도 맹상군을 똑 닮았다.

王重陽
羅石心物詩(36)

송휘종 때 태어난 왕중양은
도교 전진파 창시자였는데

호로병과 표주박을 들고서
원효처럼 춤추며 주류했네

불혹지나 종남산에 이르러
구덩이 파고 묘혈을 짓고서

앞에 자신의 위패를 세우고
해당화 한그루도 심었다네

우연히 여동빈을 만났으니
동해에서 수행하란 말 듣고

산동 등주에 마의보와 함께
꿈속 선학터 전진암 지었네

참(眞)을 온전하게 하는 것
이로써 가르침 비롯되어서

유불도 합일의 청정사상은
원제국 때 크게 융성하였네

2022. 10. 6.

왕중양의 본명은 中孚, 함양사람이다. 과거에 실패하고 무과에 급제하였으나, 도교 입문해 이름을 王嚞 호를 重陽이라 했다. 불혹에 문득 탄식하며 미치광이로 변해 주류천하, 신선 呂洞賓의 계시를 받아 寧海로 가서 선인 馬宜甫(그의 부인 孫不二와 첫제자가 됨. 구추기 등 칠제자 중 하나)를 만나 全眞庵을 짓게 되니 이로써 全眞敎가 탄생했다. 몽골원제국의 폭정을 완화시키는 데 크게 역할을 하였다.

全眞七仙
羅石心物詩(37)

산동의 전진암에서 배출한
왕중양의 일곱 신선 제자들

백일기도에 감명된 첫 제자
마의보는 단양자가 되었고

그의 부인 손불이는 두 번째
낙양의 청정파 으뜸 되었고

온덕진인 된 세 번째 담옥은
출가하여 남무파 선두됐네

양생지도 체득한 옥양자는
운광동천 은거해 우화등선

역리를 통한 다섯째 학승은
화산파를 주재한 불어선생

여섯째는 그 유명한 구처기
칭기스칸 은혜 입은 장춘자

금나라 도사 영허 유처현은
마지막 전진칠자에 들었네

2022. 10. 7.

도교의 일파인 전진교는 王重陽이 산동 현 烟台市에 全眞庵을 지은 데서 유래하였다. 그 곳에서 배출한 수제자들 일곱을 흔히 全眞七子, 北七眞이라고 칭한다. 馬宜甫(丹陽子) 孫不二(孫仙姑), 譚處端(長眞子), 王處一(玉陽子) 郝升(廣寧子/不語 先生), 丘處機(長春子 劉處玄(長生子) 등 七仙. 특히 학승 華山派의 맥을 현재 한국 女仙 郭宗仁(1940년생)이 잇고 있다니, 퍽 흥미로운 일이 아닐 수 없다.

聖經山
羅石心物詩(38)

여동빈이 왕중양을 바닷가
영해로 가라는 이유 있으니

산동은 발해만을 뜰로 삼은
동남북 신선의 고장이라네

곤유산 앞자락 선경 극정엔
도덕경 상하 전문 마애석각

도교가 뿌리내린 오랜 역사
유적을 한 눈에 볼 수 있네

전진교 창건지 동화궁 지나
하늘 사다리 오르면 노군묘

전진 조정에 조양동 혼원전
도교신상 모신 동화동 석굴

골짝마다 즐비한 신선 자취
도맥 따라 누대 이어오는데

신선산 비조 성경산정에선
바다 멀리 신선국 보일 듯

2022. 10. 8.

성경산은 노자 도덕경 5천자 전체를 바위에 새긴 천년 된 마애각석이 있어서 붙여진 이름이다. 산동성 위해 시에서 서북 20km에 위치한 도교 전진파 발생지로 산기슭엔 東華宮이 있으며, 산 전체가 도교 유적으로 가득해 불교유적의 경주 남산을 방불케 한다. 북위시대 사학자 崔鴻은 이 산을 두고 海上仙山之祖라고 했다. 정상에 서면 동해너머 海東神仙國 한반도가 보일 것만 같다.

諸葛亮
羅石心物詩(39)

촉한의 승상 제갈량의 고향
산동성 임기시 기남현인데

유비 삼고초려 26세의 와룡
형주 남양에 은거하였을 때

공자 다음 인기짱인 공명은
동남풍으로 더욱 유명한데

11월의 북서풍이 동남풍으로
어찌 그렇게 바뀔 수 있는가

전생 와룡이었던 분의 말씀
착하면 그자리에 있다 했네

천시와 지리가 어우러질 때
착한 사람은 화룡점정할 뿐

소동파의 적벽부는 덤으로
만고풍류의 이름 얻었지만

홍위병 광풍에도 끄덕 없이
아무런 피해 없었던 무후사

2022. 10. 9.

 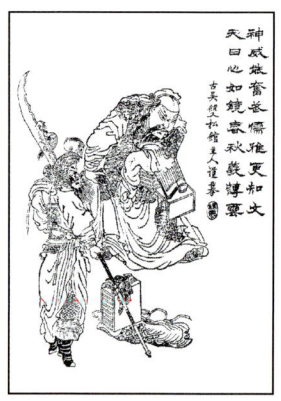

촉한의 승상 제갈량의 字는 孔明, 號는 臥龍이다. 고향은 산동 臨沂 沂南縣. 삼촌을 따라 荊州 南陽에 농사지으며 은거했을 때, 유비의 삼고초려로 軍師가 되었다. 그는 정치가 군사가 발명가 문학가였으며, 적벽대전에서 동남풍을 불러온 고사로 유명하다. 234년 陝西省 岐山에서 54세로 병사했다. 옛 촉한의 수도 현 사천성 성도에 그의 무덤과 사당 武侯祠가 있는데, 문화혁명 때 홍위병의 광란에 그곳은 아무런 피해를 입지 않았다.

夫信可樂也夫人之相與俯仰
一世或取諸懷抱悟言一室之內
或因寄所託放浪形骸之外雖
趣舍萬殊靜躁不同當其欣
於所遇暫得於己快然自足不
知老之將至及其所之既倦情
隨事遷感慨係之矣向之所
欣俛仰之間以為陳迹猶不
能不以之興懷況脩短隨化終
期於盡古人云死生亦大矣豈
不痛哉每攬昔人興感之由
若合一契未嘗不臨文嗟悼不
能喻之於懷固知一死生為虛
誕齊彭殤為妄作後之視今
亦由今之視昔悲夫故列
敘時人錄其所述雖世殊事
異所以興懷其致一也後之攬
者亦將有感於斯文

王羲之 故鄉
羅石心物詩(40)

산동 임기가 고향인 인물은
손자 제갈량 말고 또 있다네

임기 태생의 서성 왕희지는
옛 회계 땅 절강의 소흥에서

벗들과 산음에서 수계할 때
37편 시들의 서문을 지었네

천하명필 글씨 아름답지만
생사무상 문장 절묘하다네

옛 사람들 오늘의 우리 보듯
오늘의 우리 옛 사람들 보니

즉석에서 시를 짓지 못하면
벌주가 기다리고 있으렸다!

28행 324자 신품 행서법첩
당태종 관속에 들어갔으니

세상에 전해진 건 복제일 뿐
결단코 난정서 진품은 없네

2022. 10. 10.

회계태수를 지낸 왕희지는 51세 (353)때 산음의 죽림에 雅集 연회를 베풀었다. 41명 가운데 즉석에서 쓴 시 37수를 묶어 서문을 썼다. 초고를 蘭亭序라 하는데, 도교신앙의 영향이 컸던 초기 위진풍류의 대표작이다. 7대손 승려 서법가인 智永에 이르러, 그의 제자에게 전해 내려오던 난정서 필적은 당태종이 자기 무덤인 昭陵에 순장시켰다. 현재 5백 여 종의 난정서는 명가들이 쓴 臨書作이거나 摹本들이다. 서법에 뛰어났던 아들 王獻之와 二王으로 불린다.

神醫 扁鵲
羅石心物詩(41)

성은 진(秦)이고 이름은 월
발해군의 사람 별명이 편작

산동지방에 동이의 전설로
변형되어 편작이 되었다네

천하를 떠돌며 펼친 의술로
불치병 고쳐 이름 높았다네

맥도 짚 잖고 안색 만으로
백발백중 병을 알아냈다니

편작이 온다한들 어이하리
송강 정철의 사미인곡처럼

정녕 그도 고칠 수 없는 병
여섯 가지나 있었다고 하니

교만심 경신중재 과식과음
음양불순 불능복약 불신의

이 가운데 하나라도 있다면
치료하기 어렵다고 했다네

2022. 10. 11.

편작은 2500년 전의 춘추시대에 살았던, 중국 역사상 최고의 명의로 알려져 있다. 起死回生의 의술로 괵나라 태자를 살려낸 것은 물론, 神醫답게 齊나라 桓公의 안색만 보고도 병의 소재를 알아냈다는 기록이 [史記]에 남아 있다. 저서로는 [難經]이 전해 오나 후대의 여러 사람에 의해 편집된 것이다. 六不治病은 교만한 자세, 輕身重財, 衣食의 지나침, 臟氣 음양 불순, 약복용불가, 의술불신 등이다.

吳子兵法
羅石心物詩(42)

본명 오기(吳起) 전국시대
산동출신 병법가와 정치가

공자의 제자 증자의 문하생
불효로 쫓겨났던 망명신세

유학자가 되지 못하고 끝내
병가로 위나라 장군이 되어

실전에 76번을 싸워서 64승
12무 전적의 명승부사라네

부하들과 똑같이 먹고 자며
고락을 같이한 감동 리더십

병사의 등창 종기를 입으로
빨아내 고름을 빼준 지휘관

죽기로 각오하면 살 것이요
살려고 하면 필히 죽으리라

우리 충무공의 말씀이 또한
오자병법 치병편에 있다네

2022. 10. 12.

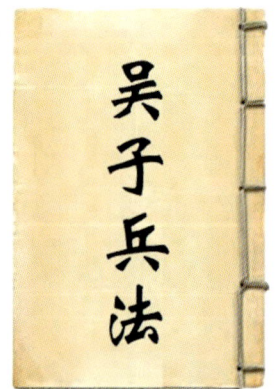

[오자병법]은 [손자병법]과 양대산맥을 이룬 병서로서, 집집마다 다 가지고 있었다고 한다. 흔히들 孫吳兵法이라고 거론하지만, 손자병법은 추상적인 도가의 영향을 받았지만, 오자병법은 현실적인 법가와 유가의 사상에 기반을 두고 있다. 그는 전쟁의 가장 큰 원인을 명분과 이익 다툼이라고 했다. 충무공의 必死卽生 必生卽死는 오자병법의 必死卽生幸生卽死를 바꾼 것이다.

秦始皇帝
羅石心物詩(43)

최초 통일군주 자칭 시황제
최고 폭군을 누군들 모르리

그가 태어난 곳은 하북의 땅
조나라의 수도 한단이라네

조상은 동북으로부터 왔나
몽골말을 쓴 여진족이라니

불가사의의 만리장성 만큼
여불위처럼 모를 일이라네

삼황오제에서 '황제'명칭을
처음에 차용했던 군주답게

법가의 정책으로 분봉제를
폐지하고 군현제 실시했네

분서갱유를 했어도 제국은
스무 해도 못 가서 망했듯

동남동녀 해동에 보냈지만
불로장생은 한낱 꿈이었네

2022. 10. 13.

진시황(BC259-210)은 550년의 춘추전국시대를 끝내고 최초로 중국대륙을 통일하였다. 유가의 서적을 비롯해서 460명의 유학자와 도사들을 생매장하고, 법가사상으로 제국을 통치했다. 문자와 도량형기를 통일시키고, 군현제를 실시했는데, 2천여 년이 지난 오늘날까지 한중일에서 모두 사용하고 있다. 다만 제국이 3대 15년 만에 망한 원인은 후계자의 문제였다. 그는 불로초를 구하는데 실패하고 49세 젊은 나이로 객사했다. 진시황은 몽골어를 하는 여진족이었다.

桃園結義 三義祠
羅石心物詩(44)

유비·관우·장비 의형제 맺은
복숭아 밭은 어디에 있는가

세 사람이 결의한 삼의사적
하북 탁주시에 가면 있다네

동한의 어지러운 환관정치
장각의 홍건적 난에 맞서서

미투리 삼던 유비와 푸줏간
운영한 장비와 떠돌이 관우

춘삼월 복숭아꽃 피었을 때
세사람 탁현 장터에 모였네

성은 다르지만 의로운 형제
같은 날 죽기로 맹세했으니

흰 말과 검은 소를 제수삼아
천지에 고하고 제사 지낸 뒤

공명의 삼분지계 이루었지만
삼형제 죽은 날 서로 달랐네

2022. 10. 14.

유비 장비 관우 세 사람이 도원결의한 곳이 뜻밖에도 북경 부근에 있는 옛 탁현이다. 그곳에는 三義祠와 복숭아 밭도 남아 있다. 그들은 東漢末 정치가 어지러운 틈에 일어났던 홍건적을 물리치려고 의로운 혈기로 뜻을 모았고, 형주에서 제갈량을 만나 새로운 인생이 전개되었다. 그들을 기리는 三義廟와 祠가 중국 전국에 흩어져 있다. 특히 關廟는 수도 없이 많다. 우리나라에도 서울 숭례문 밖 남묘는 없어졌지만, 동대문 밖 동묘, 성주, 안동에도 관왕묘가 있다.

董仲舒
羅石心物詩(45)

서한시대의 철학자 동중서
하북경현의 광천 사람인데

천인감응설과 삼강오상설
공맹사상 계승한 박사라네

한무제의 칭찬을 받아내어
유가의 독존시대 열었으니

삼강오륜의 모체인 새 학설
옳기도 하고 틀리기도 하네

부·모·자가 천지인의 벼린데
군신·부자·부부가 삼강 되고

새 오륜 역시 군신·사제·부부
장유·붕우 관계로 바뀌었네

오륜의 부부유별 평등 차별
서로를 밝혀 주는 부부유명

유교 윤리 2천년을 흘러 와
새로운 변화의 기운 맞았네

2022. 10. 15.

동중서는 前漢의 걸출한 유학자이다. 공맹사상의 교리에 바탕을 두고, 三綱五常說 天人感應說 등을 주장했다. 삼강은 군신과 부자와 부부간에 지켜야 할 도리라 하지만, 수직적 주종관계로 되어있어 오늘날 사회적 관점에 보면 맞지 않는다. 삼강은 天地人 三才이자 父母子에 해당되고, 五倫의 夫婦有別 역시 男尊女卑의 차별의 병폐를 가져왔다. 60년대 林語堂도 夫婦有明을 주장했었다. 동중서의 저서에는 [春秋繁露]가 있다.

109

趙州의 柏林禪寺
羅石心物詩(46)

차나 한잔 하고 가시게나
조주의 끽다거 출처 있는

하북 석가장의 백림선사
팔각 7층탑 아직 남았네

뜰 앞엔 잣나무 보이잖고
측백고목 한 그루 섰는데

늙고 속마저 텅비어 있어
백이십살 산 고불 닮았네

평상의 마음이 곧 도라고
마조와 남전이 전한 화두

마조 스승은 신라승 무상
조주에 이르러 꽃 피었네

개에 불성이 있다 없다는
무(無)자에 얽매이지 않고

마음에 잡된 생각 없애면
인간사 호시절이라 했네

2022. 10. 16.

백림선사는 하북 石家莊에 있다. 趙州는 스승 南泉을 40년 모시고, 60부터 20년을 주류하다가, 80부터 이곳에서 40년을 살았다. 古佛이란 별명이 있다. 그의 유명한 話頭에 喫茶去와 庭前柏樹子가 있다. 柏樹는 잣나무가 아니라 측백이다. 그런데 잣나무라고 잘못 번역한 것이 아직도 그대로 쓰이고 있다. 淨衆宗 無相禪師(684-762)의 선맥은 마조도일, 남전, 조주로 이어진다. 문화혁명 때, 사리탑이 크게 훼손되어 새로 중수했다.

康節先生 故鄕
羅石心物詩(47)

북송의 다섯 현인 가운데
소옹은 하북 탁현인으로

공부하느라 장가도 늦고
벼슬엔 관심도 없었으니

귀신곡할 주역 통달하여
황극경세 선천도 밝히고

중년이후 낙양에 정착해
안락와 짓고 은거했다네

꽃길 쫓아 멀리 걸어가서
물결따라 천천히 돌아와

홀로 읊은 시, 달빛 산책
철학과 더불어 시철됐네

선천 상수의 도식과 함께
소옹 선천학이 심법이듯

그의 관물편을 읽어보면
관물이 심물임을 알겠네

2022. 10. 17.

 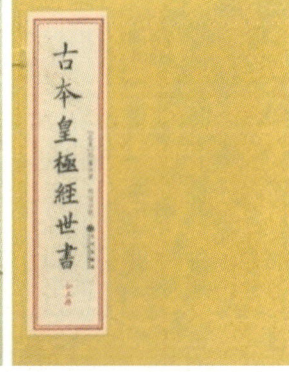

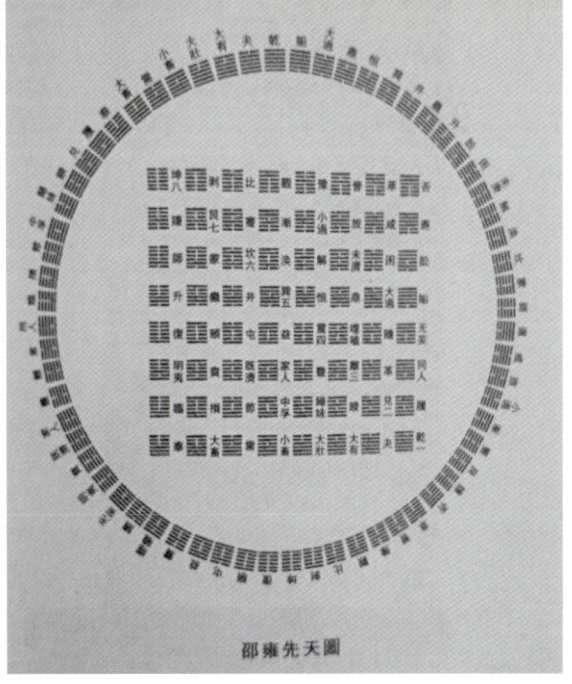

소강절(1011-1077)은 하북 탁현 사람으로, 30대 이후 洛陽 교외에 安樂窩(堂號)를 짓고 살았다. 宋代유학자 겸 詩哲이며, 주염계, 장횡거, 정명도, 정이천과 더불어 북송 五君子로 불렸다. 이들은 宋明理學의 開創者들이다. 소강절의 先天學은 易學에서 나왔다. 그의 유명한 예언으로 "活汝壓櫟死 救我五代孫" 구절이 전해 온다. 저서로 [황극경세], [觀物篇]이 있다.

熱河의 避暑山莊
羅石心物詩(48)

연암의 연행록과 일기에
등장하는 열하는 어딘가

청나라 황제들 피서산장
하북에 있는 승덕이라네

동북의 만주족 애신각라
그들의 영지에 만든 보루

종교의 사원들과 영빈관
별장들 크고도 화려하네

호수 위 누각들을 오가는
배와 온천과 사냥터까지

황제가 누릴 수 있는 권력
어디 모자라는 구석 없네

조선 사신은 황제가 없는
연경에 갔다 발길 되돌려

밀운을 거쳐 산해관 넘어
열하로 갔으니 열 받겠네

2022. 10. 18.

피서산장이 있는 熱河는 만리장성의 밖에 있는 承德이다. 중원을 무혈입성한 愛新覺羅(新羅 혹은 가야의 후예라는 설도 있음) 성을 가진 만주인들은 山海關 넘어에 있는 안전한 슈地에 여름휴가처를 마련하였다. 건륭 칠순연의 축하사신을 수행했던 박지원의 燕巖集에 열하일기가 수록되어 있다. 열하일기엔 당시 티벳의 라마 지도자 班禪을 접견 하는 과정에서 벌어진 웃지 못 할 일도 기록되어 있다.

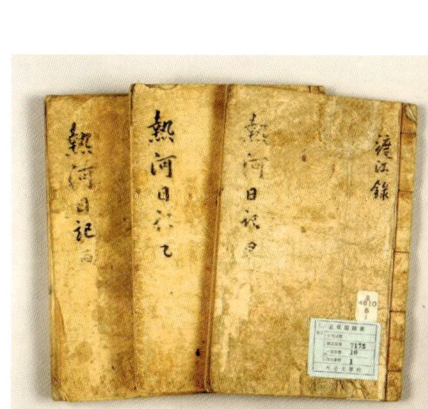

淸東陵을 찾아서
羅石心物詩(49)

이소룡 당산대형도 있지만
지진으로도 유명했던 당산

그곳의 존화는 만주족 성지
황제와 가족 능들이 있다네

순치 18년부터 장장 247년
오랫동안 건설한 대능원은

청 제국 같은 거대한 규모
한눈에 보아도 장관이라네

5명의 황제 15명의 황후들
비빈 136명과 황자3 공주2

거기 서북쪽 위구르에서 온
아름다운 향비 무덤도 있네

살아서 누린 영화 영원할까
세계유산 되었으니 그럴 듯

나라를 거덜낸 여진족 후예
서태후도 한 자리 차지했네

2022. 10. 19.

청나라 동쪽의 능이라해서 清東陵(세계문화유산)이라 부른다. 입구 석방에서 능원까지는 마치 비행장 활주로 같다. 동릉엔 순치제 강희제 건륭제 함풍제 동치제와 같은 걸출한 황제들이 묻혀 있다. 특히 몸에서 향기가 나서 香妃라 한 건륭의 후궁은 위구르 여인이다. 나라는 정복자에게 빼앗겨도 정신은 빼앗길 수 없다며, 정절을 지켜서 위구르 자존심의 표상이 되었다. 신장 카쉬가르에도 타지마할을 닮은 아름다운 건축의 향비묘가 있다.

山海關에 올라
羅石心物詩(50)

꼬리는 사막으로 사라지고
머리를 곧추세운 만리장성

산해관이 자리한 하북 진황
산과 바다 사이 천하제일관

밖에서 본 것 안에서 본 것
서로 다르다고 싸움 했다네

산에서 내려와 바다에 숨어
싸움들 모두 보았던 노룡두

수천 년에 걸쳐 되쌓았지만
허물어지기도 한 제일의 문

대군으로 들이 닥친 수양제
칼로 응답하던 강이식 장군

무거운 병갑만 드나들잖고
평화의 사절단도 오갔으니

북으로 연산을 올려 보다가
다시 발해 수평선 바라보네

2022. 10. 20.

산해관은 '天下第一關'이라는 이름으로 알려졌다. 본성에서 4km 밖의 발해만에 접한 부분이 老龍頭란 별칭을 가지고 있다. 北齊 때 생긴 말이며, 마치 거대한 용이 바다에 머리를 숨기고 있다는 뜻이다. 수당 때는 臨渝關이었으며, 遼金 때는 遷民縣(鎭)이었고, 명 때 장성을 크게 중수하고 요새화하여 산해관이라 했다. 산해관문을 통해 무수한 군인들이 드나 들었지만, 평화를 위한 사신들도 수없이 왕래했다.

두 개의 孟姜女墓
羅石心物詩(51)

우리네의 애틋한 인연이면
하룻밤을 잤어도 만리장성

저네의 애절한 인연이라면
맹강녀의 맹렬한 부부사랑

결혼하자 장성부역 떠난 님
구만리 장천 찾아 나섰지만

신랑은 과로사로 이미 죽어
성채 속에 그대로 묻혔다네

사흘 통곡에 하늘도 느꼈나
성채 무너져 나온 남편시신

장사를 치른 뒤에 홀홀단신
이곳 바닷물에 몸을 던졌네

진시황 폭정 빗댄 민간설화
입에서 입으로 이어 왔으니

그녀의 무덤 육지에도 있고
바다 속에도 바위로 남았네

2022. 10. 21.

박에서 나온 맹강녀는 맹씨와 강씨 딸로 키워졌다. 결혼하자 며칠 만에 남편이 장성공사에 차출되었다. 소식이 없자 몸소 찾아 나섰다. 여러 곳 헤매다가 산해관 현장지 왔는데, 남편은 이미 죽어서 축성 밑에 파묻혔단다. 그녀가 사흘 밤낮으로 통곡하자 성곽이 무너져서 남편시신이 기적처럼 나타났다. 겨우 장사를 지내고, 그녀는 발해 바다로 달려가 투신했다. 진시황을 원망한 슬픈 얘기로 중국 4대 설화 가운데 하나이다.

秦皇島
羅石心物詩(52)

옛 고주국은 어디에 있었나
백이숙제 고사리 캔 수양산

하북 노룡현 이곳이라는데
기자유풍 아득히 사라지고

장성으로 거대한 벽 만들고
장벽 넘어 밀고밀리던 역사

어느새 3천 년 선천 다하고
운회하는 신기운 때가 왔네

시황제 순시 하였던 곳이라
진의 황제가 왔다고 진황도

불로장생코자 서복에 명령
동남동녀 500명 파견했네

지금은 피서와 휴양의 도시
발해만의 미항으로도 유명

산해관과 북대하를 품고서
경하고속철이 관통 한다네

2022. 10. 22.

4천 년 전 夏禹시대에 伯益이 썼다는 고서 가운데 고서 [山海經]엔 "北海之隅有國名曰朝鮮"이라 쓰여있다. 宋나라 역사학자의 저서 太平寰宇記에는 "하북도 老龍縣엔 폐허가 된 조선성이 남아 있는데, 이곳이 은나라 왕자 箕子가 망명해 왔던 조선이다."라고 썼다. 그곳이 현재의 하북성 진황도시 노룡현이다. 지금은 공산당 간부들의 휴양처이자, 北戴河도 가까이 있는 곳이다. 秦皇島는 섬이 아니고, 북경-하얼빈 경하고속철이 달리고 있는 해변도시이다.

北戴河에서
羅石心物詩(53)

청말 외국인 위해 개발된
19세기 최초의 해수욕장

사회주의 중국이 되면서
서양인들 싹 쓸어낸 다음

공산당 간부들의 휴양처
요양원 20세기 피서산장

모택동이 수영을 즐기고
시를 남기자 더 유명했네

북대하 공산당회의 더욱
유명한 58년의 대만포격

인민공사를 실시할 것도
모두 이곳에서 결정했네

별장도 대를 이어 모주석
떠난 후엔 등소평 차지로

매년 여름엔 수영복 차림
씨거 문 모습 보게 되었네

2022. 10. 23.

북대하는 진황도시(市)에 속한 해변의 휴양 도시이다. 청나라 光緒 24(1898)년 서양인들을 위해 해수욕장으로 개발 되었다. 사회주의 중국이 되면서 공산당간부들의 휴양지이자 회의장소로 쓰였다. 모택동의 '浪淘沙-北戴河' 시를 남기면서 더욱 유명해졌다. 그 뒤를 이어 등소평도 이곳에서 수영을 즐겼으며 그 전통 지금에 이르렀다.

浪淘沙·北戴河

近现代·毛泽东

大雨落幽燕,

白浪滔天,

秦皇岛外打鱼船。

一片汪洋都不见,

知向谁边？

往事越千年,

魏武挥鞭,

东临碣石有遗篇。

萧瑟秋风今又是,

换了人间。

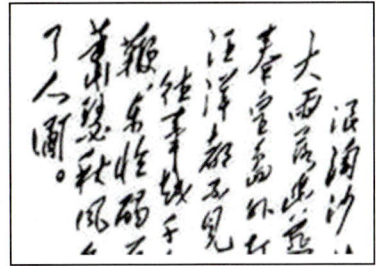

天津港
羅石心物詩(54)

발길을 돌려 발해만 깊숙히
거기 들어오면 천진항 있네

백년 전 개항시기 서양 8국
조계 구역이 있었던 곳으로

원형 마르코폴로 광장 중심
반세기 이탈리아 건축 있고

프랑스인이 세운 서 유럽풍
아름다운 서개교당 서 있네

아직 한중국교 수립하기 전
최초로 직항과 선박 통했네

고문화 거리의 심양로주변
휴일엔 골동품의 벼룩시장

손문 묵었던 고풍스런 호텔
그곳에 하룻밤 묵어도 봤네

30년 전의 추억어린 발자취
해신 모신 천후궁에 남았네

2022. 10. 24.

천진시는 상해와 중경 다음으로 큰 직할도시로, 옛날의 이름은 直沽였으나, 명나라 영락제가 '하늘의 나루'라는 의미로 天津으로 개명 하였다. 아편전쟁 이후 1860년에 개항 되었으며, 서양인들의 주 무대가 되었다. 마르코광장 서쪽에 위치한 베네치아 클럽 3층에서 내려다보면 유럽에 온 느낌이 든다. 고문화거리의 天后宮은 바다를 수호한다는 여신 마주를 모시고 있다.

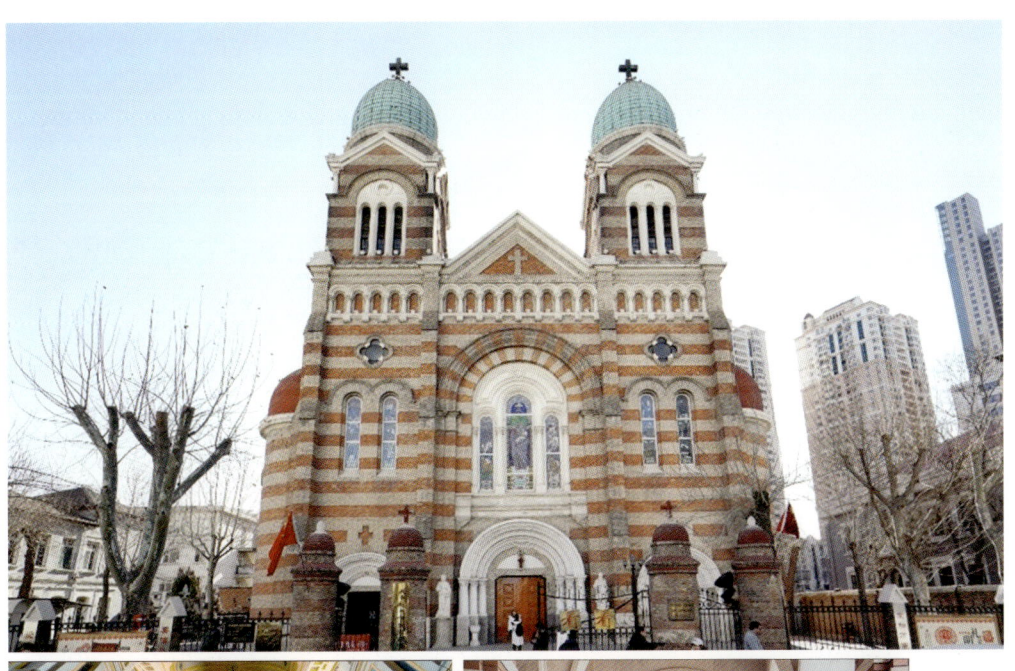

保定 漢墓
羅石心物詩(55)

중국은 왜 한족을 자처할까
한(漢) 보다 진이 앞섰는데

차이나도 친(秦)에서 비롯
최초로 통일국가 이뤘는데

한문 한자 한족이라 부르는
이유는 정녕 어디에 있을까

진은 이십년도 못돼 망하고
한은 전후 400년 유지했네

한에 기대었던 촉한의 유비
전한 중산정왕 유승의 후손

대원군이 인질로 잡혀 와서
와신상담 세월 낚았던 이곳

거대한 산같은 유승의 묘가
백년 뒤 보정에서 발견되어

진기한 출토유물 둘 있으니
금루옥과 착금동박향로라네

2022. 10. 25.

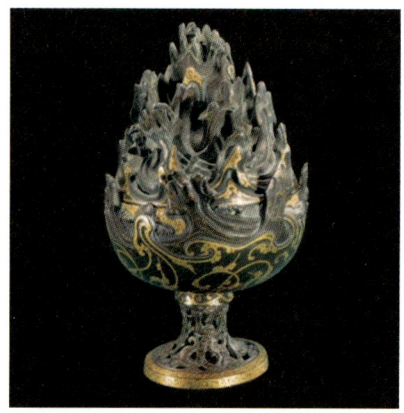

최초로 중국 통일을 이룬 친(秦)에서 CHINA의 명칭이 나왔으나, 중국은 그들 민족의 아이덴티티를 漢에 두고 있다. 秦보다 漢을 민족문화의 모태로 여기기 때문이다. 劉備가 漢昭烈 황제로 자칭한 것도 같은 맥락이다. 그의 조상 中山靖王 劉勝의 묘가 지난 세기에 보정에서 발견됐다. 산을 뚫어 만든 능에서 金縷玉衣와 錯金銅博山爐가 출토되었다.

古武當山을 찾아
羅石心物詩(56)

태항산 동쪽 끝에 위치한 곳
한단시 걸쳐 무안에 있는 산

태항산맥 경계로 중원대륙
서부고원과 동부평원으로

나누어진 중심에는 한단시
성 네 개가 교차하고 있네

중원무림의 9대 문파 중에
무당파의 본 고장이었다네

소림파를 당할 무림의 고수
무당파 말고 없었으리 만큼

한 때 중원 무림을 주름잡던
장삼풍 무당파의 중심지였네

배경에는 도교의 오랜 유풍
사원들이 있는 정상에 서면

태항산을 가리켜 왜 중국의
그랜드 캐넌이라는지 알리

2022. 10. 26.

太行山脈은 동쪽의 하북성과 서쪽 山西省의 경계를 이루고, 남북으로 600km에 이른다. 고무당산은 邯鄲시에서 70km 떨어진 武安에 있다. 張三豊에서 비롯한 무당파는 불교의 소림파와는 달리 도교의 영향이 크다. 부드러움(柔)을 위주로 한 태극권 역시 이곳에서 나왔다. 도교의 진무파의 시조인 진무대제가 고무당산에서 수행했다. 한단(邯鄲)은 고대 조나라 수도였던 유서깊은 고장이다.

大同 雲岡石窟
羅石心物詩(57)

북경역에서 서쪽 행 기차로
여덟 시간 달리면 대동인데

선비족이 세운 북위의 수도
장엄한 운강석굴이 있는 곳

무주산 앞면 30미터를 깎아
3키로에 걸쳐 조성된 석굴들

불교문화가 중국에서 최초로
꽃을 피웠던 황금시기였다네

10미터나 되는 거대한 석상
층층이 아름답게 미소 짓네

거창한 국가의 예술 대사업
믿음없인 이뤄질 수 없을 듯

불가사의한 깨달음의 세계
깊은 참회의 진실된 울림들

여기도 파괴의 홍위병들은
어김없이 마수를 뻗쳤다네

2022. 10. 27.

운강석굴은 산서성 대동 우저우 강의 기슭에 있다. 중국의 3대석굴 가운데 하나이다. 대동은 북방 민족인 선비족이 세운 北魏(439-534)의 전기에 세운 수도로 당시에는 이름이 平城이었다. 두 개의 작은 계곡에 세 개 석굴군으로 조성되었으며, 洛陽으로 천도하기 전까지 34년에 걸쳐 만들어졌다. 太武帝가 불교를 박해한 것을 참회하는 마음으로 문성제가 시작한 불사는 그 뒤 낙양의 용문석굴에까지 이어졌다.

龍門石窟을 보며
羅石心物詩(58)

북방출신 선비족 탁발씨는
산서지역에 위나라 세웠네

중원땅을 다스리기 위해서
성씨를 원씨로 바꾸었다네

민심을 교화하는 수단으로
불교를 중심으로 삼으려고

민중의 염원을 불심에 담아
방대한 석굴을 조성했다네

대동에서 낙양으로 옮겨와
새로운 석굴터를 찾았으니

그곳이 어딘가 용문십이품
그 유명한 용문석굴이라네

돈황과 함께 중국 3대 석굴
다 서북방족이 만들었다네

한족들이 오랑캐라 말해도
비길 데 없는 그들의 예술

2022. 10. 28.

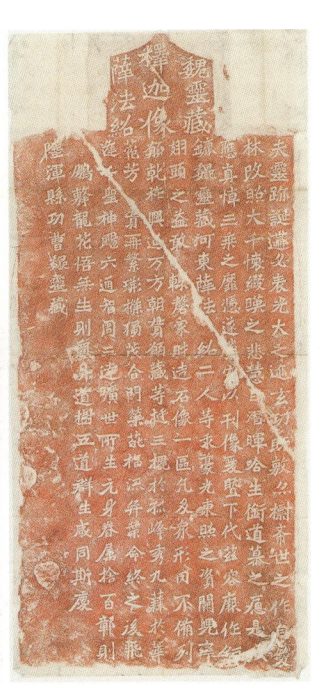

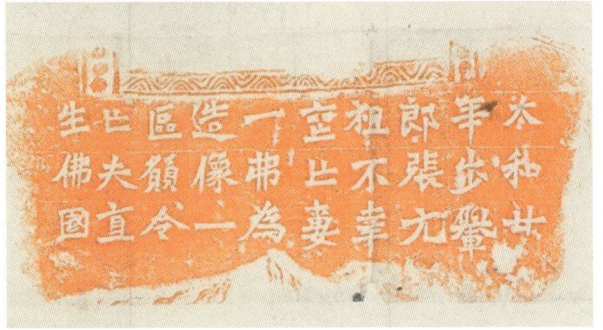

탁발씨가 세운 魏나라는 조조의 위와 구분하기 위해서 후대에 北魏로 이름을 바꾸었다. 大同에서 한족의 땅인 洛陽으로 천도(493)한 뒤 조성하기 시작한 용문석굴은 伊水강변의 벼랑을 1km에 걸쳐 벌집처럼 뚫어놓은 것이다. 석굴 2,345개, 감실불상 11만 여 존이 조성되었는데, 북위로부터 당송 때까지 계속되었다. 위나라 당시 낙양엔 불교사원이 1,267개나 되었다. 왕실비호의 불사는 당연히 국가사업이었다.

白居易墓를 찾아서
羅石心物詩(59)

옛 무덤 어느 때 누구일까
알 길 없는 길가의 흙더미

다행히 민둥 신세 면해도
봉분에 해마다 봄풀 자라

푸르름 다를 바 하나 없는
백거이도 피해 갈 수 없어

용문석굴 건너 향산사 기슭
백원대 숲에 쓸쓸히 누웠네

젊을 땐 유가에 뜻을 두고
신악부 운동으로 사회비판

상소 올렸다가 강주로 좌천
이름 빛낸 비파행도 지었네

낙양에 돌아와 얻었던 이름
향산거사와 취음선생이었듯

도불에 빠져 함께한 시와 술
낙천적으로 종생한 자취라네

2022. 10. 29.

백거이의 字는 樂天이고, 호는 醉吟先生, 香山居士이다. 古墳何代人 不知姓與名 化爲路旁土 年年春草生은 백거이의 시 옛무덤의 전문이다. 백낙천은 평생을 시를 쉽게 쓰기로 작심해서, 아이들도 長恨歌를 읊고 이국인들도 琵琶行을 외운다. 성당시인으로 李杜韓白으로 불렸으며, 3,800여수 남기고 있다. 용문교를 건너 위치한 고찰 향산사에서 만년에 은거했다. 樂天堂 지나 비파봉에 오르면, 白玉의 白樂天 坐像이 나온다.

최초의 절 白馬寺
羅石心物詩(60)

서진의 좌사가 써낸 삼도부
낙양인이 다투어 베낀 일로

낙양의 종이 값이 올랐다니
베스트 셀러를 일컫게 됐네

그보다 앞서 AD68 동한 때
중원 땅 최초로 절이 섰으니

이름하여 백마사라 하였으니
두 필의 말을 기념하고 있네

후한 2대 명제의 꿈에서 본
황금빛 신선이 부처였던 것

서역 땅에 사신을 보내 부처
모시러 가는 길에서 만났네

두 명의 인도인 승려와 불경
두 마리 백마가 싣고 왔다네

두 말 기념해 절을 지었으니
두 스님 묘와 함께 지켜섰네

2022. 10. 30.

西쯥의 左思(250-305)가 출세할 전망없자, 魏·蜀·吳 세 도읍지에 대한 三都賦라는 책을 썼다. 낙양의 紙價를 올릴 만큼 베스트 셀러가 되었다. 2백년 앞선 후한시대에 明帝의 꿈 이야기로 시작된 白馬寺가 중국 최초의 절이다. 절을 지키고 있는 두 스님의 墓와 두 白馬像이 2천년의 절 역사를 말해준다. 북위시대엔 낙양에 불교사원만 1,367개나 되었다. 당시에 폭발적으로 불교가 발전했다는 것을 알 수 있다.

關林
羅石心物詩(61)

산동의 공림 맹림 가봤어도
낙양의 관림 있는지 몰랐네

관운장의 목에 나무몸 붙여
조조의 땅 낙양에 묻었다네

어제의 적 오늘의 동지 되고
오늘의 동지 내일의 적 되니

간사스런 조조와 연합했던
손권에게 죽임을 당했다네

뒷감당 두려워서 후한 장례
환심을 사려는 것 모를손가

관우는 죽어서 재신 되었네
시대마다 존경 받아온 영웅

시대마다 평가 다른 조조와
하늘과 땅만큼 차이가 났네

일개 장수가 관제황제 되니
관우총 찾는 발걸음 끝없네

2022. 10. 31.

關雲長은 219년에 조조와 잠시 연합했던 손권에게 살해 당하고 그의 머리만 조조진영에 보내졌다. 후환이 두려웠는지, 장사는 화려하게 치뤄졌다. 그들이 모두 죽은 뒤 역사의 평가는 서로 엇갈린다. 關林은 孔林과 孟林처럼 성인의 반열에 올라있다. 일개 장수가 죽어서 황제의 칭호를 듣기도 했다. 한국에도 關帝廟가 많다. 반면에 조조는 전략가로서 시대마다 평가가 다르다.

明道와 伊川 兄弟에게
羅石心物詩(62)

하남성 낙양의 교외에 있는
이천현의 관리로 봉해졌던

이천 선생과 그의 집형님인
명도 선생은 유명한 리학자

북송의 리기철학을 제창한
태극도 주염계의 제자이자

장횡거와는 친척 관계이고
소강절과는 친구 사이라네

학문을 하려면 이런 정도로
인연을 갖추어야 하겠는가

타고난 지연 학연 덕분으로
두 형제 모두 북송의 5군자

이들의 신유학파 성리학은
남송의 주희를 기다려서야

집대성을 이룰 수 있었으니
뜻은 달랐어도 길은 같았네

2022. 11. 1.

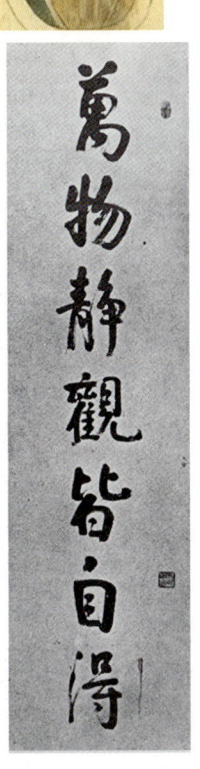

二程으로 알려진 명도와 이천 형제는 아버지인 珦의 친구였던 道學의 鼻祖 周濂溪에게 배웠으나 서로 철학방법이 달랐다. 북송 理學의 기초를 닦은 張載와 邵康節 등과 교류하며, 뒷날 남송(지금 항주) 朱憙의 性理學에 가장 큰 영향을 주었던 사람은 伊川이었다. 북송 5군자에 두 형제 모두 들었으니 대단하다. 朱子는 남송의 心學을 창시한 陸象山과 라이벌이었다. 朱子의 性理學이 陸王의 心學을 제치고 조선에서만 유독 장기간 유행한 건 이상한 일이다.

殷과 二京
羅石心物詩(63)

네 살 때 외조부로부터 배운
천자문 '도읍화하 동서이경'

중화고도 대표적 두 도읍터
서경 장안과 동경 낙양인데

주(周), 진(秦), 서한(西漢)
수, 당의 수도 옛 호경 장안

동주(東周), 동한, 진(晉), 위
수도였던 이곳 낙양이라네

이전의 첫 서울은 어디일까
동이의 상나라 수도 은인데

한자의 뿌리 갑골문자 나온
하남성 안양의 소둔촌이네

상은(商殷) 전 하나라 도읍
지금의 정주(鄭州)라 하는데

갑골문엔 하(夏)자가 없으니
상나라가 더욱더 분명해졌네

2022. 11. 2.

중국 역사상 첫 국가와 첫 수도는 商나라의 殷이다. 1899년에 은허에서 갑골문이 발견되자, 역사적 사실로 확실해졌다. 동이족 국가였던 상나라의 殷은 낙양의 북쪽 부근이다. 이는 한중 땅 깊숙히 동이문명이 침투해 있었던 사실을 말해준다. 필자가 유년시절에 배운 千字文(南朝의 梁나라 주흥사 지음, 468-521)에 都邑華夏 東西二京은 갑골문이 발견되기 이전의 기록이다.

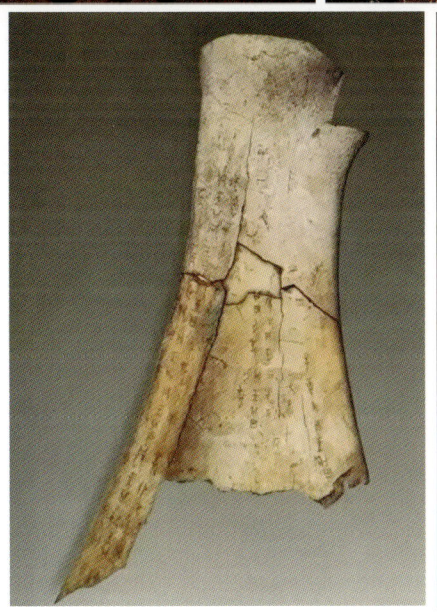
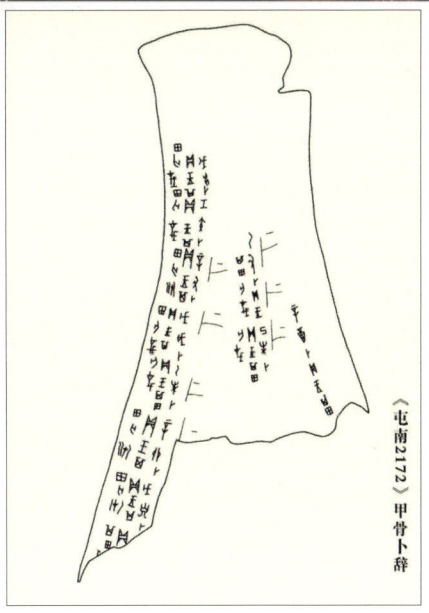

《屯南2172》甲骨卜辞

安陽殷墟
羅石心物詩(64)

중원 최초의 왕조인 상나라
신화나 전설의 나라 아니네

백 년 전에 상나라 은허에서
십만 점의 갑골 문자 나왔네

화하와 동이, 누가 먼저인가
하이(夏夷) 논쟁이라 하는데

수천 년 묵으며 내려왔지만
한 순간에 맥없이 끝났다네

반고의 화이분별론 이후로
그 논쟁 역사속으로 사라져

동이족 문자로 밝혀진 사실
3천 년 전 존재했던 상나라

부사연은 이하동서 설에서
상나라 세운 민족은 고조선

동북에서 왔다며 상 멸망 후
기자는 고향으로 돌아갔다네

2022. 11. 3.

19세기 말에 갑골문이 발견되고, 20세기에 안양 은허의 유적이 발굴되자, 세계문명사를 새로 쓰게 되었다. 그토록 동이족을 역사에서 왜곡하고 과소평가하려했던 하이논쟁은 그 막을 내리게 되었다. 班固의 [漢書]와 華夷分別論 이후 夏夷 논쟁은 끝나고, 북경대총장 지낸 사학자 傅斯年(1896-1950)은 그의 저서 [夷夏東西說]에서 商을 세운 민족이 고조선이었던 동북지역에서 건너왔다고 발표하여 세상을 놀라게 했다. 그는 동이의 後裔 기자의 귀향도 언급했다.

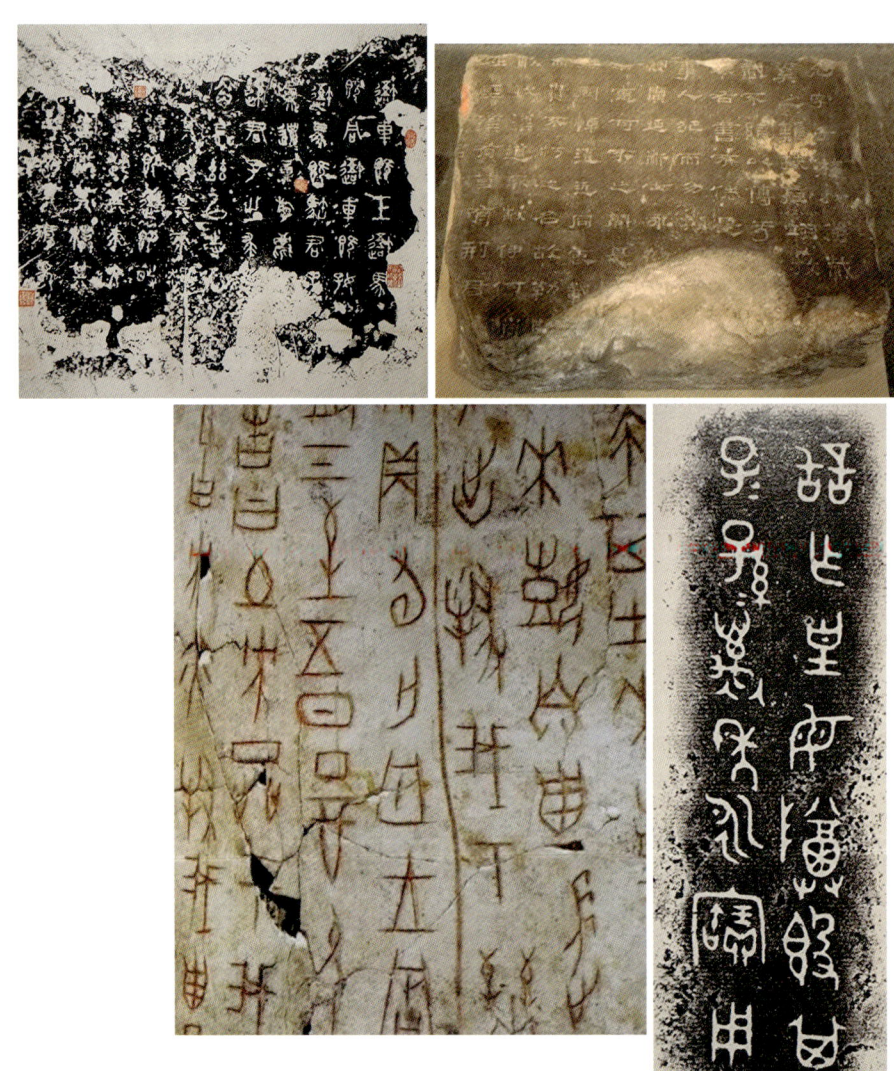

安陽 文字博物館에서
羅石心物詩(65)

곡선의 금문은 중국대륙을 소통하고
직선의 갑골문은 은허속에 남았는데

벗 님 이곳 찾아 노래했던 한시 구절
어찌 곡직이 없었겠는가 싶었다네

벗이여, 알고 보면 금문의 곡선 또한
은계의 구갑수골문자에서 비롯된 것

직선에서 곡선되고 또 다시 직선되는
전예초행해의 뿌리 동이족 서체라네

아뿔싸 한약재상 용골장사 아니었음
애초에 귀한 존재인지조차 몰랐으리

그렇다고 문자학자 없었다 가정하면
갑골인지 수골인지 다 갈아없앴으리

돌이켜 보면 기적같은 동이의 문명사
뼛가루가 되어 날아가 흩어졌을 것을

찬란한 신정국가의 신비스런 문자들
되살아나지도 못하고 묻혔을 뻔했네

2022. 11. 4.

3천 년 전의 유물인 갑골이 龍骨이라는 漢藥材로 민간에 유통되었던 것을 생각하면 끔찍하다. 벗의 漢詩는 필자의 친구 木人 전종주박사의 積塵房詩抄 중에서 '吟安陽文字博物館所懷' 구절을 언급한 것이다. 한자 서체를 말하면, 갑골문은 직선으로 새긴 서체인데, 그 뒤 점차 곡선체로 발달하다가 서예발달사의 마지막 서체인 해서에 와서는 또다시 직선화되었다. 결국 갑골체에서 비롯되었다는 것을 알 수 있다.

甲骨文
羅石心物詩(66)

4천 년 전 문자 점의 글 속엔
10간 12지의 책력뿐만 아니라

춘추의 대소사와 화복을 묻는
천문 오행사상이 들어 있다네

수메르 쐐기꼴 글자와 이집트
상형문자보다 비록 늦었지만

갑골엔 천문지리와 종교신학
정치군사까지 다 들어 있다네

4천 자에 가까운 글자들 속엔
육서의 원리와 문자창제의 법

전예초행해 오체의 근본 원리
서체미학 이미 모두 갖추었네

복사행문의 우행서와 좌행서
중심을 향해 모두 상용했으니

좌행의 상극시대 3천년 지나
우행의 중건시대 새로 열렸네

2022. 11. 5.

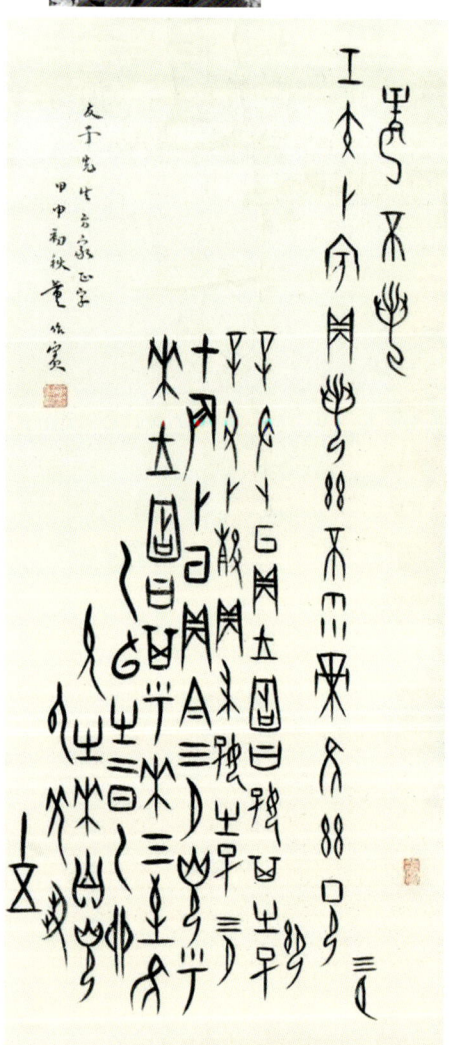

점을 치던 神聖 문자인 갑골 卜辭의 내용에는 十干十二支의 册曆에 따른 神政과 祭政의 종교신학과 군사, 수렵, 농사 및 질병까지 다양한 의례와 천지 음양사상이 들어있다. 이를 보면 동양문명의 핵심지혜가 東夷의 은왕실에서 비롯되었다는 것을 알 수 있다. 갑골문자의 발견으로 은허를 발굴하자, 1천여 개의 墓와 궁전 유적 청동기 등이 발견되었다. 극동의 최초문자인 갑골문은 문자형성의 원칙이 갖춰져 있어서, 서체와 行文 등 서예미학과 문자학 연구에도 크게 기여하였다.

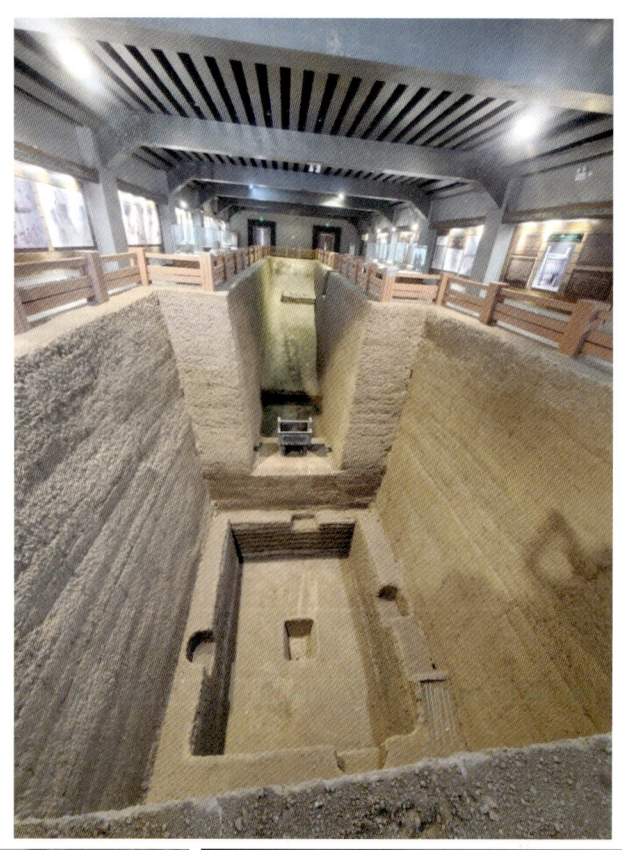

司母戊鼎
羅石心物詩(67)

은허에서 출토된 유물에는
갑골편 뿐만이 아니었다네

가장 크고 무거운 청동기가
은허의 궁터에서 나왔으니

상나라 왕 무정의 아내이자
상왕 조경의 어머니인 무씨

제사를 지내기 위한 청동 솥
사모무(司母戊) 새겨져 있네

사모무의 대형 사각형 제기
효심의 예법을 보여주는 것

제정일치 동이족의 상나라
당시의 제사문화 상징한 것

상왕조 전성기 무정왕 이어
천사국 유풍 예술로 남겼듯

상나라 23대 국왕의 특별함
효심의 뜻 환히 드러나 있네

2022. 11. 6.

司母戊란 세 글자가 새겨진 대형 사각형의 솥(鼎)은 높이가 133cm, 폭이 79.2cm, 무게가 832.84kg이다. 현무늬와 雲雷紋 등으로 장식된 세계 최대의 청동기 작품이다. 1939년 3월에 殷墟에서 출토되었다. 상나라 제22대 武丁 왕의 부인이며 제23대 祖庚 왕의 어머니인, 戊氏에게 제사를 지내려고 만든 祭器이다. 조상에 제사를 올린 동이족의 제례의식과 유교 이전의 孝道 문화를 엿볼 수 있다.

婦好 · 婦姘
羅石心物詩(68)

상나라 전성기의 최고 장수
남자가 아니라 여성인 부호

그녀는 50여 개 부족국가를
정복한 무정 왕의 왕후라네

군사와 외교를 책임졌으며
제정일치의 상나라 제사장

그녀의 활약은 눈부실 만큼
모계사회 유풍을 말해주네

정복왕이 가장 신임한 왕후
사모무정 주인공 부정 역시

농림 재정 문화 등 책임진
고위직 여성장관이었다네

남녀평등 지향했던 상문화
여성 최고 존칭은 부(婦)로

부호 이름 새겨진 청동기가
무려 109점 출토 되었다네

2022. 11. 7.

은허의 유물에서 청동기시대의 국가제도와 종교제례의식 및 사회유풍 등을 살펴볼 수 있다. 특히 婦好왕후 묘에서 그녀가 사용한 부장품들이 나와 은문화를 새롭게 알 수 있다. 司母戊鼎의 주인공 婦姘은 세 왕후 가운데 여성 고관이었다. 당시 모계사회의 유풍을 알 수 있다. 여성에 대한 존칭으로 '婦'자를 붙인 것은 조선시대 마마처럼 지금도 중국과 한국에서 婦人이라는 존대어를 쓰고 있다.

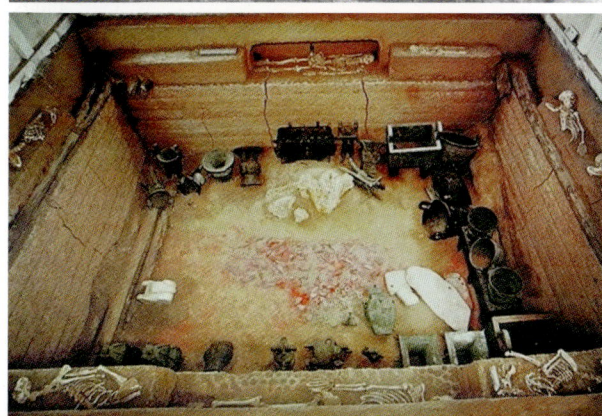

殷墟를 떠나며
羅石心物詩(69)

동이족의 상나라 수도 은을
뒤로 하고 유허지 떠나면서

문득 생각났던 것 있었으니
도대체 그 역사란 무엇인가

해당 국경 안의 역사는 모두
그 국가 역사로 해야 하는가

문화의 정체성 흐름 파악해
어찌 이어졌는지가 중요한가

소객은 동이본향 산동 떠나
하북을 돌아서 은허에 와서

단순한 역사 아닌 역사철학
문사철 그 뿌리를 생각했네

사해형제 동기연지 깨닫는
나와 너 아닌 우리된 그날

천지인합발 개벽의 용화세
인류사회 지상낙원 되리니

2022. 11. 8.

言語가 곧 문화이자 살아 있는 역사이다. 동이문화를 탄생시킨 갑골의 언어문자가 발견된 것은 너무나 소중한 기다림의 역사가 다시 시작되었음을 알려준다. 과거의 역사는 미래를 알려주는 나침반이다. 은허를 떠나며, '동쪽사람', '동북에서 내려왔던 사람(夷)'들의 삶에 얽힌 문자와 역사와 철학(文史哲)을 동시에 통찰할 수 있었다.

五嶽의 中心 崇山
羅石心物詩(70)

대륙 오악 중 하나인 숭산
하남 정주에서 멀잖은 곳

동악 태산은 앉아 있는 산
남악 형산은 나는 모습인데

서악 화산은 서 있는 형상
북악 항산 걷는 것 같고

중악 숭산은 누워 있는 산
예부터 비유로 전해온다네

아득한 절벽 허리의 잔도
발아래 머리 위 절경인데

숭고하고 아름다운 웅장함
자연의 조화에 감탄한다네

달마가 9년을 면벽 수도한
그 동굴 아직도 남아 있고

소림사 수만명의 쿵후훈련
기합소리 천지를 진동하네

2022. 11. 9.

양자강을 그 기준으로 江南과 江北으로 나누듯, 黃河를 기준으로 河北과 河南으로 나눈다. 하남 鄭州에 가까운 崇山은 다섯 빼어난 산(泰山, 衡山, 華山, 恒山, 崇山)의 중심에 있어 中嶽이다. 직접 절경을 목도하면, 왜 숭산인지 단박 알 수 있다. 주름진 바위절벽의 허리엔 棧道가 나 있는데, 아득히 자연의 조화를 만끽하게 한다. 숭산이라면 누구에게나 소림사 무술과 달마가 떠오른다.

少林寺
羅石心物詩(71)

북위의 효문제가 남쪽으로
천도 후 불교를 부흥시키자

마침 중원에 들어와 불법을
전파하던 인도인 승려 발타

그를 주지로 세운 왕명으로
태화 20년 창건했던 소림사

숭고한 중악 이름에 걸맞게
명성이 오늘에 이어져 왔네

달마가 문을 연 선종의 산맥
문파들 각기 다르게 흘렀듯

시대마다 다른 양식의 탑림
246탑 아름다운 조화의 숲

역근경 전통 이은 무림고수
활인 무술 세상에 전했으니

1천 5백년의 연륜이 벽화로
묵언의 천불전에 전해 있네

2022. 11. 10.

소림사는 남북조시대의 496년에 북위 효문제의 뜻에 따라 인도승 발타를 위해서 창건한 절이다. 527년에 達磨대사가 이곳으로 오면서 소림사의 운명이 바뀌었으니, 중국의 禪宗이 비롯되었다는 것과 달마의 易筋經으로 알려진 수행 조법 등이 소림무술로 발전하였다는 것이다. 唐代 僧兵의 양성과 함께 明代에 이르러 무술의 본산이 되었으나, 현재는 기능적 상업화가 된 느낌이 있어 아쉽기만 하다. 역근경은 필자도 번역한 바 있다.

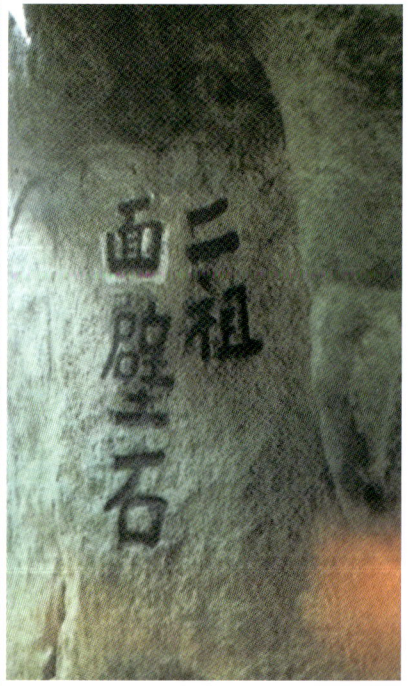

達磨洞
羅石心物詩(72)

달마가 동쪽으로 온 까닭
벗이여 그대는 알고 있나

숭산의 달마동에 와 보면
까닭을 짐작할 듯 하다네

얼굴은 석벽을 바라보고
눈감고 말조차 없었으니

그가 동쪽에 온 까닭이란
9년 세월 속에 담겨있네

천연 동굴에서 계절 잊고
빈산 새소리도 벗함 없이

오직 밝은 빛줄기 하나를
쫓는 명심견성 뿐이었네

동서남북 상하 정방직석
무궁조화의 깨달음 자리

내려와 소림사 주재하니
동쪽선종의 시조 되었네

2022. 11. 11.

魏孝明帝의 孝昌 3년에 西天 제28祖 달마대사는 인도로부터 동남아를 거쳐 중국의 廣州와 南京을 지나 숭산 소림사에 527년에 도착했다. 五乳峰 아래, 이곳 天然 石洞에서 9년 동안 面壁 수도하는 과정에서 慧可를 만났고, 그 뒤 僧璨, 道信, 弘忍, 慧能에게 차례로 중국禪脈이 이어졌다. '달마가 동쪽으로 온 까닭'을 묻지만, 어디 따로 까닭이 있겠는가? 正方直席의 十方世界에 동서가 따로 없듯, 一心淸靜이면 自性存佛이 아니겠는가.

許由洗耳
羅石心物詩(73)

숭산이 속한 행정구역 등봉
영수유역에 옛날 허씨 부락

그곳이 요순때 허유 은거처
기산과 귀씻은 영수 있다네

요임금 나라를 물려 준대도
구주를 맡겨 보고자 했어도

정치와 권세에 뜻이 없으니
못들은 척하고 귀를 씻었네

귀씻은 물이 더러워 싫다고
소를 몰고 거슬렀던 소보여

친구 아니라며 영천 떠났듯
그대들 말고 누가 신선이랴

요순이 단군시대니 반만 년
권력은 갈수록 썩어 갔으니

이제는 욕설 천지인 아수라
권모술수밖엔 남은 게 없네

2022. 11. 12.

許由洗耳와 巢父去潁의 고사를 낳은 하남 登封市에 그들이 은거한 箕山과 潁水가 있다. 나그네는 그곳을 지나칠 수 없었으니, 오늘날 세계정세와 정치세태를 되새겨보기 위해서다. 許巢故事는 필묵의 시서화와 여러 기물 속에도 새겨져 있다. 우리나라의 국립박물관에도 고려시대의 銅製 許由洗耳 銘圓形鏡이 소장되어 있다. 洗耳圖는 한중일 모두 흔히 볼 수 있다.

杜甫故鄉
羅石心物詩(74)

두보 태어나 자라고 묻힌
하남 공의시 필가산 자락

한적한 그의 고향 능원엔
생가와 정자와 무덤 있네

시선 이백과 더불어 쌍벽
시성 두소릉 더욱 빛났네

성당 때의 난세를 살아서
그의 시가 곧 역사였다네

불우한 장안에서 산 십년
두공부 촉 땅에 머문 뒤에

만년 식솔들과 장강 따라
내려오다 배 위에서 종생

낙양 거쳐 장안에 갈까나
웬길 죽음이 앞을 가렸네

평생을 끼고 살았던 가난
홀연 벗고 한시름 놓았네

2022. 11. 13.

두보의 고향은 지금의 河南 鞏義市 筆架山 기슭으로, 그곳에 생가터와 묘가 있다. 과거에 낙방하고 10년 동안 장안에서 청년시절을 보냈다. 이백을 만난 것도 살길을 찾아 고향에 돌아와 있던 낙양에서였다. 그는 가족을 거느리고 지금의 成都에서 살면서 친구의 도움을 받았으나, 그 마저 죽자 53세에 성도를 떠났다. 장강을 배를 타고 내려오며 襄陽을 거쳐 귀향하다가 59세에 船中病死했다. 동정호반에 매장되었는데, 그의 손자가 뒷날 고향으로 이장했다.

李白과 杜甫
羅石心物詩(75)

이백은 천상에서 귀양을 와
술과 달과 벗했던 시선인데

두보는 벼슬길의 낙방거사
시밖엔 모르던 시성이라네

당음 수준이 아무리 높아도
이 둘을 빼면 논할 바 없네

이백두보를 견주어 보는 건
이미 멍청한 일이 되었다네

이백두보와 고적의 삼인 행
시와 술로 떠돌던 풍류천하

천고에 없는 멋진 만남이여
이백두보 세 차례의 여행길

만난 기쁨보다 이별이 더욱
빛을 내었던 그리운 시편들

만고에 그들 이름과 더불어
사라지는 일 어찌 있겠는가

2022. 11. 14.

두보와 이백을 비교하는 것처럼 멍청한 일이 없다는 평가가 내려진 지 벌써 오래되었다. 이백이 道家的 詩仙이라면, 두보는 儒家적 詩聖이다. 같은 시대에 살았지만, 이백(701-762)이 두보(712-770)보다 11살 많았다. 이백이 44세고 두보가 33세일 때, 낙양에서 처음 만났다. 齊魯지방인 산동을 함께 여행하며, 2년 넘게 직접 교류했다. 서로 知己로서 주고받은 절창의 詩들이 많이 전해 온다. 高適과 셋이 함께한 詩酒唱 풍류도 특별했다. 시는 혼자만 쓰는 것이 아니다.

鄭州市에서
羅石心物詩(76)

하남성도 정주에서 서북쪽
테마파크 오룡봉에 오르면

황하를 유람할 수 있는 곳
드넓은 황토물과 녹색평야

우임금 9년의 치수 이야기
한족들 '어머니의 강' 모습

중원에서 동쪽으로 굽이친
흐름이 한눈에 들어온다네

정주 땅 황제 헌원의 고장
신화와 전설로 전해오지만

문자기록 없으니 짐작일 뿐
상고 역사 알 길 더욱 없어

대우산 정상에서 바라보면
황하마서 하늘에 맞닿았네

106m 거대한 염황 二帝像
중원 땅의 화하족 굽어보네

2022. 11. 15.

정주는 교통 중심지로 하남의 성도이지만, 역사상 중요 도읍지로 선택되지 못했다. 다만 황하가 평원에 접이들며 장관을 이루는 곳으로, 五龍峰의 황하유람구 공원과 大禹山에서는 황하를 한 눈에 담아 볼 수있다. 최근에 炎黃 二帝像의 거대한 돌조각을 20년에 걸쳐 조성했다. 뉴욕 자유의 여신상보다 8m나 더 높다. 그들은 56개의 '모든 민족이 炎黃의 후손'이라고 말한다. 의도가 궁금하다.

竹林七賢 隱居處
羅石心物詩(77)

칠현이 은거한 옛 산양(山陽)
위진풍도 죽림은 어디멘가

하남성 운대산 기슭 초작시
수무현 칠현진이 바로 그곳

혜강을 비롯 완적 유령 상수
완함 왕융 그리고 산도 칠인

이십년을 죽림에 모여 살며
음주와 시 음악을 즐겼다네

시대가 인물을 낳는다지만
인물도 시대를 만들어내나

시간을 초월한 명사의 청담
위진 현학으로 철학이 되어

백가암 칠선당 혜강쵀검지
유령성주대 완씨죽림 흔적

비문과 서책에도 아직 남아
천고의 풍류로 전해져 오네

2022. 11. 16.

雲臺山은 정주와 낙양에서 그리 멀지 않는 곳에 있다. 그곳에 七賢鎭과 山陽故城은 물론, 혜강 완적 유령 등 개인 이름의 흔적들도 아직 남아 있다. 魏晉名士 七人의 은거지답게 경치가 빼어난 곳이다. 이들은 文學 玄學 音樂에 일가를 이룬 淸談派로서 어지러운 세상에 뜻을 펴지 못하고 죽림에 은거했다. 하지만 老莊의 무위사상에 심취한 당대 최고의 현학파 예술가이자 풍류객들이었다.

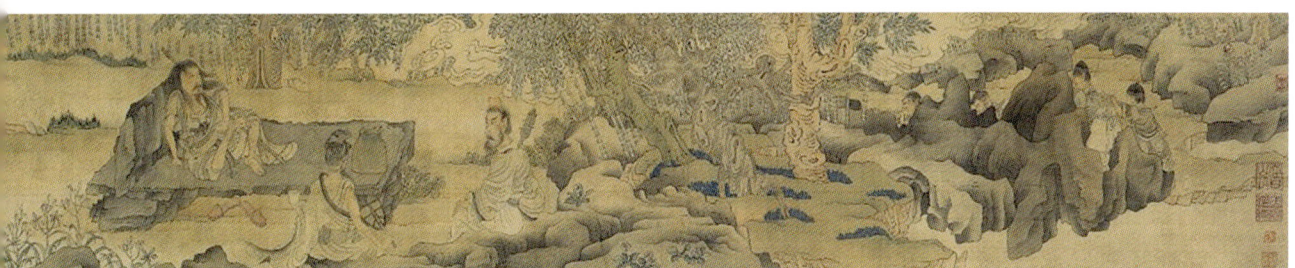

廣陵散曲
羅石心物詩(78)

인물이 잘 생겨도 탈이라
어허 타고난 것 어찌할까

훤칠한 키에 백옥의 용모
시인 음악가에 높은 풍도

분바른 듯 희디흰 얼굴은
뜨거울수록 흰 곰탕같아라

질투로 빚어진 혜강의 죽음
거절한 벼슬 때문만 아니네

악법도 법 독배든 이처럼
죽음 앞에서도 거문고 탄

내 죽는다고 꺼리지 않지만
광릉산 곡이 끊어질까 걱정

생사를 넘나들던 선풍도골
명불허전이 아닌 죽림정신

소리엔 슬픔 즐거움 없다고
그의 성무애악론 전해 오네

2022. 11. 17.

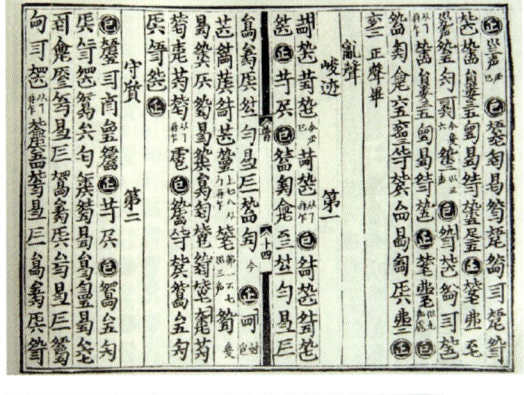

죽림의 第1賢 嵇康(223~262)은 키가 190cm로 인물이 빼어나서 남자들의 질투를 받았을 정도였다. 상수와 쇠를 담금질할 때, 당시 세도가 종회가 찾아와도 아는 체 하지 않았다. 그가 돌아가려는데, '무엇을 보고 가는가?' 묻자, '볼 걸 보고 간다'며 앙심을 품었다. 결국 그가 누명을 씌워 혜강은 40세에 사형을 당했다. 그의 죽음을 반대하는 태학생 3천명이 상소를 올릴 만큼, 영향력이 컸다. 죽음 앞에 초연히 마지막으로 연주한 '광릉산곡'과 악론 '聲無哀樂論'이 전해 온다.

群鷄一鶴의 嵆康
羅石心物詩(79)

닭 무리 중에 한 마리 학
누구를 두고 하는 말인가

학은 예로부터 신선같아
희디 흰 깨끗함의 표상

학같이 청렴하라는 바램
흠모하고 본받고자 했네

죽림칠현 영수 혜강 닮은
아들 두고 생겨난 말이네

벼슬을 물리고 죽었으니
혜강을 기리는 마음으로

산도는 그의 아들을 천거
황제 사마염이 직접 보자

감탄해, 군계일학이로군!
왕융이 그 말을 가려듣고

혜강을 아니 본 황제에게
아들 보다 빼어났다 했네

2022. 11. 18.

山濤(巨源)는 나이와 벼슬도 칠인 가운데 가장 높았다. 혜강에게 관직을 알선하려다가 절교편지를 받았다 그러나 옛정을 잊지 않고, 사형당하기 전에 혜강의 구명운동을 했다. 군계일학의 고사는 혜강이 죽은 뒤, 산도가 그의 아들 혜소를 천거했을 때 생겼다. 당시에 관직에 있던 왕융이 아들보다 아버지가 더욱 출중했다고 황제에게 고했다. 혜강은 조조의 손녀사위였기에, 魏를 무찌르고 晉을 세운 사마 정권에 깊은 반감을 가졌었다.

阮籍白眼視
羅石心物詩(80)

누가 흰자위로 흘겨본다면
그대는 기분이 어떻겠는가

무시를 하거나 업신여기면
백안시한다는 고사의 완적

죽림멤버의 왕융을 두고도
속물이라며 백안시 했다네

모친상에 조문왔던 혜강의
동생 혜희도 흘겨보았다네

그날 정황을 형에게 알리자
그는 본래 그런 사람이라네

다음날 술과 거문고를 들고
찾아온 혜강 반갑게 맞이한

세속예법 쫓는 것 싫어하며
임탄의 자유를 숭상한 완적

그는 당시대에 최고 음악가
대인선생전 쓴 최고 문학가

2022. 11. 19.

장자는 아내가 죽자, 뽓 대신 장단을 치며 노래 불렀다. 완적은 모친상을 당하자, 겉치레의 조문보다 칠현금 연주가 더 낫다고 생각했다. 유교의 형식적 예법을 물리치고, 萬物流轉의 자연스런 삶을 숭상한 죽림의 현자답다고 해야 할지, 호방한 성격의 취향에 못 이겨 그랬다고 해야 할지 모르겠다. 물론 장자나 완적이 즐거워서 그런 행위를 한 것은 결코 아닐 것이다.

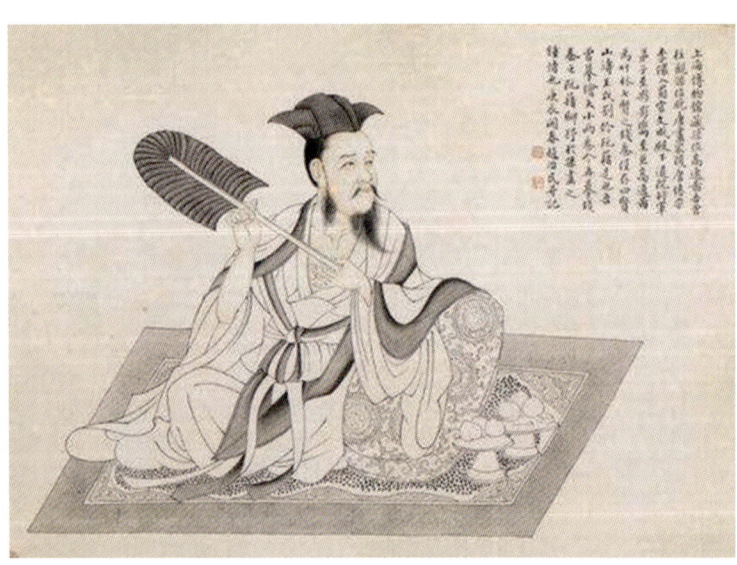

阮籍風流
羅石心物詩(81)

조선 도학군자 화담과 율곡
여색을 멀리 했다 전하지만

두향의 퇴계와 남당의 다산
기생과 첩에 노비도 있었네

위진 죽림현자인 완적선인
유가 위선자들과 달랐으니

술 취해 주모 옆에 잠들어도
남편 보기에 아무 일 없었네

색 피하길 원수 피하듯 해야
성훈의 말씀 남녀 따로 없듯

신선 되려면 성정이 착해야
현인군자 그냥 될 수 없다네

술과 시문과 음악을 즐기며
벼슬길 마다한 탈속 풍류객

천팔백년 잡초 무덤 비문은
완당이 존경한 완원이 썼네

2022. 11. 20.

완적(210-263)은 죽림칠현들 가운데 혜강과 함께 가장 존경받는 인물이다. 세속풍속을 떠난 仙風道骨이었던 완적은 말술을 하고 단골집 주막에서 잠들어 묵어가곤 했다. 예쁜 주모의 남편이 지켜봤으나, 아무런 문제도 없었다. 중국과 한국을 막론하고, 고래로 유가의 선비들 가운데 위선적인 이중인격자들이 많았다. 그러나 도가풍의 죽림현자들은 그렇지 않았던 모양이다. 완적의 묘는 그의 고향인 개봉에 있는데, 완당이 사숙한 阮元이 썼다.

竹林七酒
羅石心物詩(82)

위진 정시 때 죽림칠현은
죽림칠주로 달리 불렸네

일곱 모두 술로 통했다네
목숨 걸고 마셨다는 유령

혜강도 떠나고 산도 왕융
모두 한자리씩 벼슬 맡자

만년에 유령은 수레에 삽
술통 싣고 주류천하 했네

유령은 언제나 술 마시고
벗은 채 초옥에 살았으니

벗이 와서 꼴 사납다 하면
도리어 꼴값하라 내쳤다네

천지는 내 집 초옥은 내 옷
남의 집 남의 옷 상관 마소

취해서 깨지 않는 그곳이
내 무덤 자리라고 했다네

2022. 11. 21.

죽림의 일곱 현자들은 酒黨인 셈이니, 음주 실력이 대단들 해서 죽림칠주라 했다. 완적은 황제가 사돈을 맺자고 하자 반년을 술취해 지냈다. 그 가운데 유독 유령은 술독을 끼고 살았을 뿐 아니라, 집에선 裸身으로 생활했다고 한다. 乾坤一草亭을 방불케 한 그의 무덤은 여덟 곳이 넘는다. 혜강과 유령은 安徽사람이고, 왕융 혼자 山東사람이다. 완적과 그의 조카 완함은 開封사람이며, 산도와 상수는 山陽사람이다. 모두들 독특해서 七酒라 불릴만 하다.

竹林音樂
羅石心物詩(83)

죽림칠선 술도 잘 했지만
풍류객답게 시 철학 음악

그 중 절반은 음악이론가
작곡 연주가로 이름 높네

혜강이 써낸 '성무애악론'
유가의 예악과 다른 이론

완적의 '주광' '악론'과 함께
정시지음을 대표하고 있네

대소완의 완함은 작곡가에
비파연주가로 당대 일인자

그의 창작 '삼협유천가'곡엔
광달불패 불구예법 담겼네

약관에 죽림에 입산한 완함
악기 제작자로도 유명 하네

'완(阮)'이라 명명된 그 현금
천팔백년 지금도 전해온다네

2022. 11. 22.

竹林七子들은 시인, 철학(玄學)가, 음악가를 비롯하여, 당대 최고의 풍류재사들이다. 그들 대부분이 철학사뿐만 아니라, 위진 미학사에서도 중요위치를 차지하고 있다. 혜강의 [聲無哀樂論]을 비롯해서, 완적의 琴曲 [酒狂]과 [樂論]은 도가풍의 위진 三玄學(노자, 장자, 주역)사상과 불가분의 관계가 있고, 正始之音을 대표한다. 완적의 조카 阮咸(大小阮)은 음악천재로 알려져 있다. 그의 창작곡 三峽流泉歌는 唐나라 때 크게 유행했다.

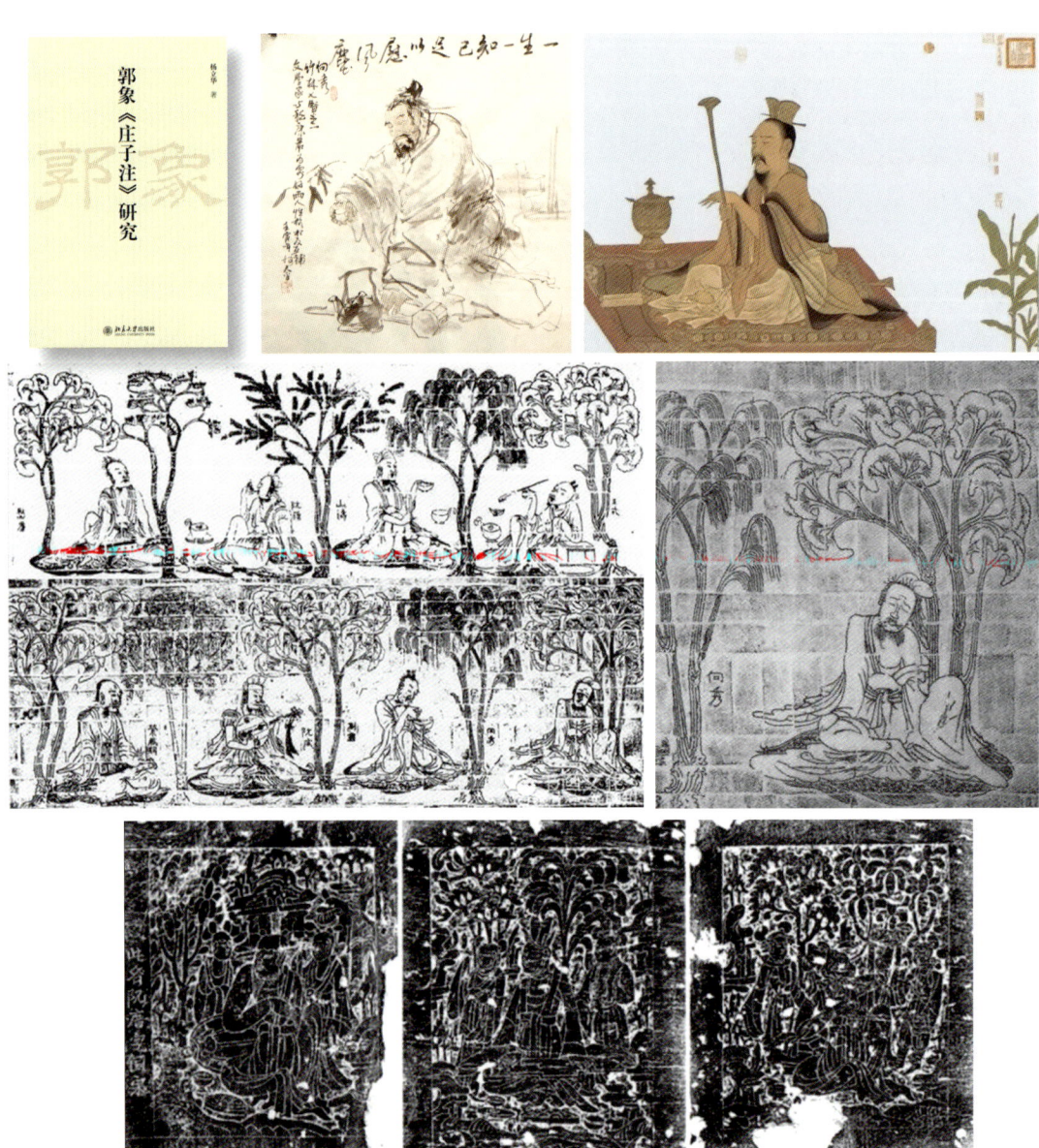

哲學者 向秀
羅石心物詩(84)

죽림을 두 파로 나눈다면
혜강 완적 유령 완함 넷과

산도 왕융 상수로 갈리니
이상주의와 현실주의 차이

도가적 풍도 유가적 참여
혼재한 출세 지향의 상수

죽림의 조직부장 산도와
인색한 왕융과 출사했네

상수는 혜강의 양생론에
반박문을 썼던 문학가로

혜강과 대장장이 함께 한
그는 추모시 '사구부' 썼네

상수의 업적 삼현의 하나
장자주해 책을 쓴 것인데

미완의 유작 곽상이 완성
위진 철학자로 이름 났네

2022. 11. 23.

상수와 혜강의 집이 이웃하고 있어서 대장간을 함께 운영(打鐵爲生)하였는데, 철학에선 관점이 서로 달랐다. 혜강의 養生論에 難叔夜養生論이란 반박문을 쓰기도 했다. 혜강이 被殺된 뒤 그를 추모하는 思舊賦를 썼는데, 그 글에 '殷墟'란 말이 나오기도 한다. 그는 山門을 나와, 산도 및 왕융과 함께 晉文帝 때 나란히 벼슬을 했다. 만년에 장자주에 몰입해서 秋水, 至樂편의 미완원고를 남겼다. 후일에 郭象이 완성해 표절시비 가운데 二人共作 [莊子注]로 전해온다.

開封, 淸明上河圖
羅石心物詩(85)

크고 작은 도읍이 명멸한 뒤
빛이 났던 북송의 수도 개봉

경제 문화 철학 융성했던 곳
동방의 문예를 부흥 시킨 곳

물의 도시 수성답게 호수들
홍수 범람에 유실 파괴되고

궁정어원 자리의 고풍스러움
용정공원의 한쪽에 남아있네

그때의 아름다운 거리들을
송도어가 명맥 재현했으니

유명한 청명상하도의 걸작
천년을 살아내려온 필치네

번화한 옛 거리 어디에선가
판관 포청천이 나타날 듯해

당시에 세운 50m 벽돌철탑
카이펑 시를 둘러보고 있네

2022. 11. 24.

개봉은 전국시대와 남북조 오대에 작은 국가들의 도읍지였다. 북송 때 수도로서 크게 번성하였다. 특히 新儒學으로 불리는 새로운 性理學 체계와 화폐를 통한 무역과 시서화 예술과 도자기 등 문화 역시 크게 융성했다. 張擇端의 淸明上河圖는 중국의 10大 名畵로 국보급의 풍속화이며, 폭 25cm 길이 529cm로 長卷 絹本의 색채화다. 북송시기 城市의 경제 정황 및 民間風俗 등을 잘 표현했다.

中國 猶太人
羅石心物詩(86)

하남의 카이펑 시에 가보면
유태인 집난 거주지와 교당

천년 역사 아직도 남아있어
56번 넘어 57번째 소수민족

이스라엘이 발음대로 쓰여
이서리에(以色列)가 됐다네

키파 모자 쓴 전통에서부터
조상 제단 습속까지 남았네

유대교의 신앙 대상 여호와
우상엔 예배 하잖는 탈무드

북송 희종때 천산남로 따라
중국에 왔던 서아시아 종족

꼭꼭 숨어 소리없이 살아서
마르코 폴로가 알려 주었네

3백년 뒤 마테오 리치 신부
전도하면서 재발견 했다네

2022. 11. 25.

가톨릭의 중국 전도는 오랜 동안 수없이 시도됐으나, 모두 실패했다. 그러나 의외로 유대인이 개봉에 들어온 이후, 그들은 중국문화에 동화되지 않고 유대교리를 천년동안 지켜왔다. 마르코 폴로에 의해 발견되고, 天主實義를 쓴 마테오리치(利馬竇 1552-1610) 신부가 조사 연구하여 서양에 알렸다. 塔木德(탈무드)도 번역되었다.

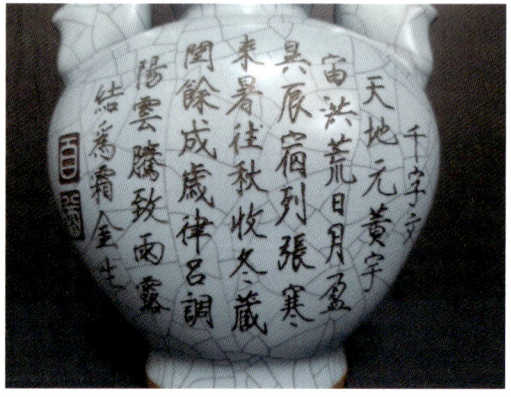

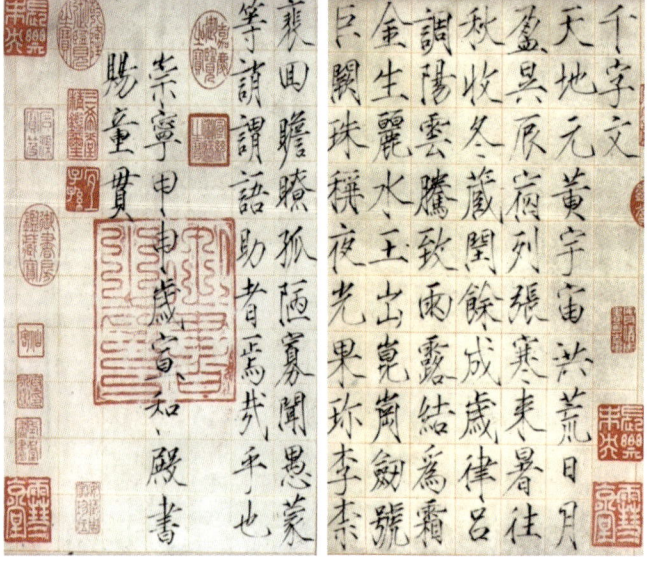

슬픈 自畵像 宋徽宗
羅石心物詩(87)

송대 제8대 황제 선화주인
신종 제11아들 27년 재위한

북송의 문예부흥 군주이자
자신도 개성넘친 명서화가

도교에 심취해 스스로 존호
도군 황제지만 정치엔 암군

국토를 절반으로 잘라먹고
수호지의 무대로 만들었네

예술광 루이 14세에 견주고
부인 숫자 칭기스칸에 버금

끝내 금나라가 쳐들어와서
정강의변 당하고 말았으니

자신과 후궁 아들과 황족들
노예가 되었던 비극의 역사

그나마 조길은 학대치 않고
멍청한 자 혼덕공이라 했네

2022. 11. 26.

북송의 휘종(본명 趙佶)은 정치보다 예술에 심취한 빼어난 서화가였다. 그의 瘦金體가 독특하다. 부인과 자녀가 많기로도 유명하다. 당시의 탐관오리들과 천하의 도적과 자칭 영웅들은 水滸誌의 등장인물이 되고 말았다. 金나라의 포로의 신세가 되어, 昏德公으로 불렸다. 자기의 작품엔 道君黃帝로 낙관했지만. 나라를 망치고, 북송과 남송으로 갈리게 만든 暗君으로 비판을 받는다. 역사에는 흥망성쇠가 있기 마련이듯 최근엔 문화예술적 재평가를 받고 있다.

蔡邕의 딸 蔡文姬
羅石心物詩(88)

동한시기 문학가며 명필
예쁜 딸 있던 명신 채옹

아버지를 닮았던 채염은
서예 문학 음악 잘 했네

위중도에게 시집 갔으나
남편이 일찍 죽자 돌아와

흉노침입에 포로가 되어
좌현왕의 첩실이 되었네

두 아이의 어머니 채문희
호가 십팔박 글로 썼으니

채옹의 지기였던 조조가
천금을 주고 데려왔다네

부하인 동사와 결혼시켜
그녀의 재능 지켜봤으나

마지막 남편구출 도움 뿐
한 많은 비분시 쓰게 했네

2022. 11. 27.

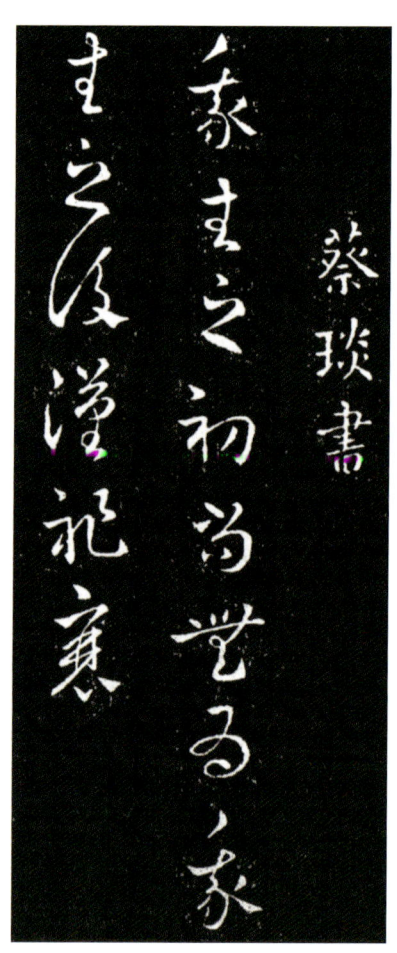

東漢(AD25-220)시대의 개봉사람 蔡邕은 벼슬에 뿐만 아니라 시서화에도 경지가 높았다. [역대명화기]에 보면, 그의 시서화를 三美라고 불렀다. 우리는 三絕이라 하듯, 채옹의 무남독녀 채문희(名琰) 또한 재주가 뛰어났다. 그녀의 세 남자 衛仲道, 左賢王, 董祀 모두 기구한 인연이었다. 포로시절에 쓴 '胡茄十八泊' 詞는 물론이고, 曹操에게 당한 설움을 읊은 '悲憤詩'와 함께 '我生帖'도 중국제일의 여성명필로 전해온다.

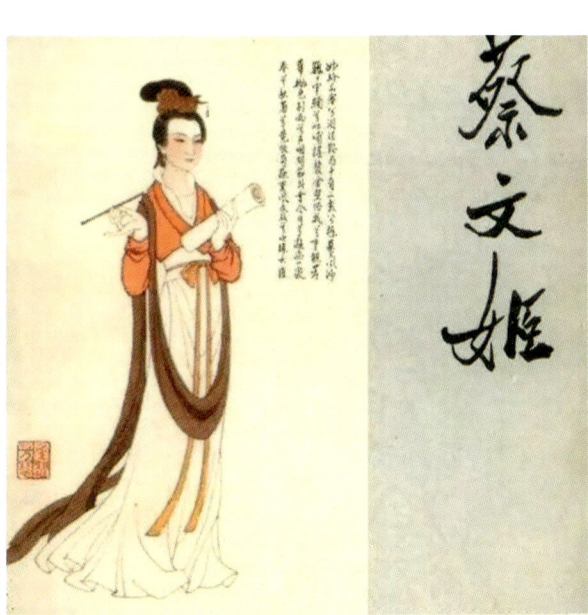

鬼谷子
羅石心物詩(89)

개봉과 은허의 안양 사이
학벽시 기현 운몽산 속엔

춘추전국 때의 천고 기인
은거처 귀곡동 남아 있네

병법을 집대성한 전략가
백가학문 통달한 귀곡자

그는 종횡가의 비조답게
종횡무진 180년을 살았네

동시대 역사를 움직였던
상앙 소진 장의 손빈 등

영웅호걸 제자 거느리고
고대 첫 군사학교 세웠던

웅장한 태항산줄기 풍광
이천년 시인묵객 유람터

본경 음부 칠술과 더불어
금서 귀곡자 책 남겼다네

2022. 11. 28.

귀곡자(王禪)는 鶴壁淇縣 雲夢山 鬼谷洞에서 유래되었다. 실존인물인지 의심할 만큼, 奇異한 인물이다. 제자백가 중 종횡가의 창시인이기도 하다. 商鞅 蘇秦 張儀 孫臏 龐涓 등 기라성 같은 문하생을 길러냈으니, 한 시대의 역사는 물론 후대에까지 영향이 적지 않았다. 귀곡의 석벽과 비석에서도 알 수 있다. 그의 저서로는 [鬼谷子]와 [本經陰符七術]이 전해오는데, 한 때 禁書가 되기도 했다.

창힐릉을 찾아
羅石心物詩(90)

고조선 시대에 신지문자와
녹도문자가 있었다고 하네

헌원의 신하인 전설의 창힐
새발자국을 보고 만든 문자

상형문자가 처음의 글자라면
갑골문자의 모태가 되었어야

갑골문자는 곧 동이의 문자
고조선 문자와 같지 않을까

하남성의 복양시에 만들어진
창힐릉에서 만감이 교차하네

저 능묘의 주인공이 정말로
눈이 네 개였다던 창힐일까

콜롬버스가 발견했다하지만
바이킹이 먼저 찾은 신대륙

창힐이 만들어냈다는 문자도
동이가 먼저 만든 것 아닐까

2022. 11. 29.

蒼頡은 한자를 창안한 전설의 인물로 눈이 네 개였다고 한다. 기존문자의 원형을 수집하고 정리해 놓은 사람으로 보기도 한다. 은허와 가까운 하남 복양의 실존인물이라면, 옛 동이 땅 사람으로 문자에 관한 일을 관장했을 것이다. 백 년 전에 갑골문자를 발견하고, 20세기에 흑피와 홍산옥에 새겨진 문자기호가 발굴되었다. 이에 따라 한자의 기원에 관한 학설이 분분해졌다. 창힐릉은 언제 처음 조성되었는지 알 수 없으나, 문화혁명 때 파괴된 것을 최근에 새로 확장하고 정비해 놓았다.

京房易을 읽고
羅石心物詩(91)

서한 때 역학자는 많으나
저서는 세 부만 남았으니

초씨역림 경씨역전 더해
자하역전 사고전서에 있네

초씨역 경씨역은 점복류
자하역 경전류에 실렸네

경방은 초연수의 제자로
일대 기재 역경대가였네

한서 예문지엔 역13가의
294책 저작이 있었는데

초경역 나란히 남았으니
후대의 사표가 되었다네

양웅의 태현경에 영향준
율려와 16효변 밝았으니

자신의 41세 피살 비극수
미리 풀어 일곱자 남겼네

2022. 11. 30.

경방(李景明 BC77-37)은 하남의 복양 사람이다. 그의 스승 焦延壽와 함께 漢易의 주류를 이루었다. 楊雄저 [太玄經]의 四季陰陽은 焦京을 표절한 것이라 평가된다. 경방이 창안했다는 인사예지산괘법의 일종인 16괘變說과 呂律五行論은 위진현학과 후대에 많은 영향을 끼쳤다. 또 초씨역림은 위진 남북조와 수당에 이르기까지 도참사상과 道家의 方術에 적용되기도 했다.

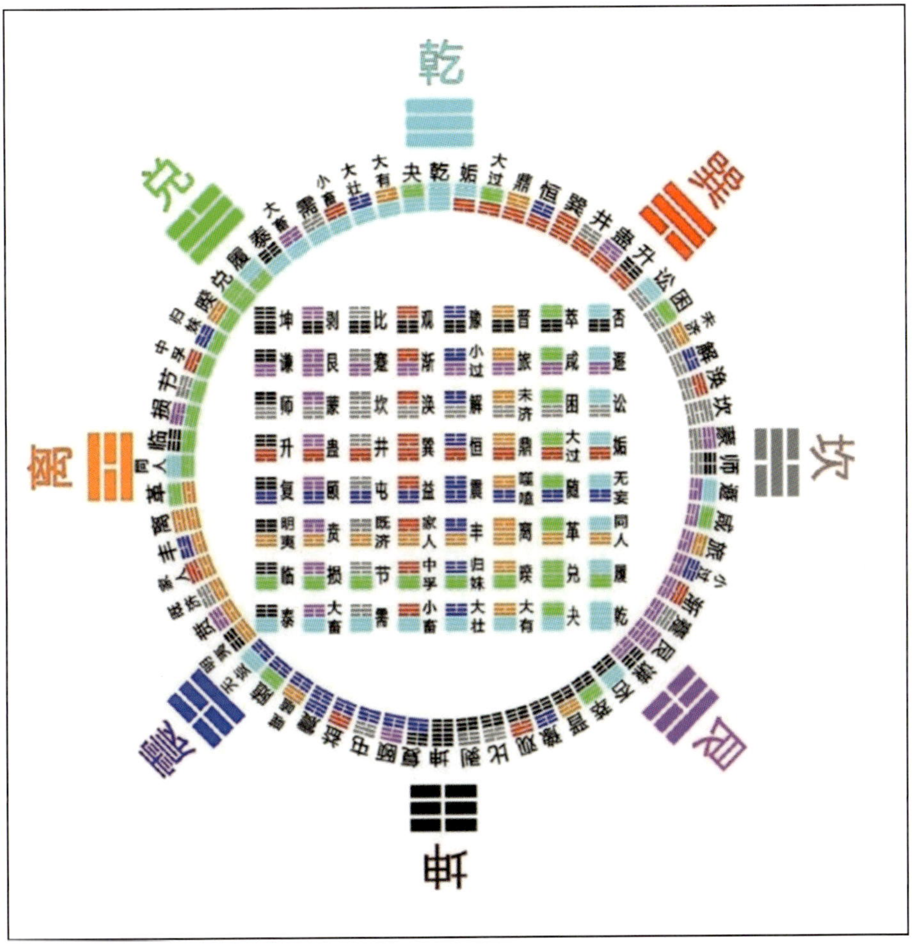

두 곳의 老子故鄕
羅石心物詩(92)

도가창시자 노자의 고향
하남인가 아님 안휘인가

200리 강안 마주한 논쟁
국가도 결정을 못 내렸네

주나라 도서관리 지냈던
하남 녹읍 동쪽 곡인인가

노자의 태어나고 죽은 곳
시종 모두 분명치 않다네

사마천 사기 참고했다며
녹읍 태청궁진으로 비정

황금빛의 노자상 세우고
유명 관광지로 조성했네

비록 오천자글 남겨놓고
소타고 함곡괸 떠났으니

끝내 자취마저 감춘 포부
오늘 보니 짐작도 간다네

2022. 12. 1.

노자의 고향이 어딘가? 河南의 鹿邑인가, 安徽의 毫州인가? 강 하나 사이에 두고 마주한 두 곳, 서로 달리 주장한다. 노자가 하늘에서 내려다보며 미소 지을 것 같다. 지방마다 경쟁적으로 유직지를 거대한 관광지로 조성하니, 눈에 거슬리기도 한다. 노자의 故里 역시 대표적인 사례이다. 노자는 교주라기보다는 공자의 선지자로서 철학자인데, 우상화되었다. 道德經 오천여자를 남기고 函谷關을 지나 사막으로 종적을 감추었다고 한다.

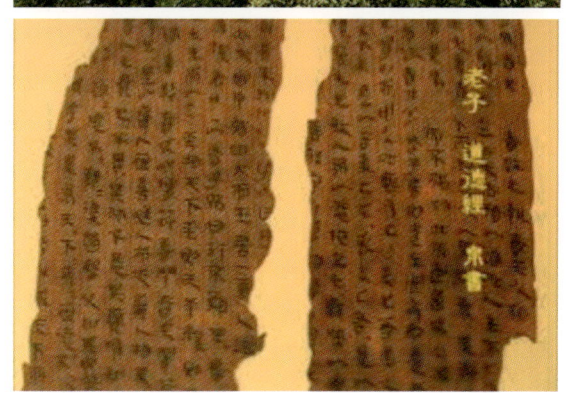

太上老君
羅石心物詩(93)

도(道) 역시 형태가 바뀌니
누가 능히 참 이치를 알까

무형 곧 유형, 유형 곧 무형
유무상생이듯 쌍즉법인 것

삼청의 존신 태청도덕천존
노자의 화신인 태상노군은

열여덟 번 바뀐 몸을 받아
이 땅에 다녀갔다고 했네

어쩌면 한국 땅도 왔었을까
그랬다면 선지자로 왔겠지

지난 세기 중 남쪽 바닷가
삼지 삼천 건너 주중 한촌

태상노군 부른 무리 있어
천상 태청궁 소식 아닌지

아 어두운 중생인 우리들
어찌 하늘 뜻 알 수 있을까

2022. 12. 2.

周口市 鹿邑 태청궁엔 태상노군의 위패가 있다. 태상노군은 도교의 道祖이자, 노자의 화신으로 받든다. 無始無終 無形無名을 이름하여 道라하고, 도가의 창시자 노자의 존칭으로 太上이라 부른다. 노군은 救贖敎化를 위해 지상에 18회나 화신으로 다녀갔다는 도장경의 기록이 있고, 매년 음2월 15일 노군 탄생일에 국제도교절로 기념한다. 해방 후 한국에도 한때 태상노군 주문 외우는 수양단체가 있었다.

莊子論
羅石心物詩(94)

전국 중기 동이 후예의 송국
지금의 하남 상구 땅의 몽성

노장 병칭의 도가의 계승자
장주의 귀가 빠진 곳이라네

초국 위왕이 불러도 안 갔던
그도 한 때 칠원 관리였으니

붕새는 구만리를 난다 해도
생사고락을 초월할 순 없네

천지인 삼재의 자연 소리로
삼뢰 제물이란 곧 심물이네

양생의 주인 어디 따로 있나
양심양생의 길밖에 없잖은가

도덕경이 시라면 남화진경
우화인가 단편 소설집인가

철학의 문학과 문학의 철학
이 또한 멋진 호접몽이라네

2022. 12. 3.

殷을 멸한 周가 동이족의 근거지에 宋國으로 봉했던 蒙城(하남 商口) 땅이 莊子(이름은 周)가 태어난 고향이다. 공자의 선조도 고향이 송국이다. 장주는 한 때 漆園 고을의 말단 관리를 한 적은 있으나, 평생 짚신을 삼아서 생활했다. 삼뢰 사상은 三才와 상통한다. 齊物은 곧 心物이라고 필자는 해석한다. 일찍이 金海 한촌의 里長을 지낸 필자의 스승은 "宗敎眞理는 良心養生에 있다"고 말씀했다.

惠施論
羅石心物詩(95)

장자의 지음이자 동향 친구
송국 몽사람 혜시는 변론가

장주와 삼차 논변으로 득명
벗과 더불어 만고에 남았네

다섯 수레 책의 독서가에서
박학다식 변사로 이름 높아

전국칠웅의 합종연횡 시대
소진과 장의와도 비교되네

물고기의 즐거움과 내 기쁨
결국 어락이 심락일 뿐인데

옳고 그르고 누가 이기고 진
유용 무용 아닌 큰 쓰임일세

분석 논리의 지식 변론 혜시
직관 조응의 지혜 론변 장자

혜시 먼저 떠난 뒤 무덤찾아
통곡한 그 글 아직 남아있네

2022. 12. 4.

장자와 혜자는 동향에 평생 둘도 없는 친구였다. 장자의 책에 자주 등장해서 유명한 대표적 名家 학파의 정치가 철학자 논변가였다. 장자와 물고기의 즐거움(魚樂)에 관해서 나눈 대화에서 두 사람의 사상과 기질과 성격의 차이를 알 수 있다. 다만 그런 대화가 쓸 데 없는 것 같지만, 無用之用이 大用임을 장자는 강조한다. 혜시가 죽은 뒤 장자는 다시는 혜시와 같은 지음(知音)을 찾지 못했다.

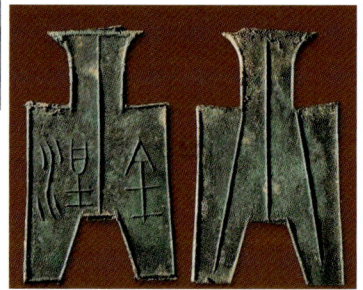

韓非子
羅石心物詩(96)

전국말기 한국의 신정사람
법가학파의 대표인물 한비

상앙의 '법'과 신불해의 '술'
신도의 '세(勢)' 집대성했네

진시황이 감동한 한비자론
천하통일의 원리로 삼으니

그는 왜 47세로 자살했을까
무덤 없어 타살설 없지않네

순자의 제자요 이사와 동학
노자사상 정수를 얻었다네

걸출한 철학 문학 정치가로
명작 저서들 또한 방대한데

이사가 자신의 벼슬 잃을까
자살로 꾸며 논 타살이지만

대륙 첫 통일의 중앙집권제
국가탄생 이론 초석 놓았네

2022. 12. 5.

한비자(BC 280-233)는 戰國말기의 韓國 新鄭(지금 하남 신정시) 人이다. 韓王에게 건의해도 듣지 않았지만, 진시황은 그의 저술을 통해서 정책이론이 받아들여졌다. 진시황은 韓非子라 칭하고 중용하려했다. 이를 눈치 챈 李斯는 자기의 승상직위를 잃을까 두려워 모략으로 감옥에 가두고 독약을 써서 자살로 꾸몄다. 죽은 뒤 歸國 九女山에 이장했다는 설이 있을 뿐 그의 고향엔 韓堂村만 남아 있다. 가까이 上蔡縣에 李斯墓가 있지만 필자의 발걸음을 끌어 들이지는 못했다. 소인배 같아 싫었다.

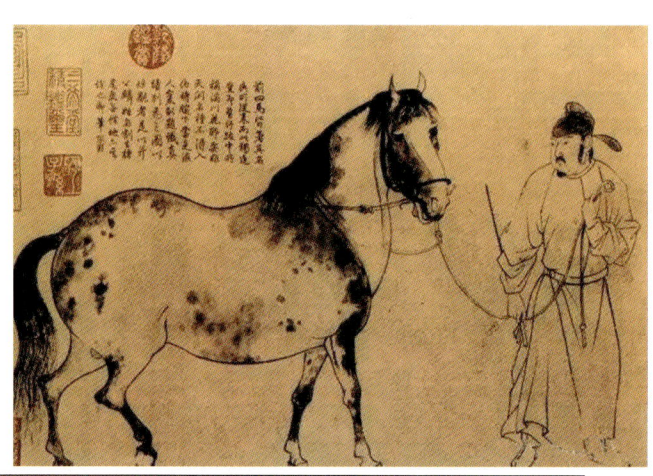

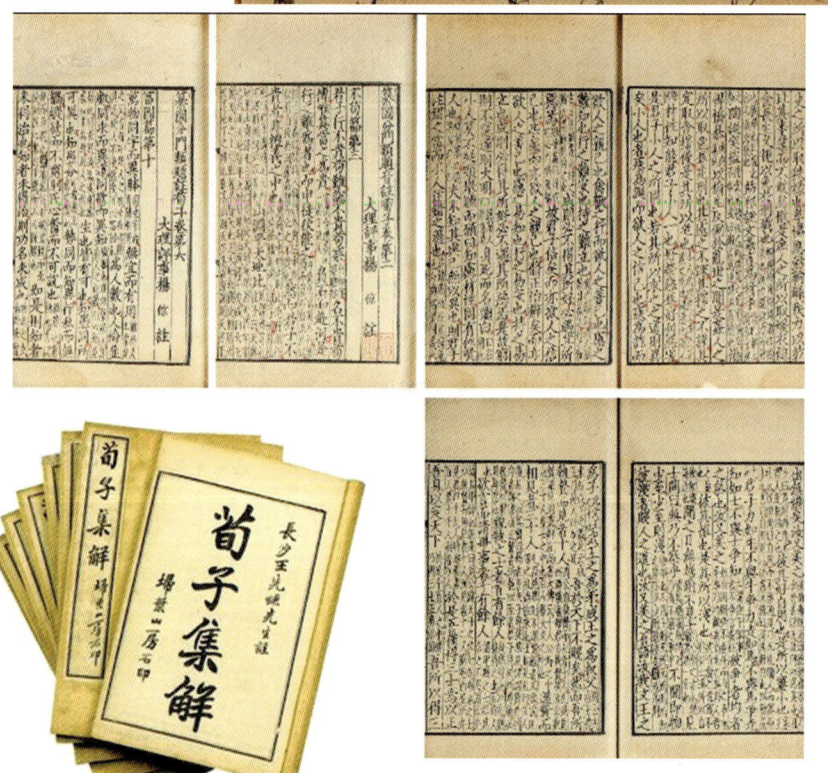

荀子
羅石心物詩(97)

공맹사상을 새롭게 정리해
유가철학을 체계화한 순자

하북쪽 조나라 출신인 그는
일찌기 제나라에 유학했네

동이의 땅 직하학파 영수로
미움을 받아 초나라로 가니

초왕의 신임을 받아 난릉령
벼슬한 뒤 그곳에서 죽었네

전통의 유가 이론 비판하며
공맹과 달리 성악설 주장한

선함은 수양에 따른 것이며
사람의 본성은 악할 뿐이라

본래 천성이야 선하지마는
인간악성을 말하고자 했네

오죽하면 난세에 충격주어
공공심을 일깨우려 했을까

2022. 12. 6.

유교철학에 크게 공헌한 순자(이름 況, 자 卿)는 先秦 百家爭鳴의 시대에 後聖이라 일컬을 만큼, 孔孟과 더불어 유가를 대표한다. [荀子] 저서에서 주장한 性惡說은 맹자의 四端說과는 완전히 다른 이론으로 당내에 큰 충격을 주었다. 필자에게는 그의 주장이 天性보다는 수양과 교화가 필요한 사회적 本性을 강조한 것으로 보인다. 李斯와 韓非子를 제자로 두었으며, 墓는 蘭陵(臨沂)에 있다. 그를 상징하는 荀子花도 있다.

張子房
羅石心物詩(98)

고향이 하남인지 안휘인지
헷갈리는 인물이 또 있다네

천하제일의 모사꾼 장자방
유방의 참모였던 개국공신

젊어서는 비이교에서 신선
황석공을 만나 소서 받았고

중년엔 괴력의 력사를 시켜
120근 철퇴로 진시황 쳤네

하남 홍구에서 붙은 초한전
마침내 해하에서 승리 했네

뒷날에 그때의 싸움을 두고
'건곤일척'이라고 읊은 한유

끝내 토사구팽을 당한 한신
소하와 더불어 한초의 삼걸

장씨 가문을 이끌고 은신한
장가계 산이름 아직 남았네

2022. 12. 7.

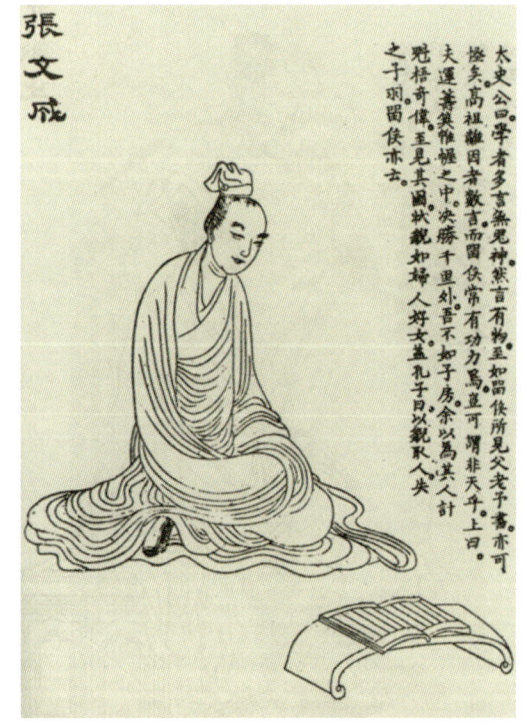

장자방(張良)은 하남의 潁川 사람이다. 안휘의 호주 사람이라는 설도 있다. 秦末 漢初의 걸출 謀臣으로, 그가 추천한 韓信, 蕭何와 함께 三傑로 불린다. 그의 선조는 6국 가운데 韓國의 재상을 지낸 귀족이다. 진에게 조국이 망하자, 反秦 第一人이 되었다. 劉邦의 책사로 西漢의 개국공신이 되었다. 黃石公을 만나 素書를 전해 받고, 도략의 문무를 겸하여 太公兵法을 익혔다. 친구 韓信은 兎死拘烹을 당했으나, 그는 張家界로 가 은둔했다. 그의 무덤이 장가계에 있다.

古博浪沙
羅石心物詩(99)

하남성 원양현 박랑사에 가면
모사꾼답게 대력사를 불러다

철퇴로 진시황 수레를 친 곳
장자방의 격진처로 남아있네

한국승상의 후예인 장자방은
나라를 잃고 원수를 갚으려해

비록 실패는 했지만 장렬함은
역사에 뚜렷하게 기록 되었네

천하통일한 황제의 살인 미수
몸을 숨기고 와신상담 했으니

황석공을 만나 전수받은 책에
예견된 대로 왕사가 되었다네

그를 롤모델로 삼았던 이태백
이곳을 찾아 회고시를 읊었네

신향시의 동남쪽 성동관에는
잡초 속에 박랑사 터 남았네

2022. 12. 8.

BC 218년에 전국시대 韓國의 후예 張良(字 子房)은 힘 쎈 장사를 고용해서 자기 나라를 멸망시킨 진시황의 순례 길목에서 120근 철퇴로 저격했다. 실패했는데, 네 대의 수레 가운데 어느 것에 진시황이 탔는지 알 수 없었기 때문이었다. 전국에 현상금이 걸린 신세로 종적을 감추고 때를 기다렸다. 마침내 유방(漢高祖)을 도와 큰 뜻을 이루었지만, 張家界로 물러나 신선 赤松子와 소요했다. 장량의 시호는 文成侯이다.

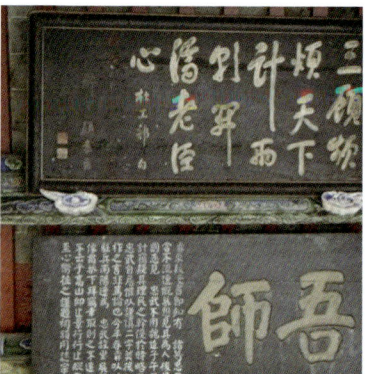

臥龍草廬
羅石心物詩(100)

와룡선생 초당 찾아가는 길
함박눈도 펄펄 내리는 제월

하남성 남양시 와룡산 기슭
초옥은 옛 모습 아니었다네

책 읽고 채전 일구던 터에는
낯선 정자가 들어서 있는데

유비 관우 장비의 삼고초려
그날도 이곳에 눈이 내렸네

조실부모 삼촌 따라 흘러와
형주의 남양 야인이 되었네

큰 꿈 누가 먼저 깨달을까?
잠룡이 견룡이 된 청년와룡

품은 뜻 삼분지계 천하대업
만고 문장 출사표에 썼으니

지금 산천도 옛 풍광 아니듯
모려 그림자만 어른거린다네

2022. 12. 9.

諸葛亮(孔明)은 산동 사람으로 형주 땅 지금 南陽의 臥龍崗 기슭에서 修學했다. 와룡선생의 호칭도 여기서 비롯됐다. 三顧茅廬 혹은 삼고초옥 때, 공명은 26세의 청년, 키가 八尺, 얼굴은 冠玉과 같았다. 첫 만남에서 공명이 읊은 詩가 大夢誰先覺 平生我自知 草堂春睡足 窓外日遲遲였다. [時中易]의 서문에 있는 '中乾大夢誰先覺 大治化翁在其中'이란 구절이 연상된다. 오늘이 心物詩 100일째이다.

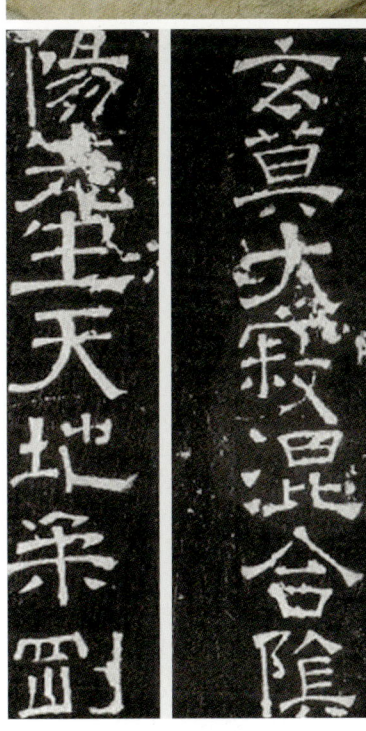

王弼玄學
羅石心物詩(101)

한대 유학시대 가고 위진
현학 청담시대 도래 하니

새로운 철학을 창시 했던
하안과 소년 철학자 왕필

무와 유를 본말로 해석해
독창적 철학을 연 왕보사

노자와 주역 그리고 논어
주해하고 24세 영면했네

노자 공자 누가 성인인가
선배 철학자가 물었을 때

왕필 주저없이 대답하되
공자가 성인이다 말했네

이유를 다시 묻자 노자는
체무(體無)에 걸려있다고

천재 왕필이 현학일구고
천재 승조가 총결하였네

　　　　　　2022. 12 10.

최연소 천재 철학자 왕필(字輔嗣, 226-249 산동 濟寧)은 위진 현학의 창시자이다. 三玄學(주역, 노자, 장자) 가운데 老子注와 周易注 그리고 현학가 입장으로 論語注를 썼다. 짧은 생애에 크나큰 철학적 업적을 남긴 天才 가운데 천재였다. 누가 성인인가? 그를 시험하려고 배위가 묻자, 공자가 聖人이라고 즉답했다. 노자는 體無에 걸린다는 말은 노자가 無를 체득하지 못 했기에 無를 말했다는 뜻이다. 無를 體道한 이가 공자이고, 그가 성인이라고 보았다.

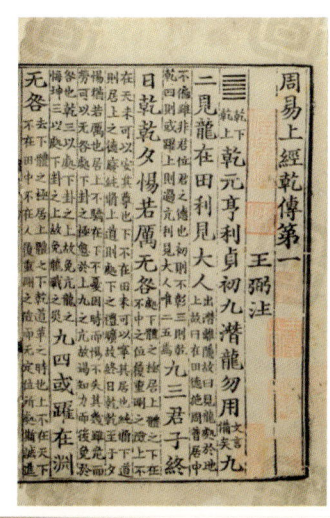

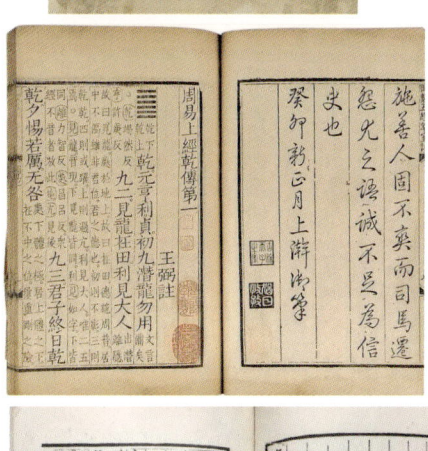

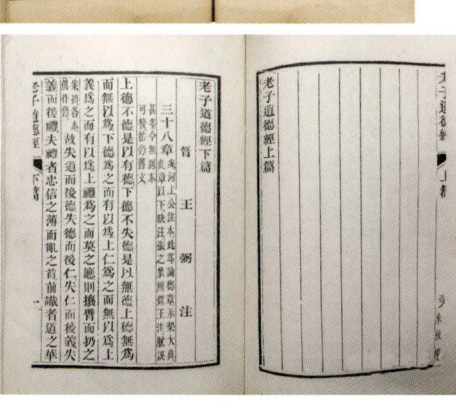

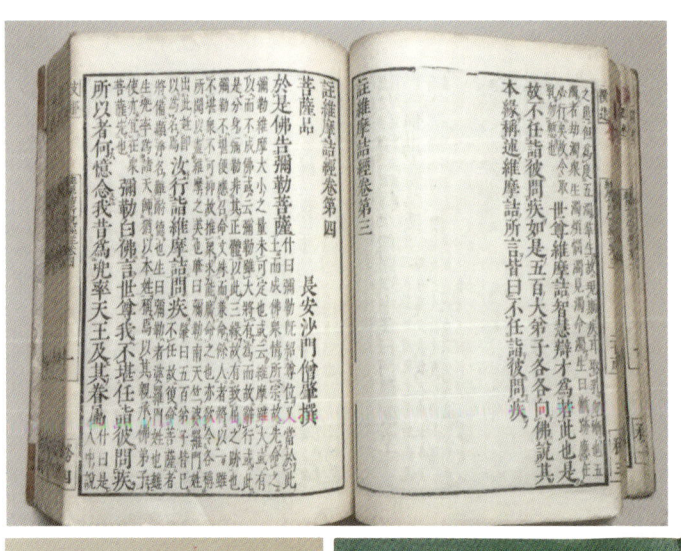
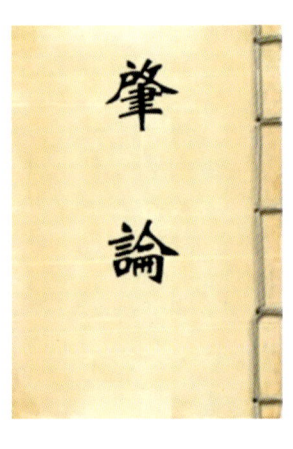
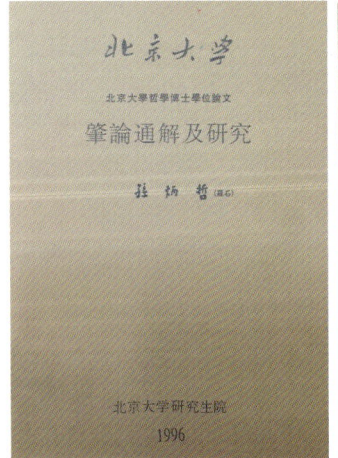

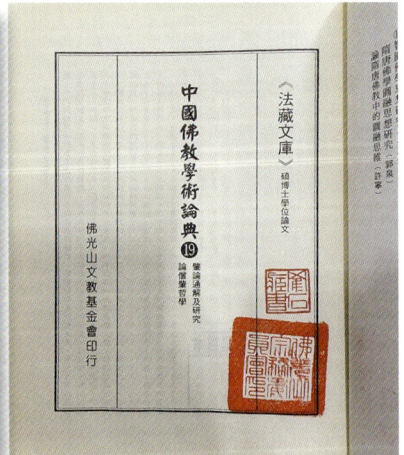

僧肇法師
羅石心物詩(102)

만물은 오고 감이 없다 했던
31세에 요절한 천재 철학자

불교의 중국화에 초석 놓은
그는 구마라집 최초의 제자

서역 구장까지 간 입도원정
라집과 도착한 장안 소요원

중관삼론 번역한 뒤 라집은
해공(解空)제일이라 평했네

넷 논문의 첫째 반야무지론
여산 혜원 노승이 감탄했네

반야는 무지고 열반은 무명
역대 각종파 탄생시킨 조론

위진 6가7종 모두 비판하여
무와 유의 문제 해결하였듯

왕필이 창시했던 위진현학
승조가 마침내 종결했다네

2022. 12. 11.

승조(384-414, 張씨 장안인)는 구마라집의 제자 四哲(僧肇 僧叡 道生 道融)로서 '解空第一'로 통했다. 20대에 쓴 [肇論]의 저자로 31세에 병사했다. 중국화된 불교인 格義佛敎의 발전에 가장 크게 공헌했으며, 위진현학의 종결자이기도 하다. 조론에 사용된 단어는 2만 개에 불과하나, 4편의 논문집(物不遷論 不眞空論 般若無知論 涅槃無名論)이 어렵기로 유명하다. 후대 불교의 여러 종파에 미친 영향이 매우 크다. [肇論通解及研究](1996, 北京大學/1996, 台灣發刊 1999)는 필자의 박사논문이다.

慧空의 肇論
羅石心物詩(103)

신라의 혜공과 원효의 얘기
오어사에 얽혀 있는 주인공

어느날 혜공의 시자 스님이
논문 한권을 가져와 내밀며

중국의 장안에서 뿐 아니라
곧 서라벌의 베스트셀러 될

명저인데 어렵게 구했다며
논문내용의 가르침 청했네

혜공은 표지 제목만 보고서
휙 절 마당에 던져 버리자

어찌된 영문인지 궁금해 한
시자에게 한 마디 했다는데

어 허 네 이놈 내가 전생에
지은 것을 왜 읽으라 하느냐

그 조론을 주워다 원효에게
전해 준 것 삼국유사에 있네

2022. 12. 12.

혜공은 원효 의상 표훈 자장 등과 더불어 신라 十聖師에 드는 걸출한 승려이다. 특히 원효의 대선배로서 둘의 交友는 남달랐다. 만년에 그는 포항 恒沙寺(吾魚寺)에서 주석을 했는데, 원효가 疏를 짓다가 의문나는 것을 물어보았다고 한다. 혜공은 三論學에 밝아 원효가 그에게 배웠다. 혜공은 전생의 [조론] 저자 승조였다는 기록이 삼국유사 권4 '二惠同塵'에 있다. 원효 저술 [대승육정참회문] 등에서 [조론]의 영향이 발견된다.

草堂寺 消遙園에서
羅石心物詩(104)

섬서성 서안 규봉산 북쪽기슭
최초로 불경을 번역했던 장소

역장 세 곳 중 가장 오랜 기간
격의불교 중국화 기점되었네

후진 요흥황제 전쟁 무릅쓰고
서역에서 구마라집 모셔 오니

중원수재들 운집했던 소요원
지금은 초당사로 바꿔부르네

홍시 3년 라집이 이곳 도착해
승조 도생 승예 도융 등 사철

중론 백론 십이문론 세 론서
역출해 삼론종 발상지되었네

종남산 마주 보는 남쪽 풍광
태평세 발원한 국가 불사 터

1600년 세월 지나간 발자취
구마라집 사리탑이 증거하네

2022. 12. 13.

소요원은 중국 최초의 역경 장소로, 옛 장안 교외에 있다. 後秦 姚興황제는 서역 구장에 고승이 있다는 소식을 듣고, 군사를 동원해 구마라집을 401년에 모셔 왔다. 승조는 초역 유마경을 읽고 출가히여, 구자국에 가서 입문한 뒤 라집과 함께 장안으로 돌아왔다. 소요원에서 中觀三論이 번역되고, 화엄 5조 宗密이 여러 해 주석과 저술을 했다. 소요원이 삼론종과 화엄종의 발상지가 된 연유이다.

위대한 譯經家 鳩摩羅什
羅石心物詩(105)

아름다운 문체 잃어버리면
번역은 벌써 빛을 잃은 것

밥을 씹어서 남에게 준다면
어찌 제 맛을 느낄 수 있나

어찌 그것으로 그치겠는가
도리어 구역질이 날 텐데!

구마라집 남다른 번역철학
역경불사에서 더욱 빛났네

한역의 요람 초당의 소요원
삼현학 언어 귀재 모였으니

비록 천축범문의 문장체제
한어와 하늘땅만큼 달라도

질박하면서 비속되지 않고
간략하나 종지에 맞는다는

라집의 아름다운 번역문장
승조의 백론서문에 밝혔네

2022. 12. 14.

쿠마라지바(鳩摩羅什, 344-413)는 龜玆國, 現 신장의 구차에서 출생했다. 부친은 천축의 바라문이었다는 역경가 사상가 수행자이다. 중국의 어지러운 시대에 새로운 사상이 절실할 때 등장한 인물이다. 중관삼론과 선종의 바탕인 금강경 및 반야경 유마경 아미타경 등 12년 동안 300여 권을 한역했다. 7세에 출가하여, 타림 분지와 파미르 고원을 거쳐 중앙아시아 불교와 언어를 익혔다. 그는 40대에 구자국을 떠나 오던 도중에 전란으로 17년 동안 유폐 되기도 했다.

大慈恩寺
羅石心物詩(106)

오랜 역사의 수도 장안에는
서안성의 장벽 그대로 남아

고도답게 사대성문이 있어
서쪽은 실크로드로 통하네

그곳에 당황실 사원 자은사
이치태자 모친을 위해 세워

사랑과 은혜를 기리는 사찰
당대에 가장 멋지고 웅장해

인도로부터 돌아 온 현장이
가져 온 불경을 번역했으니

구마라집 초당사에 이어서
장안 삼대역장이 되었다네

대당 서역기 편찬과 더불어
현장이 번역해 논 성유식론

여덟 종파 중에 유식법상종
이곳 자은사가 발상지 됐네

2022. 12. 15.

대자은사는 사액을 받은 慈母恩德의 사찰로서 장안 최대이고, 당의 고종이 어머니 文德皇后를 기려서 창건한 절(貞觀22, 648년)이다. 玄奬이 인도에서 귀국한 뒤 이곳을 중국 제2역경 장소로 사용했다. [成唯識論]이 새롭게 번역되면서, 불교 8대 종파 가운데 하나인 유식종(法相宗)의 발상지가 되었다. 현장법사에 이어 그의 수제자 窺基에 의한 자은사파와 西明寺의 圓測파로 나누어진다. 6개국어에 능통했던 신라승 원측은 현장의 역경사업에 관여하지 않았다.

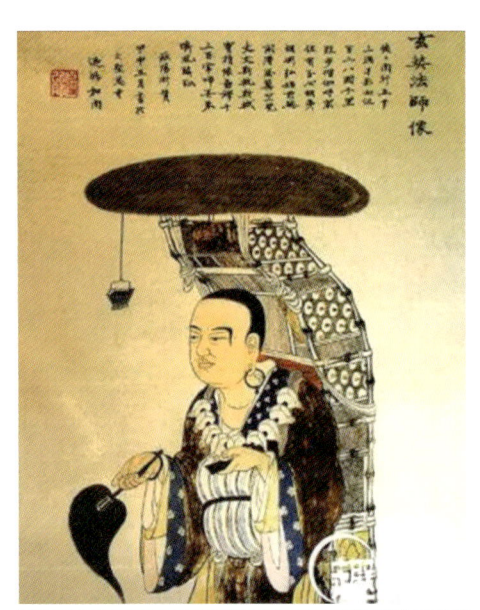

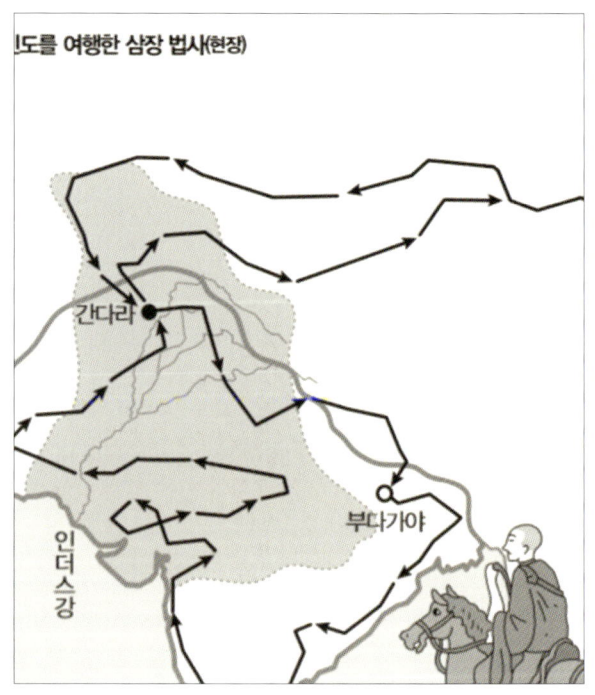
인도를 여행한 삼장 법사(현장)
간다라
부다가야
인더스강

玄奘法師
羅石心物詩(107)

현장은 수나라의 강릉 출생
11세 출가 29세 서역 여행은

구법의 길 험악하기만 했네
사막과 스텝 설산 넘었으니

중앙아시아를 거쳐서 도착
인도 나란타대학에서 수학

팔리어의 산스크리트 원전
직접 연구하고 가져왔다네

가고 올 때의 천산 북로와
천산 남로의 목숨 건 5만 리

자은사 역경사업 20여 년
열반까지 1,335권의 번역

라집의 공종, 현장의 유종
중관학 유식학 비교해보면

번역문체 또한 서로 달라서
구역과 신역으로 나눈다네

2022. 12. 16.

삼장법사 현장의 구법 여행은 명대소설 [西遊記]로 유명하다. 공상소설이지만, 현장은 역사적 인물이다. 대승불교의 양대 산맥이 용수의 중관학과 무착/세친의 유식학인데, 두 사상을 중국에 전한 역경승이 구마라집과 현장이다. (중관의 삼론종과 유식의 법상종) 현장(602-664)은 불교학 의문을 품고, 출국금지의 법을 어겨가며, 구차를 거쳐 아프가니스탄과 파키스탄을 지나 인도에 도착했다. 17년 동안 순례한 뒤 645년에 귀국했다.

大雁塔에 올라
羅石心物詩(108)

실크로드 문화의 시발점
당나라의 옛수도 장안엔

파리 에펠탑처럼 대안탑
우뚝 솟아 랜드마크됐네

현장이 가져온 인도불경
보존하기 위해 지었으니

자은사 경내 칠층 벽돌탑
현장법사 설계 감독 했네

어찌 기러기와 관련 됐나
삼장법사 인도로 가던 중

길 잃고 헤매다 기러기떼
인도 받아 오아시스 발견

목 축이고 다시 길을 간
그 은혜 기려 탑 세우니

1400년, 탑 속으로 오른
시인 순례자가 얼마인가

2022. 12. 17.

현장이 인도에 가서 불경을 수집하고, 645년에 귀국했다. [유가사지론]의 첫 번역을 본 당태종이 大唐三藏聖教序를 지어 크게 칭찬하자, 懷仁은 왕희지 서체로 集字했다. 652년에 대안탑이 세워지자, 唐代의 3대 명필 저수량이 그 서문을 써서 비석을 세웠으니, 왕희지와 저수량의 글씨를 보러 시인묵객들의 발길이 이어졌다. 두 비첩 모두 행서와 해서의 전범이 되었다. 탑 속의 나선형 계단을 오르면, 장안이 다 보인다. 특히 백거이 三月三十日 題慈恩寺의 시가 있다.

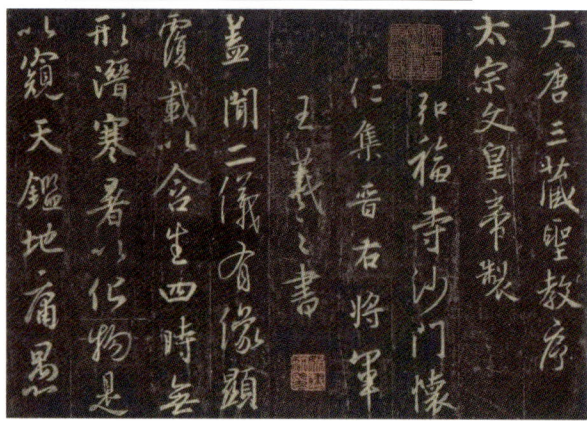

興敎寺 三塔 앞에서
羅石心物詩(109)

서안시의 장안구 두곡가도
소릉원 교외의 흥교사에는

당나라 호국사찰 법상종의
창건자 현장의 유골탑있네

당고종이 이곳에 안장하고
송휘종의 안배로 인연찾아

세 개의 전탑이 사이좋게도
나란히 천년을 지켜온다네

가장 높은 중간이 현장탑
우측 원측탑 좌측 규기탑

젊어서 현장과 동문수학한
규기보다 20년 연장 원측

현장 수제자 규기가 살아선
원측을 중상 모략 비방하고

도청설 매수설 말도 많더니
죽어선 아무런 말이 없다네

2022. 12. 18.

서안근교의 고찰 흥교사에는 유골전탑 셋이 눈길을 끌며 나란히 서 있다. 현장(唐三藏)탑과 원측(測師)탑 그리고 규기(基師)탑이 있다. 唐의 高宗이 현상의 유골을 흥교사로 이장했고, 宋의 徽宗 때 (1115) 원측탑과 규기탑을 한 자리에 조성했다. 원측과 현장은 젊었을 때 法常과 僧辨에게 유식을 배운 同門이다. 현장이 귀국한 뒤, 新唯識에 대해 토론했다. 窺基와 원측의 논리가 달랐다. 원측은 無相唯識을, 규기는 有相唯識을 주장했다. 휘종의 지혜가 돋보인다.

西明寺 圓測
羅石心物詩(110)

원측은 경주 모량부 출신
속명은 신라 왕족 김문아

15세 당나라에 유학하여
학덕과 문필로 이름났네

당태종 부탁으로 특별히
서명사에 수행 저술하니

6개국 언어 회통한 저서
총23종 108권에 이르네

법상 승변 문하의 유식학
동문 현장에게 새로 익혀

그것을 빌미삼은 규기측
시기와 박해도 적잖았네

서명파 원측의 유식론과
자은파 규기유식 나뉘니

원측 계승한 신라법상종
해동 원효가 집대성했네

2022. 12. 19.

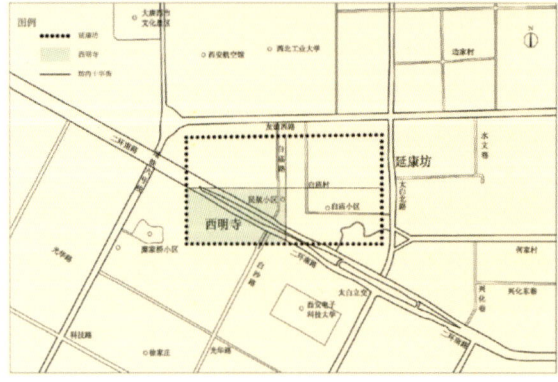

원측(金文雅 613-696)은 당나라에 유학 했다. 法常, 僧辨 문하에서 현장과 함께 唯識을 배웠으나, 인도서 돌아 온 현장에게 신유식을 새로 익혔다. 당태종의 배려로 元法寺에 머물다가, 西明寺가 낙성되자 옮겼다. 지금은 西明寺遺址만 있다. 원측의 저서들이 많이 훼멸되었으나, 心經讚(필자 논문 '心經初探' 참조), 해심밀경소 등이 티벳장경에 있다. 신라 神文王이 수차 귀국을 종용했으나, 則天武后의 적극 저지로 여의치 않았다.

成唯識論卷第二

護法等菩薩造

唐三藏法師玄奘奉　詔譯

復如何知諸有為相異色心等有實自性。如契經說有三有為之有為相乃至廣說。此契經說不成證故非第六聲異體所顯。又非異色心等有實自性。為證不成。非能相體定異所相。體異所相。如堅相等。若體異所相。色心之體即非色心故。又生等相若體俱有。應一切時齊興作用。若不頓興。體亦相違。如何俱有。又住異滅用不頓興。

解深密經疏卷第一

唐西明寺沙門圓測撰

序品第一

將欲釋經四門分別。一教興題目。二辨經宗體。三顯所依為四依文正釋。

第一教興及題目者。竊以真性甚深超眾象而為象。圓音祕密布聲言而不言。斯乃非象而象著。即言而言亡。言雖弘而無說。故默不二於丈室。可談即言亡。言雖寂而可談。故慈氏菩薩說真俗而並存。龍辨三性於淨宮。是故

終南山 雲際寺를 찾아
羅石心物詩(111)

장안남쪽 60여 리 종남산
옛 태을산 태평곡 운제사

위무제 개산 거현 봉일사
당나라 때 개명한 고찰엔

산수풍류 즐긴 원측법사
쓸쓸한 수도처 남아있네

거기서 바라보이는 경관
신라땅 해동산세 닮았네

제자 십여 인과 입산했던
좌선 터 왕자대 남아있고

오래지 않아 이웃한 토굴
옮겨지낸지 팔 년에 오도

당고종 요청으로 장안에
부득불 다시 돌아왔으니

왕실의 서명사 주석하며
만년 성유식론 강설했네

2022. 12. 20.

당태종의 度牒을 받은 학덕으로 원측법사는 크게 알려졌다. 그는 新羅僧으로 현장제자 규기의 모함을 받고 장안에서 종남산 운제사로 물러나 은거했다. 서라벌 출신답게 산수를 좋아해서, 자연과 벗하며 8년의 정진 끝에 悟道했다. 당고종의 요청으로 현장도 규기도 입적한 서명사에서 만년까지 성유식론 등을 설법했다. 측천무후는 원측을 부처와 같은 존재로 여기고 존경했다. 현장보다 32년, 규기보다 14년을 더 살고, 696년 佛授記寺에서 84세로 입적했다.

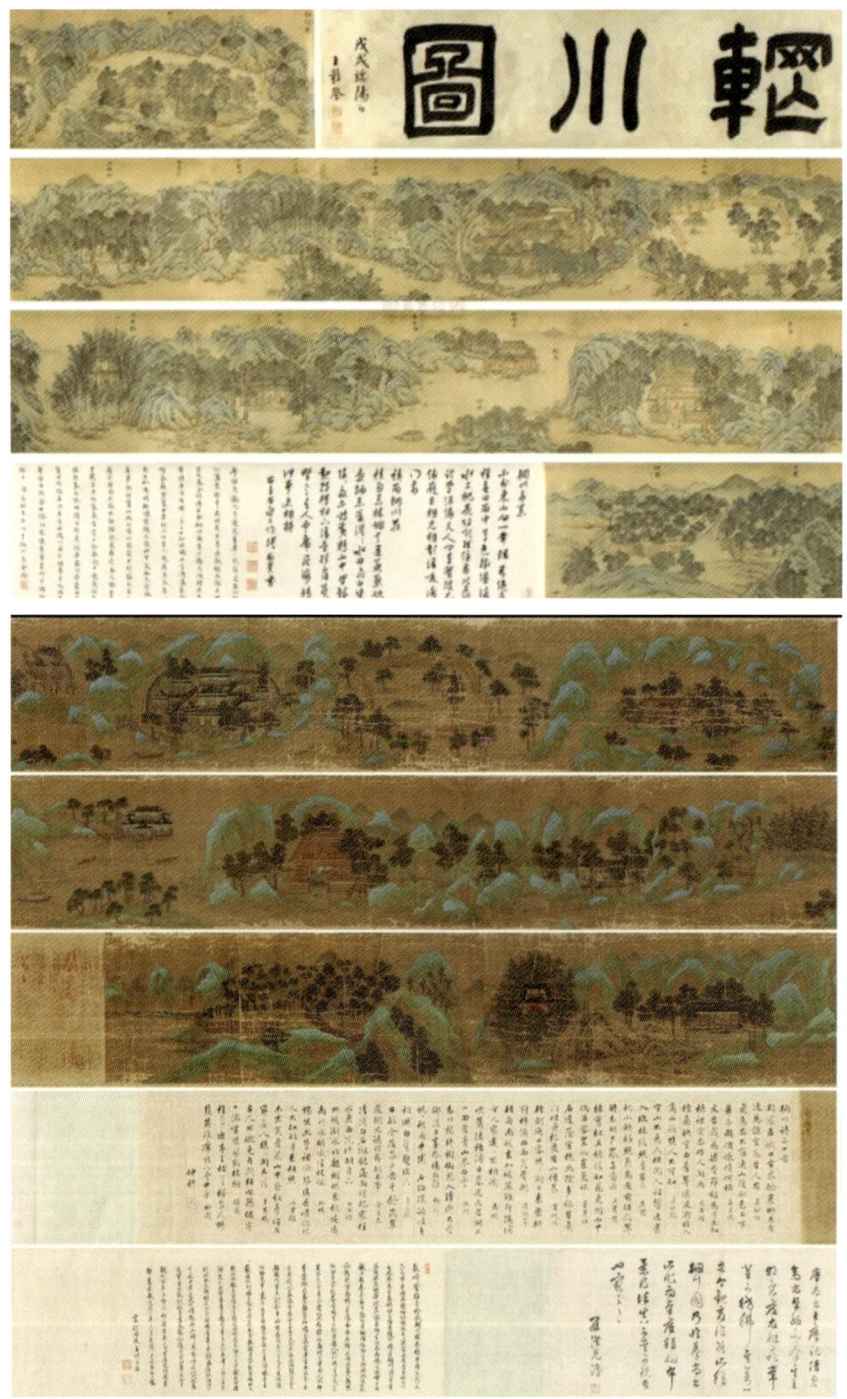

王維의 終南別業
羅石心物詩(112)

왕마힐의 별야터가 어딘가
종남산에 와서 물어보는데

숲길을 가다만난 노인네는
마힐이 누군지도 모른다네

망천은 얼마나 멀리 있나
진령기슭 남전을 가리키네

물은 어디에서 비롯되는지
구름은 흘러흘러 천변만화

이백은 시선 두보는 시성
왕유는 시불이라고 했던가

왕유의 화를 보면 화중유시
마힐의 시를 보면 시중유화

시서화는 교양인들의 기본
소년시절 외조부의 가르침

당음 배우던 사성의 높낮이
문득 고전 풍류가 생각나네

2022. 12. 21.

왕유(字, 摩詰701-761)의 號는 마힐거사이며 山西運城人이다. 벼슬은 右丞이어서 王右丞이란 별칭을 가지고 있다. 詩書畵琴에 능하고 불교에 정통해서 詩佛이라 불린다. 불경 가운데 '維摩詰經'을 좋아해서 字를 마힐로 지었다고 한다. 소동파는 "味摩詰之詩, 詩中有畵, 觀摩詰之畵, 畵中有詩."라고 평했다. 젊어 선 불자인 모친의 거처에 輞川山莊을 짓고 살며, 輞川圖를 그리고 '망천별업'시를 썼다. 만년에 종남산(일명 南山)에 은거해서 '종남별업' 시를 남기기도 했다.

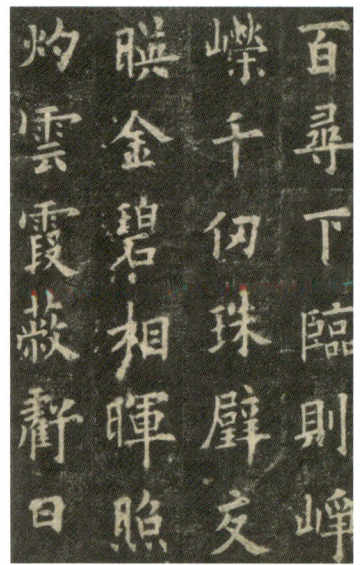

西安 碑林에서
羅石心物詩(113)

송나라 시절 장안성 남문
공자묘가 아직 남아 있어

한때 융성했던 유교 전통
후대 전해 주기라도 하듯

이곳 박물관엔 비석의 숲
검은 구름처럼 서 있어서

지난 세기 천덕꾸러기로
무시당한 증거남아 있네

송대 여대충이 개성 석경
비석 104점 옮겨 시작돼

순화각 법첩을 비롯하여
명필새긴 법첩용 석각들

왕희지 안진경 저수량 등
묵적 명비 희상 수도 없네

저문 유교문화는 형해 뿐
공자점 훼손 흔적 남았네

2022. 12. 22.

서안의 비림박물관은 장안성 안의 孔子文廟였던 자리에 세운 정원식 건축물이다. 宋代에 시작해서 漢代부터 淸代에 이르기까지 1만 여 점의 자료가 있으며, 서예 법첩만도 5백여 개나 된다. 비림은 유가풍의 자료들인 금석문의 집대성이다. 孔子店이란 공자관련의 유적 및 유물을 업신여기던 표현이다. 모택동의 문화대혁명 당시에 홍위병이 '打倒孔子店'을 부르짖었다. 공자사상을 파괴대상으로 삼았던 반문명적인 용어가 공자점이다.

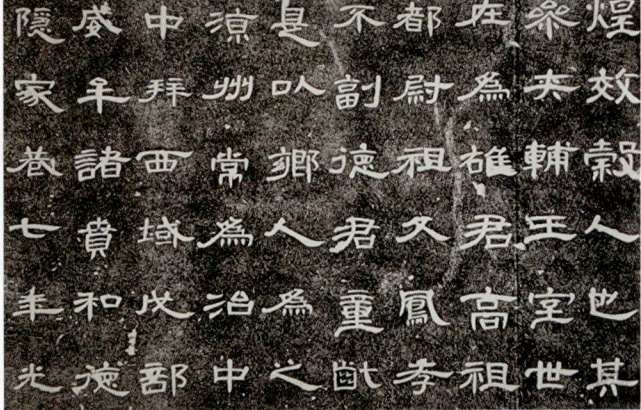

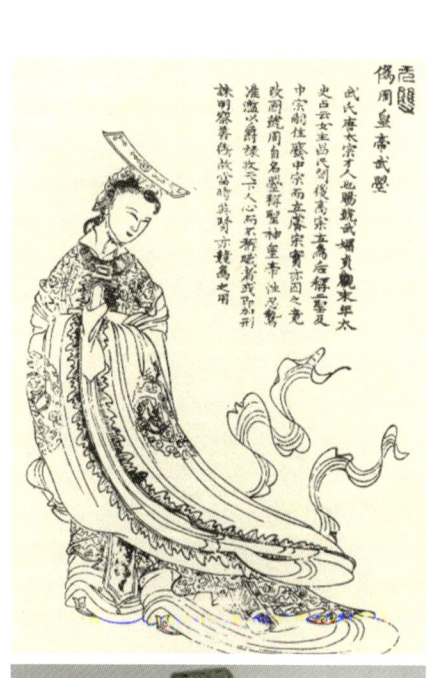

大明宮의 武則天
羅石心物詩(114)

당 건국 이세민의 태극궁
열네 살에 후궁이 되어서

잠시 비구니로 지내다가
고종의 왕비가 되었다네

태종이 세운 부친의 별서
고종이 옮겨간 곳 대명궁

왕후된 뒤 폐왕입무 사변
그곳도 무측천이 차지했네

암약한 고종 뒤를 이었던
아들 중종 예종의 황태후

쥐락펴락 그것도 부족해
마침내 국호마저 바꿨네

낙양 신도에 주나라 세워
중국 최초 여황제 되고는

용문석굴의 대불조각으로
측천 얼굴 새기니 부처네

2022. 12. 23.

대명궁은 太極宮과 興慶宮 더불어 당나라의 三大 중요 궁전 가운데 하나다. 正宮이며 옛 장안에 있었다. 당태종 이세민이 부친을 위해 지었으나, 3대 고종이 태극궁에서 대명궁으로 옮긴 뒤, 확대되어 240여 년 동안 지속되었다. 고종이 죽은 뒤, 아들인 中宗과 睿宗의 섭정 맡았다가, '廢王立武'사건으로 67세에 스스로 황제(690)가 되었다. 개국하여 국호를 周라 하고, 낙양(神都)을 수도로 정했다. 그녀는 막대한 자금을 들여서 용문 석굴의 가장 큰 불상을 조성했는데, 그것이 곧 則天像이다.

唐乾陵을 찾아
羅石心物詩(115)

서안의 서북쪽 양산 기슭
산이 그대로 능묘가 됐네

당고종과 그의 황후이자
중국유일 여황제 무측천

함께 잠들어 있는 건릉엔
신도 526계단 따라 가면

양쪽에 고종 장례 참석한
목 잘린 외국사신들 섰네

무후의 노여움을 샀기에
17세 죽은 손녀 영태공주

화려한 벽화의 지하 궁전
억울함 달래려 꾸며 줬나

입구에 글자 없는 거대한
측천 위한 백비 서있는데

그녀의 업적 많고도 많아
일일이 적을 수 없었다네

2022. 12. 24.

산을 파서 관을 넣는 방식으로 조성한 당고종과 측천의 능은 도굴되지 않은 유일한 능이다. 서안 북서쪽 70km의 梁山에 있다. 측천이 직접 조성하고, 본인의 뜻대로 자기도 합장되었다. 神道 양편엔 고종 장례식에 참석한 외국사신 120여 석상이 문혁 때 모두 목이 잘렸다. 근처에 손녀 영태공주, 손자 장회의 태자묘와 지하궁에 벽화가 화려하게 꾸며져 있다. 측천을 위한 대형 無字碑에 얽힌 얘기는 참으로 가관이다.

清平調詞 세 首
羅石心物詩(116)

봄날 당현종이 양귀비와
침향정 모란구경 하다가

흥을 돋우기 위해 악사들
연주 가무를 준비 시켰네

새봄 꽃감상 노래 가사에
낡은 것을 어찌 쓰겠는가

한림학사 이백 불러오라
지존의 어명이 떨어졌네

장안의 술집 뒤져내서야
마침내 이태백 찾았는데

시선답게 이미 고주망태
황제 앞에선 정신이 번쩍

양귀비가 포도주 권한 뒤
먹갈고 현종 피리 곡조에

일필휘지 청평조사 세 수
벼락 같이 쏟아져 나왔네

2022. 12. 25.

이백이 현종 앞에서 즉석으로 노래한 七言樂府詩의 청평조사 三首에 얽힌 이야기가 유명하다. 全唐詩에 포함돼 있다. 淸平調는 淸調와 平調를 합친 것으로, 연작의 가사를 말한다. 이백은 현종의 총애를 받아 翰林學士가 되었으나, 양귀비의 눈에 거슬려 직을 사퇴했다. 그 뒤 벗 이양빙에게 의탁해 있다가 죽었다. 그가 면직된 것은 이 시와 연관이 있다고 한다. 아마 술취한 詩仙 이백의 눈에는 양귀비가 瑤臺의 月下에서 만난 선녀 같았을 것이다.

楊貴妃의 華淸池
羅石心物詩(117)

서안에서 동쪽의 교외 여산
현종과 귀비의 사랑놀이 터

온천에 세운 태종의 별궁을
확장하여 조성하니 화청궁

해마다 겨울이 오면 현종은
귀비와 여기 머물고 했으니

로맨스의 종말은 백거이 시
장한가에 잘도 쓰여 있다네

절세 미인 양귀비는 누군가
일찍 현종의 며느리였는데

남편과 인연 끊고 출가시켜
측천처럼 궁궐로 돌아 왔네

시아버지 현종의 부인으로
27세의 경국지색 귀비되니

서역출신답게 풍만한 체격
체취 때문에 온천을 즐겼네

2022. 12. 26.

孔子와 孟子가 태어난 유교의 땅이자, 道와 德을 논설한 도덕경이 탄생한 나라인데, 당태종 이세민은 같은 李氏라며 노자를 떠받들면서 왕실부터 부자간의 폐륜과 형제간의 불목과 부부간의 불륜이 난무했으니, 백성이 무엇을 듣고 보고 본받았을까. 그래서 唐代의 화려한 문물과 엄숙한 종교의 뒤에는 매우 낮은 윤리의식이 자리 잡고 있었다는 평을 듣는다. 화청지는 玄宗과 양귀비의 겨울온천 휴양지로 유명하다. 이곳은 1936년에 張學良이 蔣介石을 연금한 장소로 서안사변이 있었다.

兵馬俑博物館
羅石心物詩(118)

장안 서북 진시황릉 동쪽에
우물파던 농부 양씨의 손에

도기의 파편이 걸려 들어서
2200년의 잠에서 깨어났네

전사자를 대신한 토용인지
시황제 무덤의 수호자인지

능에서 먼 곳 6천의 병마용
우연히 세상 밖으로 나왔네

각기 다른 얼굴의 모습으로
웃음을 머금고 말이 없으니

시황제는 이승을 떠나서도
세상을 놀라게 하고있다네

출토된 토용은 땅속 그대로
돔지붕을 씌워 만든 박물관

검지 않은 상투와 채색된 옷
진의 풍습과 다른 것 같다네

2022. 12. 27.

1974년에 농민이 발견했는데, 네 곳의 대형 인조갱들이 발굴되었다. 지하에 목조로 건축되었으나, 오래되어 썩어 무너졌다. 사람의 실물 크기로 만들어진 병사 6천여 점과 천여 필 말과 130여 승의 전차들이 출토되었다. 감정까지 얼굴에 섬세하게 표현되어 있어서 더욱 놀랍다. 한편 능에서 1.5km나 떨어져 있으며, 상투모양과 채색복장 등 진나라 풍습과 다르다며, 진시황릉과 무관하다는 주장도 있다.

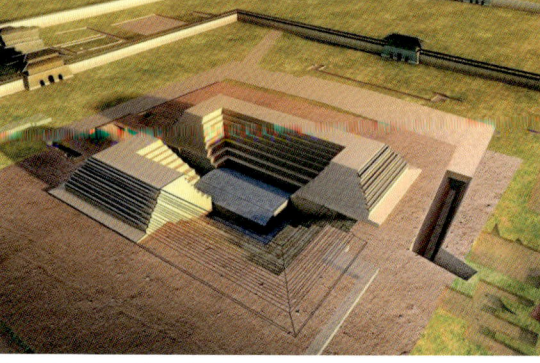

秦始皇陵에 올라
羅石心物詩(119)

육국이 처음으로 통일되니
황제 이름이 시작되었다네

시황제의 무덤 얼마나 클까
능주변에 외성과 내성 쌓고

동서로 345, 남북으로 350
높이 43m의 피라밋 능묘로

이집트의 쿠푸 왕 피라밋과
세계에서 가장 큰 무덤이네

삶과 죽음이 서로 붙어있듯
황제가 되자마자 만든 무덤

36년의 세월 70만 동원된
세계의 8대 불가사의 건축

땅 속에 구리를 녹여서 방수
수은이 섞인 강물 있는 묘실

후궁 처녀들과 공사 종사자
보물들이 모두 순장 됐다네

2022. 12. 28.

세계 최대의 피라밋 형태의 무덤으로, 진시황릉에는 많은 비밀이야기들이 얽혀 있다. 기원전 210년에 축조된 것으로, 50km평방의 규모에다, 피라밋 꼭대기에는 마야의 피라밋처럼 250m×2의 평탄한 면이 조성되어 있었다. 그곳을 향한 돌계단이 이어져 있어서 집안의 고구려 피라밋 무덤과도 닮았다. 무덤 내부에 대한 설명은 史記의 시황본기에 있다. 1990년에 필자가 처음으로 방문했을 땐 작은 산 같던 능선은 석류나무 과수원이었다. 진시황은 몽골말을 썼던 여진족이라는 연구도 있다.

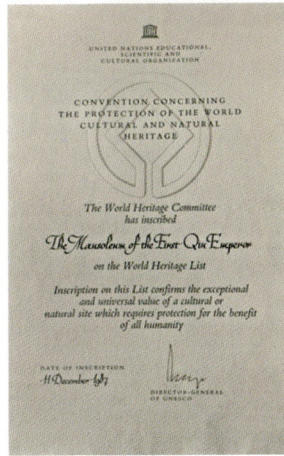

西岳 華山
羅石心物詩(120)

섬서성 서안의 서쪽에 있는
중국의 오악 중 하나인 서악

옛부터 기험 천하의 제일산
화산에 가보지 않곤 모르네

화강암의 절벽에 만든 계단
구름 사다리 운제를 오르면

위 아래로 아득한 장공잔도
죽어도 못 간다고 말한다네

무엇을 시험하려고 했는지
굳이 낭떠러지에 길 만들어

죽음의 직전으로 몰고가는
심술궂은 의도를 모르겠네

백척간두 진일보가 별건가
돌아보면 천길의 벼랑인데

두보 이백이 오르던 그때도
쇠사슬에 의지했을 것이네

2022. 12. 29.

화산은 중국대륙의 五嶽 가운데 서악, 또는 太華山으로 예로부터 '奇險天下第一山'이라 불리어 왔다. 30년 전 필자는 오악 답사를 목적으로 태산, 숭산에 이어 세번 째로 화산을 등산했다. 강심장이 아니고는 오르고 건널 수 없을 정도였다. 특히 雲梯와 長空棧道는 그때만 해도 녹이 쓴 쇠사슬에 걸려있어서 무척 위험했다. 목숨을 걸고 건너야 하는 절벽을 보고 모두들 절로 질서를 지키고 양보를 하였다. 찰나생멸의 위험 앞에 모골이 송연했던 기억이 생생하다.

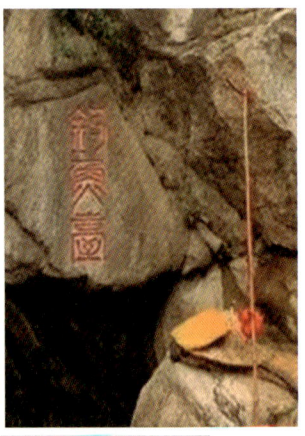

千字文의 磻溪伊尹
羅石心物詩(121)

네 살에 졸며 배운 천자문
노래로 읽어 외운 67번째

'반계이윤 좌시아형' 구절
'반계' 지명을 찾아왔다네

주 문왕은 위수 반계에서
곧은 낚시의 강태공 만나

천하를 얻었고 은 탕왕은
이윤 만나 상나라 세웠네

만남에서 이룬 천하 대계
때와 수를 기다린 태공망

삼천년 풍우에 씻긴 바위
조어대 어젠 듯 그대로네

이곳에서 십 여년 수도한
구저기 반계 집 떠오르고

변산반도 은거한 유형원
조선선비 반계 생각나네

2022. 12. 30.

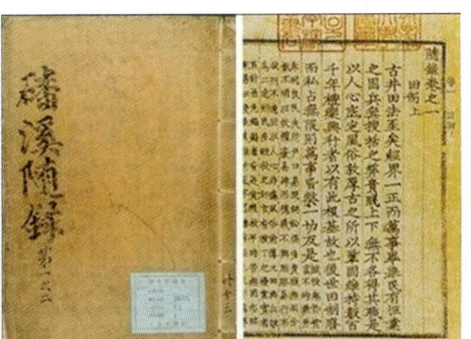
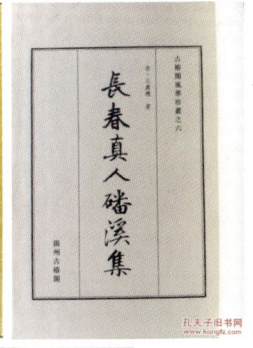

황하 지류의 渭水는 陝西省 寶鷄市를 지나는데, 반계는 보계시에 속한다. 姜子牙가 70세에 곧은 낚시를 시작해 80세에 이곳 釣魚臺에서 周文王 만나 太公望으로 건국공신이 되었다. 이백 시에 '三千六百釣'라 했지만, 그는 물고기가 아니라 세월을 낚았다. 동양 3국의 낚시꾼을 지금도 '강태공'이라 부른다. 원나라 邱處機 도사가 이곳에 머물며 [磻溪集]을 남겼듯, 조선의 柳馨遠도 [磻溪隨錄]을 남겼다.

李白의 故鄕은 어딘가
羅石心物詩(122)

신선이 지상으로 귀양 오니
적선인 이백 고향은 어딘가

벗이여 그대는 내력 아는가
중국인이었나 외국인이었나

사천 강유, 호북 안륙, 감숙
천수 태현과 키르키즈스탄

국내외 네 곳이 쟁탈전으로
서로 다른 주장이 엇갈리네

서역에서 왔던 그의 부모와
촉도에서는 유년기 소년기

호북에서 장가 들은 미청년
중년의 방황과 만년의 장안

이곳 황토고원의 천수 태현
그의 안태 고향이 아니겠나

해동 시인 이렇게 정리하고
나그네의 길 서쪽을 향하네

2022. 12. 31.

李白(701-762)만큼 출생지가 복잡한 시인도 없다. 먼저 湖北省의 安陸 CCTV에 선전물로 李白故里를 선포하지, 사천성의 江油市가 異意를 제기했다. 정부에서 조정하여 共有李白으로 봉합하려할 때, 키르키즈스탄의 주중대사가 나서서, 자기 나라 토크마크(碎葉)市의 출생이라며 양국 교류를 제안했다. 1935년 陳寅洛, 1971년 郭末若의 고증으로, 안태고향(成紀)이라 믿던 감숙성의 天水市까지 가세해 점입가경의 4파전이 되었다.

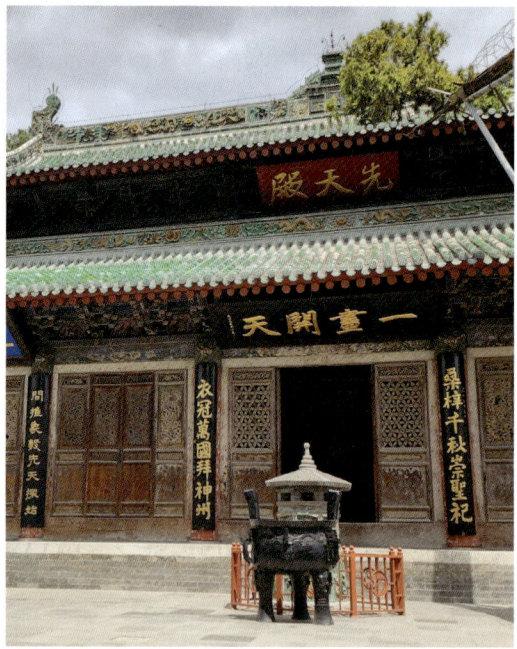

伏羲史蹟址를 찾아
羅石心物詩(123)

복희와 여와의 태초 전설
팔괘 선천역과 함께 하니

삼황 오제의 으뜸인 희황
그의 연고 지역 어디인가

감숙성 천수시 인문 시조
복희 탄생지라 전해 오니

역학도의 관심사는 하도
발상지 외면하지 못하네

풍(風)씨 성 복희씨 태호
환웅의 막내아들이란 말

태백일사 신시본기 살펴
실마리 풀리길 기다리네

용마신화 얽힌 위수 강변
아득한 하도수 그려 보며

여와묘와 괘태산 획괘대
유적지로 발길을 옮기네

2023. 1. 1.

감숙성의 天水市는 복희 탄생지와 팔괘의 산생지로 알려져 있다. 伏羲廟와 여와사(와황궁)이 있고, 易의 발상지로 괘태산과 획괘대 태극전, 渭水邊 龍馬山과 같은 명칭과 사적이 남아 있다. 여와의 造人이란 말처럼, 그녀는 모계사회의 女神이자 大地母神격이다. 복희와 여와 신화는 크게 왜곡되어 설이 분분하다. 사마천은 史記에서 三皇은 빼고, 五帝本紀로부터 시작한다. 필자에게는 우리 태극기 발생지로 감회가 더욱 깊었다.

卦台山에 올라
羅石心物詩(124)

인류교화 구제하기 위해
관천법지 괘상을 연역한

태호복희 처음 획을 그어
팔괘 탄생시킨 곳 괘태산

해발 1,363m 둥근 산정엔
태극전 복희 사당 서있고

시괘 기념하는 누각 단청
고목 금석 더불어 늙었네

북쪽기슭 위수의 분심석
구룡산 용마동 마주섰네

동서를 감싸 안고 흐르는
S자 형 위수 태극 닮았네

하늘서 비롯된 물의 고을
용마 다녀간 창세기 신시

하도낙서 선후6천년 가니
중건도수가 제 갈 길 묻네

2023. 1. 2.

제갈량이 수차 북벌전을 감행한 실크로드의 길목 天水市에 괘태산이 있다. 복희가 음양 팔괘 始劃한 기념적인 사적이 괘태산의 정상과 산주위에 펼쳐져 있다. 특히 동남쪽의 白鹿山과 三陽川의 분지를 감돌아 흐르는 물, S자형은 우리 남북 군사분계선처럼 태극의 중심선이 닮았다. 괘태산을 내려와 공명의 전쟁터 기산보와 街亭을 둘러보고, 龍泉山 기슭의 허물어진 여와궁과 祠를 돌아보았다. 玄秘塔의 발상지인 崇福寺와 두보 독서당도 들렸다.

祁山 木門道
羅石心物詩(125)

여기도 피비린내가 몰아친
전쟁이 지나갔던 곳이려니

좁은 길목에 목문도 표지석
말없이 역사를 지키고 섰네

촉한 제갈량의 4차 북벌전
기산을 포위하여 이겼으나

결국 위나라의 사마의에게
패배했던 들녘 황량했다네

촉한땅을 떠나 원정왔으니
군량미인들 넉넉 했겠는가

가정의 들판에 서있는 정자
읍참마속의 고사 쓸쓸 하네

회군해오라는 유선의 명령
목문도 매복하고 후퇴하니

오장원의 영웅 공명을 기린
무후사 왠지 슬퍼만 보이네

2023. 1. 3.

촉한의 제갈양은 남방을 평정한 뒤, 出師表를 쓰고 漢中를 나왔다. 天水, 安定, 南安의 3개 군을 빼앗고 장안으로 향한다. 다급한 위나라는 사마의를 복직시키고 街亭을 공격한다. 공명은 가정을 방어할 장군으로 마속을 보냈으나, 실패하자 목을 벤다. 유명한 泣斬馬謖이란 고사가 天水에서 비롯됐다. 공명출사표를 쓰고 234년까지 7년 동안 6번이나 위를 공격했으나, 오장원 전투에서 병들어 죽고 만다. 그를 기리는 武侯祠가 있다.

麥積山 石窟
羅石心物詩(126)

서안서 난주로 가는 길목
복희 고향 천수시 맥적산

중국 사대석굴 중 하나인
가장 오랜 신비스런 석실

말로 표현할 길조차 없는
잔잔한 미소 고운 벽화들

도솔천 천상세계 옮겨 온
순결한 불성 숨쉬고 있네

보릿단 쌓은 모습의 암산
깎아지른 절벽 새긴 불감

221개 동굴, 1만여 조각에
천삼백 평방 빛바랜 벽화

북위 선무제 이후 천년을
이어온 불사 잘 보존됐네

왜 높은 곳에 조성했는지
그 예지 알듯도 하였다네

2023. 1. 4.

천수는 장안에서 蘭州로 가는 실크로드의 중간 경유지로, 중국의 4대석굴인 맥적산 석굴이 있다. 보릿단을 쌓은 모양의 비위산 절벽에 갈之字형의 사다리를 높이 만들고, 龕室에 불보살상을 조성했다. 비교적 보존이 잘 된 석굴로, 섬세한 조각과 벽화들이 아름답기 그지없다. 唐代(734)에 지진으로 절벽 중간이 무너져 東崖와 西崖로 나뉘어졌다. 나무 난간이 없어져, 문혁 때 홍위병의 손길이 닿지 않았다. 정교한 조각예술의 미소들은 세계적인 명성을 얻었다.

須彌山 石窟
羅石心物詩(127)

영하회족자치주 맨 남쪽
실크로드 물길 따라가면

중국 10대 석굴로 꼽히는
고원 수미산 석굴 있다네

붉은 사암으로 조성되어
더욱 아름다운 석굴사원

북위로부터 수와 당까지
이어진 건축 보수되었네

2km에 걸쳐 8개 언덕에
대불과 불 보살상 120좌

원광사와 상국사 도화동
어우러져 불국토 되었네

94년에 유명화백 장띵과
사생여행 함께했던 추억

초묵산수 수미산 그림에
배경되어 아련히 남았네

2023. 1. 5.

수미산 석굴은 10대 석굴에 들만큼 규모가 크다. 寧夏省의 최남단 固原지역으로 天水市 바로 북쪽에 연결된 실크로드의 길목에 위치한다. 역시 北魏 때부터 착굴되어 서위 북주와 수 당까지 지속적으로 조성되었다. 야산에 있어 석굴은 많이 훼손되었으나, 8개 산봉우리에 분포되어 있는 조각들은 붉은 사암으로 독특한 느낌을 준다. 1994년 가을에 중국의 원로화가 장띵 선생 가족과 함께 휴가 겸 사생여행에 합류하여 2주간 영하와 난주에서 보냈다.

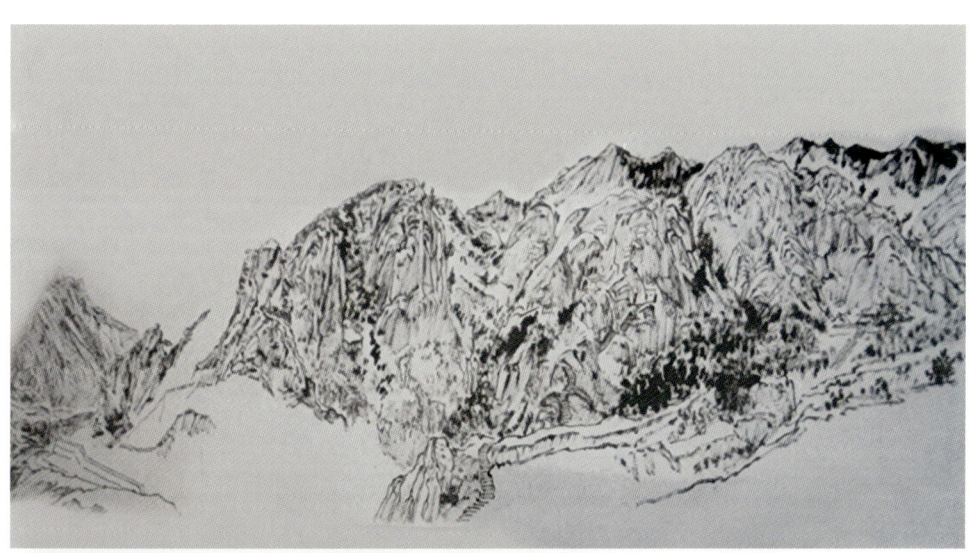

西夏國 王陵
羅石心物詩(128)

영하 은천시 먼 서쪽교외
하난산 동쪽 기슭의 평원

중국 최대의 능원 펼쳐져
9좌의 황릉과 353개의 묘

11세기 초 강족의 나라는
송과 금 더불어 삼분천하

문자마저 가졌던 강성대국
2백년 못돼 몽골에 망했네

칭기스칸의 피바람 지나고
8백년 황폐로 버려진 땅에

흙무덤들은 당나라 것으로
서하는 흔적마저 없었다네

공산중국의 비행장 공사로
유물과 금석문이 출토되어

서하 왕릉으로 판별됐으니
수도흥경부의 자취라 하네

2023. 1. 6.

서하국(1038-1227)은 李元昊가 興慶府(지금 銀川市)에 건국했다. 전후기의 북남의 송 및 金나라와 함께 대륙을 삼등분할 정도로 서북쪽의 강대국이었다. 스스로 문자를 만들어 썼다. 비록 한자를 바탕으로 획을 가미했지만, 여러 서체를 사용할 만큼 자존심이 강했다. 189년 동안 10 명의 황제가 집권했다. 칭기스칸에 의해 궁전은 불타고, 능묘마저 철저히 파괴되었다.

賀蘭山 岩刻畵 앞에서
羅石心物詩(129)

메마른 사막으로 이어진
서하국에 있었던 하난산

산골 안으로 접어들수록
선사시대에 삶의 흔적들

태양신의 얼굴이 나오고
제사장의 신녀모습 보여

무엇을 위하여 새겼을까
나에게 내가 묻고 있다네

로켓타고 다닌 수메르인
여기도 우주인 왔다갔나

마야의 석관위에 새겨진
지상의 것 같지 않은 것

오늘날 통신기기 닮은 것
신비한 공구들 새겨 있네

문명의 진보와 퇴보 사이
바위 숲 거닐며 생각하네

2023. 1. 7.

서하 왕릉구역의 서쪽 하난산 계곡안에 암각화들이 분포되어 있다. 기법적으로 마모시켜서 새긴 구석기 때의 것과 쪼아서 새긴 철기시대의 것들이 섞여 있다. 해발 1448m의 하난산은 산세가 험준하지만, 계곡을 빠져 나오면 초지와 沙湖가 있다. 원시 부족이 살기에 좋았을 것으로 보인다. 賀蘭山 암각화에 후대의 西夏文字가 새겨져 있듯, 선사시대 이후에도 지속적으로 새긴 흔적들이 발견된다. 이곳의 암각화는 가까운 내몽고 陰山 岩刻畵와 연결된다.(사진 1994)

寧夏 回族自治州에서
羅石心物詩(130)

영하성은 회족 자치주로
서역인과 북방인의 터전

황토고원에 오래 살아서
피부도 억양도 다르다네

율법 따라 돼지고기 대신
양고기가 최고 요리인데

향기가 날 만큼 깊은 맛
천하일미로 이름 높다네

한가위 명절을 맞이하여
성도 은천의 오일장 구경

남녀 모두들 초상집처럼
머리엔 백두건을 썼다네

어둠이 깔리자 여기 저기
이슬람 사원늘 첨답 위엔

약속한 듯 초승달 걸리고
저 높이 만월이 웃고있네

2023. 1. 8.

영하는 省級의 회족 자치주이다. 동남쪽으로는 섬서성과 서남쪽으로 감숙성, 북쪽으론 내몽고 자치주로 둘러 싸여 있으며, 銀川이 省都이다. 이슬람교를 믿고 있는 회족은 원나라 때 이곳에 들어와 정착했다. 그들의 사원인 淸眞寺는 어디에서나 볼 수 있다. 코란의 가르침에 따라 생활습관도 무척 청결하다. 90년대 초에 여행 중 그곳에서 한가위를 맞았는데, 어느 지역보다 갖가지 양고기 요리가 일품이었다. 아랍서법이 독특했다.

蘭州의 黃河鐵橋
羅石心物詩(131)

황하의 물살을 가로 지르는
중국 유일의 도시인 난쪼우

백 년 전 강 위에 놓은 다리
만리 황하의 최초 철교라네

광서 황제가 독일기업 계약
미국인이 설계한 황하 철교

철재와 장비와 시멘트까지
독일에서 배로 운반했다네

미국과 계약 영국인 설계한
한강 최초의 철교를 닮아서

근대동양의 과학기술 수준
실크로드와 겹쳐 보인다네

기원 전 2C에 비단길 열려
교통의 요충지였던 난저우

천산북로를 잇는 서하주랑
이곳을 거쳐야 오고갔다네

2023. 1. 9.

난주는 2200년 전에 한무제가 실크로드를 개척하면서 교통의 요충지가 되었다. 祁連산맥을 따라 좁은 河西走廊이 1천km나 되고, 3,500m 이상의 서부고원 산악지대를 지난다. 깊은 내륙의 황하에 중국의 첫 철교가 놓였으니, 한국처럼 마지막 봉건왕조가 서양기술로 놓았던 것이다. 그 전 까지는 배들을 묶어 놓은 부교를 사용했다. 省都인 난주는 화학공업도시다. 강북의 백탑산에서 내려다 보는 야경이 蘭州, 지명처럼 아름답다.

炳靈寺 石窟
羅石心物詩(132)

난주에서 서쪽 120km의 길
감숙의 세 번째 병영사 석굴

황하 상류 유가협 호수 위에
잠긴 듯 비추니 피안 같다네

은은한 달빛 받은 미륵 대불
여기가 상생경의 도솔천인지

아니면 하생경의 용화세인지
지상엔 달뿌리 어우러져 있네

서진부터 아득히 1600년 간
풍상에 깎이고 빛 바랜 자취

183개 굴, 800여 불보살들
장엄했던 채색 벽화 남았네

실크로드에 지친 서역 상인
구법승도 쉬어 갔을 안식처

햇불처럼 영혼 밝혔던 대불
노을에 물들어 더욱 빛나네

2023. 1. 10.

감숙성 臨夏 회족자치구의 병영사 석굴은 맥적산 석굴 및 돈황석굴과 더불어 감숙성의 3대 석굴이다. 호수 위의 기암절벽에 자리하고 있어서, 유람선을 타고 미륵 대불을 보면, 시간마다 느낌이 다르다. 첫 착굴은 西晉 建弘 원년(420)이라는 조상기의 墨書기록이 있어서, 1600년의 석굴역사를 알려주고 있다. 炳靈은 티벳어로 '十方彌勒의 땅'이라는 의미로, 대불 조각은 중원 형식과 매우 다르다. '달 뿌리'는 月字 根字 스승님의 法號를 풀어 쓴 것이다.

草聖張芝
羅石心物詩(133)

난주에서 하서주랑 따라
천산까지 멀고먼 교역길

주천을 지나 장성 시작점
가욕관 거쳐 돈황 이르네

왕희지가 사숙한 동한 때
초서 최초대가 장지 고향

무릇 서예가라면 누구나
주천을 지나칠 수 없다네

흔히들 전예 해행서 다음
초서체가 나온 줄 알지만

진전서 한예에서 이어 초서
다음에 행서 해서 나왔네

'좌우명'뜻 새긴 최원에게
초서필법 익힌 초성 장지

일필휘지 소리 없는 음악
초서 리듬 그가 시작했네

2023. 1. 11.

감숙성 酒泉은 실크로드 河西走廊의 중간 지점으로, 가까이에는 明의 만리장성이 시작되는 가욕관이 있다. 주천은 東漢 때 서예가인 草書之祖이자, 草聖으로도 불리는 장지의 고향이다. 左右銘이란 말을 남긴 崔瑗에게 배워 초기는 章草를 위주로 썼다. 그러나 今草로 전향해 만년엔 초서의 "一劃不可移'의 一筆書를 완성했다. 書聖 왕희지도 일생 장지를 본받아 배웠으며, 狂草의 대가 懷素도 二張(張芝와 張旭)을 사숙했다.

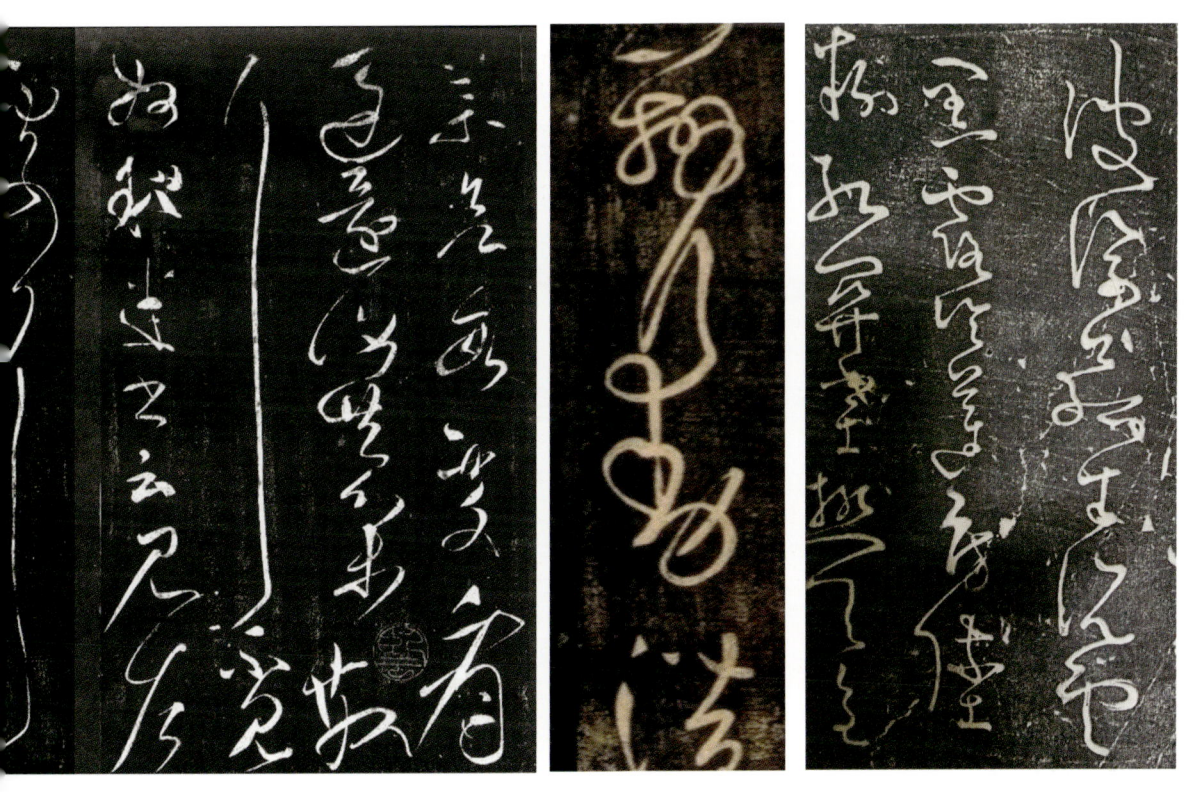

嘉峪關
羅石心物詩(134)

장성의 시작기점 첫 관문
감숙성 서쪽 비단길 요새

기연산과 북산 사이 협곡
성곽과 성루 두텁고 높네

진이 아니라 명 때의 장성
가정 18년 축조한 가욕관

장성의 특이 관문 가운데
하나 천하제일웅관이라네

장성 오르지 않고는 사내
대장부 아니라 한 모택동

그의 말 실천이라도 하듯
5천km를 135일 세 계절을

황하를 네 번 거쳐 완주한
다섯 사람 중 한국인 있네

사막의 가욕관에서 발해의
산해관까지 역사 증명하듯

끊어진 성벽 이어서 걸으며
만인 통한의 소리 되새겼네

2023. 1. 12.

嘉峪關은 明나라 때 장성을 보수하며 재건축한 거대한 관문이다. 秦 이후 장성은 여러 차례 수리했는데, 漢 때 장성은 서쪽으로 돈황 부근까지 뻗어, 良關과 玉門關의 토성 흔적이 아직 사막에 남아 있다. 가욕관은 東쪽 산해관과 中間 鎭北臺와 더불어 명의 장성 三大 奇關으로 꼽힌다. 만리장성은 만리가 넘는 5,000km이며, 우리나라 김영철씨가 도보로 종주했다.

다시 찾은 敦煌遺蹟
羅石心物詩(135)

하서회랑이 끝나는 지점
실크로드의 갈림길 돈황

천산북로 및 천산남로와
서역남로 여기서 갈리네

대륙문화 마지막 서북단
이민족과 주고받은 상처

모래바람에 깎이고 묻혀
나그네 눈엔 황량하다네

서역문물 중국실크 만나
오아시스 꿈꾸던 교역처

한번 떠나 다시 돌아올까
영원한 이별 눈물의 사막

한나라 장성은 여기까지
서쪽엔 양관유적 있는데

서역과 중원 분계선 그은
옥문관 판성 아직 남았네

2023. 1. 13.

漢의 절정기인 武帝 때 이후 동서 교역이 활발하게 전개되면서, 돈황은 교통의 요지가 되었다. 실크로드의 세 갈림길에 위치한 돈황은 감숙 청해 신강의 三省 경계를 이루고 있다. 안전한 여행을 위한 안식처로, 불교의 막고굴이 모래산에 묻혀 있었다. 1900년에 우연히 발견되면서, 많은 고문서가 석굴에서 나왔다. 돈황은 학술적으로도 세계적인 명성을 얻었다. 酒泉市에 속하는 돈황 주위로 명사산 월아천과 漢代의 장성이 끝나는 良關과 玉門關, 魔鬼城이 있다.

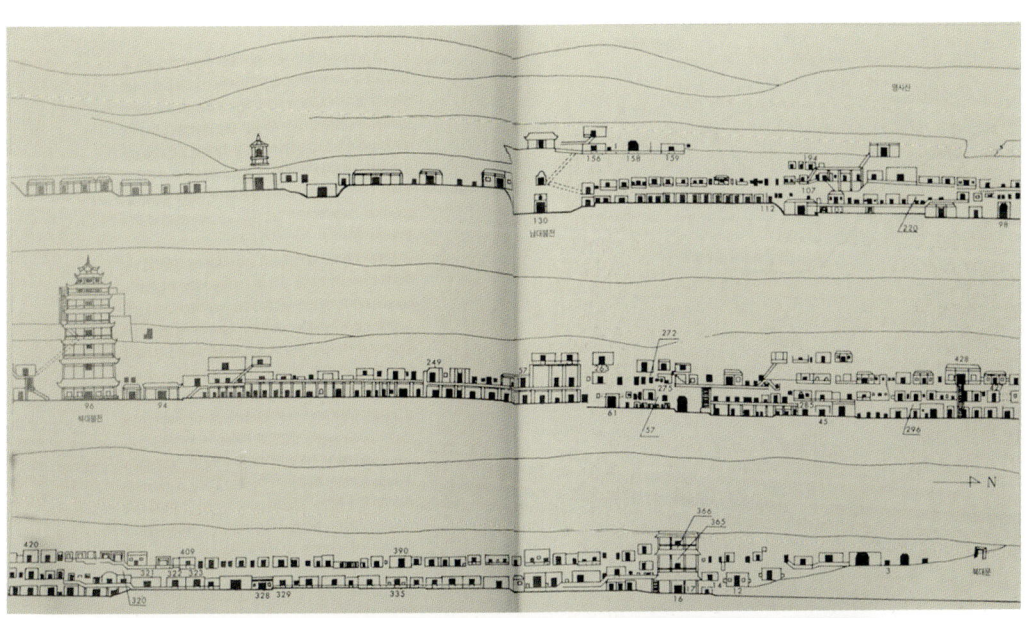

아, 鳴沙山 月牙泉
羅石心物詩(136)

사막이 슬피 우는 소리를
벗이여 들어본 적 있는가

노을질 때 모래의 빛깔을
벗이여 바라본 적 있는가

운다고 해도 울음 같잖고
귀신의 옹알이 소리 같네

묘한 빛깔의 단색화 같은
어둠 섞인 찬란한 추상화

천년 셋 채우고도 꿋꿋이
모래산 속에 숨어있는 달

가도가도 끝없는 모래길
오아시스 어디에 있을까

선녀의 눈썹과 닮아 있는
산뜻한 달빛샘 어디 있나

모래가 울어 쌓인 명사산
은빛고운 월아 다시 찾네

2023. 1. 14.

월아천은 명사산의 모래 언덕으로 둘러 싸였는데도 끝내 묻히지 않았다. 초승달 같이 생긴 작은 연못은 3천년 그대로 존재하고 있다. 필자는 세 번이나 월아천을 찾았는데, 갈 때마다 신비한 감동을 받았다. 바람타고 沙丘에 울리는 소리가 음악을 연주하는 듯 특이하다. 능선을 타고 모래바람에 쓸리는 석양 풍경은 드쿠닝의 추상화폭을 연상시킨다. 낙타를 타고 모래언덕에 올라가 모래 썰매를 탈 수 있다.

莫高窟
羅石心物詩(137)

돈황의 동남 교외 위치한
명사산 동쪽 기슭 단애엔

사막의 대화랑으로 불린
천불동 막고굴이 있다네

동진 때 낙존승 시굴한 뒤
북위 서위 수당 거쳐 천년

한때 모래언덕 속에 묻혀
그대로 보존될 수 있었네

현존 칠백여 석굴 중에는
제불 보살 불화뿐 아니라

여와 복희 설화의 벽화와
서왕모 천정 그림도 있네

목숨걸고 사막을 건너 갈
위험한 여정 지켜준 걸까

산허리 깎아 신앙처 만든
막대한 공사 알 듯 말 듯

2023. 1. 15.

4대 석굴인 돈황의 막고굴은 다른 곳과 달리 불화뿐만 아니라 각 민족의 설화가 담긴 벽화들이 많다. 그리고 1900년 6월에 우연히 발굴된 藏經洞의 희귀한 대량 돈황 문서들로 유명하다. 영국, 프랑스 러시아 미국 일본 등 흩어져 敦煌學이 생길 정도이다. 모래 언덕에 묻혀 있었는 데다, 기후가 건조하여 보존이 용이했다. 735개의 석굴, 45,000평방 미터의 벽화, 2,400개의 채색 조소가 있다. 일반인에게 개방된 석굴은 10분의 1도 안된다.

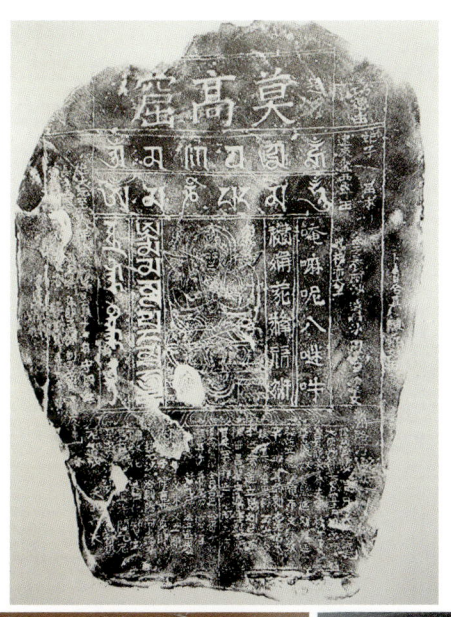

慧超의 往五天竺國傳
羅石心物詩(138)

해동 신라국에서 출가해
중국남쪽 광쪼우로 가서

인도승려 금강지를 만나
밀교를 배웠던 혜초스님

스승의 권유로 구법여행
해상뱃길로 인도에 도착

오천축 불교성지 순례후
육로로 장안에 돌아왔네

카슈미르, 아프가니스탄
중앙아시아의 험난한 길

733년에 장안에 돌아와
천복사 스승을 만났다네

8세기 해상과 육로의 길
여행기는 세계 유일한데

원본의 왕오천축국전 책
여기 17굴에서 발견했네

2023. 1. 16.

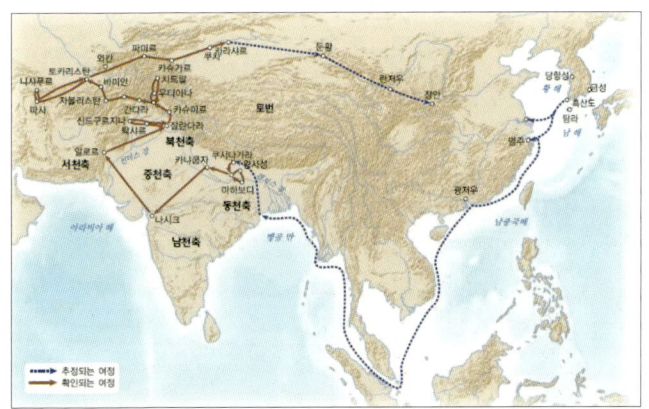

8세기에 세계적인 구법승이었던 신라승 慧超는 중국을 거쳐서 海路와 육로로 인도와 중앙아시아를 지나 파미르고원 호밀국, 타클라마칸사막을 건너 구차와 돈황을 경유해서 장안에 도착했다. 행로를 필사본으로 남겼으니, 위대한 발자취가 아닐 수 없다. 장안의 小雁塔이 있는 천복사에서 구법의 길을 안내한 스승 金剛智를 다시 만나 강론과 역경 사업을 하였다. 1908년 프랑스 펠리오에 의해 17굴 장경동에서 왕오천축국전이 발견되었고, 1909년 금석학자 羅振玉에 의해 고증되었다.

17號 藏經洞
羅石心物詩(139)

막고굴에서 돈황 고문서
4만여 점 나온 장경동은

불경을 비롯한 동서 종교
경전 발견되어 붙인 이름

16호에 딸린 문서 수장고
17호는 석굴 아닌 도서관

수많은 동서언어 보관된
언어 박물관으로 불리네

19C말 스웨덴과 영국부터
폴란드 프랑스 독일 미국

러시아 일본 탐험대까지
유물은 전세계로 흩어져

문화 침략 도둑질이라며
열강제국 비판 일삼더니

천년 진귀보물 돌보잖던
중국 뒤늦게 자책하였네

2023. 1. 17.

막고굴의 7백여 석굴들 가운데 16호 굴에 딸린 벽 안쪽 17호 굴이다. 이 굴에서 4만 건의 1천년 고문서의 수장고가 발견되었다. 처음으로 1900년에 온 영국 스타인의 뒤를 이어 프랑스의 펠리오, 독일의 포르콕, 일본의 오타니, 러시아 및 미국의 탐험대 등에 의해 고문서는 세계 각지로 흩어졌다. 1907년에 스타인이 250 꾸러미에 7천여 건, 1908년에 펠리오가 7천 건, 러시아 올덴버그가 1만 건을 가져갔다. 지금 17호동은 텅 비어 있다.

懸泉置遺址
羅石心物詩(140)

감숙성 돈황 그곳 한간에도
적혀져 있는 현천치의 유적

중원에서 돈황으로 갈 때에
마지막 거점의 군인 주둔지

허허 벌판에 묻혀있던 역참
30여 년 전 발굴로 빛을 본

실크로드 관련의 중국문서
여기서 무더기로 나왔다네

3만 5천 점의 고문서 죽간
BC111년부터 AD107년까지

한대 2백년 간의 한간 문서
그 중 종이문서도 나왔다네

중앙아시아 50여 개의 나라
교역의 기록 고스란히 남아

동서 문물이 서로 내왕했던
2천 년 전 역사 알 수 있다네

2023. 1. 18.

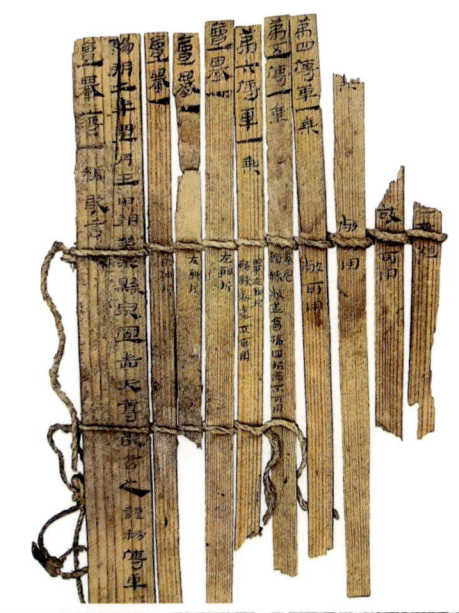

돈황시의 북쪽에 위치한 현천치는 漢代 실크로드가 개척된 뒤 서역의 관문을 지키고 교역을 통제하기 위한 군사주둔지었다. 1991년에 漢簡 고문서 35,000여 점이 출토되었다. 각 변이 50m인 흙벽에 둘러싸인 유적지로, 기원 전 111년부터 기원 후 107년까지 200년 존속된 현천의 치는 郵, 亭, 置로 나뉘는 일종 역참이다. 특히 9장의 한자가 적힌 종이 문서가 발견되었는데, 이는 중국역사상 가장 오래된 漢紙 기록문서이다.

火焰山을 지나며
羅石心物詩(141)

활활 불타는 산을 봤는가
산 자체가 거대한 불꽃인

이글 지글 거리는 한여름
평균 60도 지표면 82도

타오르는 온도 뿐 아니라
산주름 또한 그대로 화염

옛 고창국 투르판 가려면
붉은 이 산을 지나야했네

삼장법사 지나가기 위해
손오공의 활약 돋보였네

타오른 불 끄려면 필요한
파초선 두고 공주와 싸운

어디 서유기얘기 뿐일까
천일야화 못지 않았으니

누구도 오르지 못했던 산
아직 타오르고 있는 화염

2023. 1. 19

실크로드의 풍경들 가운데 압권인 화염산은 이름 그대로 활활 타오르는 불꽃산이다. 인도와 중앙아시아를 여행하기 위해 천산남로를 택하면, 古都 투르판을 거쳐야 하는데, 길목에 화염산이 있다. 삼장법사의 구법이야기 [서유기]에도 잘 나타나 있다. 화염산 최고봉은 850m에 지나지 않지만, 해수면보다 낮은 투르판 분지에서 보면 무척 높게 보인다. 劉禹錫의 [陋室銘] 중에 山不在高 有仙則名이란 구절이 생각난다.

베체클리크 千佛洞
羅石心物詩(142)

화염산을 끼고 실크로드
협곡따라 석굴 조성되어

동서미술 교류를 알리는
정미한 벽화들 아름답네

6세기 고창국 번영할 때
종교예술 또한 발전했네

현재 신강위구르 지역 내
가장 큰 석굴 사원이라네

남북조 시대 착굴 시작해
13세기 고창왕실 동천 후

감숙 영창시절에 들어온
이슬람에 불교는 쇠락해

83개 동굴 열려진 57개
벽화 40여 곳 흔적 있어

20세기 초, 영 독 일 러
불상 벽화 도굴해 갔네

2023. 1. 20.

투르판 동쪽의 화염산을 지나서 협곡의 절벽에 조성된 베체클리크 천불동 석굴은 3층 구조로 벽화가 아름답다. 20세기에 열강제국들이 도굴해 가서, 현재 대부분의 석굴은 텅 비었고, 벽화마저 크게 훼손되어 있다. 몇 해 전에 우리나라 국립중앙박물관에서 소장되어 있던 투르판 유물들을 전시한 적이 있다. 일제 때 일본인 오타니(大谷) 탐험대가 약탈해 와서 조선총독부가 소장했던 것들로, 해방 때 반출해 가지 못했던 것. 불교 석굴 위에는 이슬람사원이 보인다.

高昌國의 吐魯番
羅石心物詩(143)

서역의 정치 문화 중심지
실크로드의 옛 거점 도시

투르판은 신강 위구르의
동부 산간분지에 있다네

중국에서 가장 낮은 도시
바닷가 천진 상해 아니네

투르판 인근 아이딩 호수
해수보다 훨씬 더 낮다네

분지에 자리한 차사전국
뒤이어 고창국 있었다네

그 자리 사막화된 토성과
천불동 아스타나 묘 있네

현장법사 구법여행 갈 때
한달 법설했던 그 고창국

귀국길 감사하려 했으나
나라는 이미 없어졌다네

2023. 1. 21.

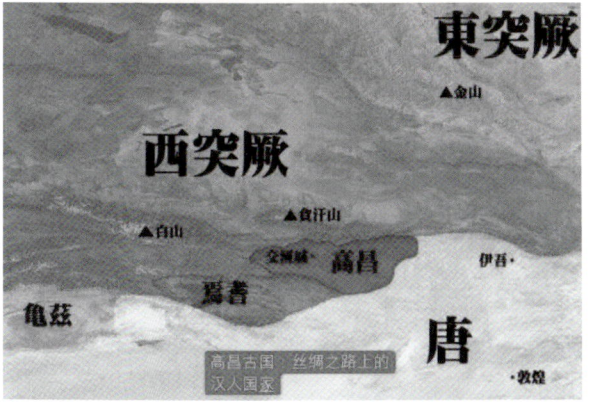

화염산이 있는 투르판은 분지로 여름은 너무나 뜨거워서 火州로도 불린다. 기원전 1세기부터 550년 동안 車師前國이 있었고, 5~7세기에는 高昌國이 번성했다. 주위의 사막엔 옛 왕국의 유적들이 발견되고 있으며, 천불동과 아스타나 고분과 고성들이 남아 있다. 이슬람 양식의 사원과 황토색 44m의 높은 미너렛 소공탑은 투르판의 명물이다. 또한 씨없는 포도의 산지로도 이름 높은데, 서역에서 수입된 포도주의 역사가 2천 년이다.

아스타나 古墳群
羅石心物詩(144)

신강성 웨이우얼 자치주
투르판시 동남쪽의 교외

옛도읍지 고창고성 부근
아스타나 고분군이 있네

3세기에서 8세기 지배층
4백기 넘는 무덤 속에는

여와 복희 신화 걸개그림
문서 토기 부장품 있었네

지난해 우리 박물관에서
영원한 집 아스타나고분

전시한 소장품 지하궁에
있던 오타니 수집품이네

집이 영원할 순 없는 법
깊이 감추어도 소용 없듯

사후 세계 믿었던 사람들
천상에 고이 살고 있을까

2023. 1. 22.

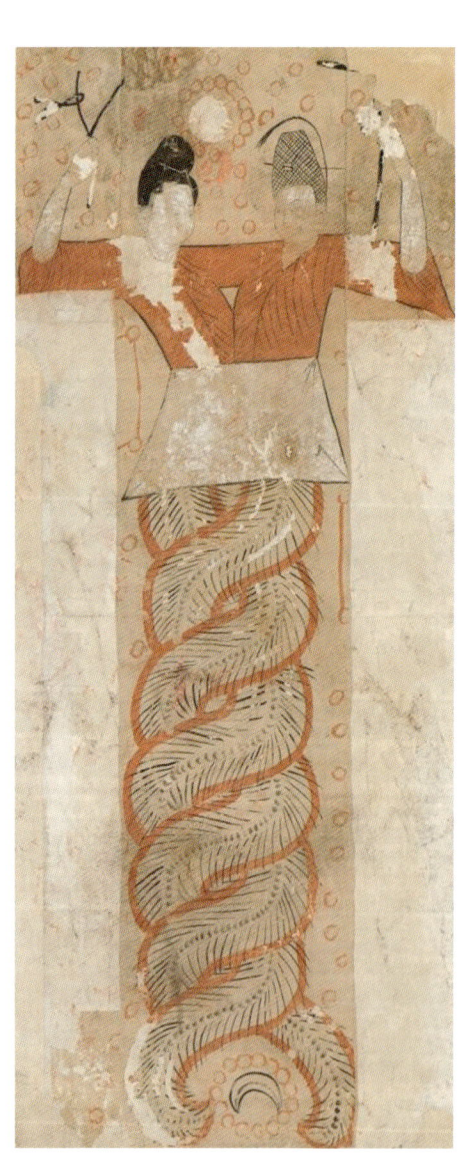

투르판의 원주민 그들은 차사族이다. 고창국 왕가는 502년부터 권력을 잡았는데 중국식 국(麴)씨 성을 썼다. 玄奘을 맞아 대접했던 麴文泰(620-640 재위)는 마지막 왕이었다. 高昌城 밖에 있는 아스타나(阿斯塔納) 고분들은 3~8세기에 만들어진 것으로 가장 큰 묘는 동서 2.4km, 너비가 1.2km의 웅장한 것도 있다. 1958년 중공대약진운동 때 이 지역 유물을 발굴하라는 할당량이 주어져, 가장 소득이 컸던 곳이 아스타나 고분들이었다.

天山南路
羅石 心物詩(145)

돈황에서 천산 남쪽 기슭
쿠차를 거쳐 카스를 잇는

남로는 헤쳐 가기 어려운
가혹한 자연환경 펼쳐있어

식물이 살 수 없는 이곳
타클라마칸 사막 거쳐서

혹성 같은 낯선 대지 위로
길 없는 길을 가야 한다네

길 위의 도시 쿠차를 찾아
옛 구자 천년왕국 들린 건

구마라집이 젊었었던 날
수도한 곳이기 때문이네

이천년 전 불교가 전해져
때를 기다린 전초 기지엔

아름다운 곡조 서역 음악
아직 나그네 심금 울리네

2023. 1. 23.

'Silk Rord'(비단 길)는 사실 오해를 담고 있는 표현이다. 1877년 독일의 지질학자 리히트호펜이 지도를 만들며 처음으로 사용한 용어이다. 비단은 이 길로 드나든 여러 무역 품목들 가운데 하나에 불과하다. 로드는 길이 아니라 사실은 이동 범위에 지나지 않는다. 거대한 사막과 산맥을 가로지르는 이 정표 없는 발자취이자 오아시스였다. 무역 상품뿐만 아니라 여러 종교사상과 예술을 실어 나르는 통로 역할을 했다. 우루무치 天池와 박물관을 보고 구차를 향했다.

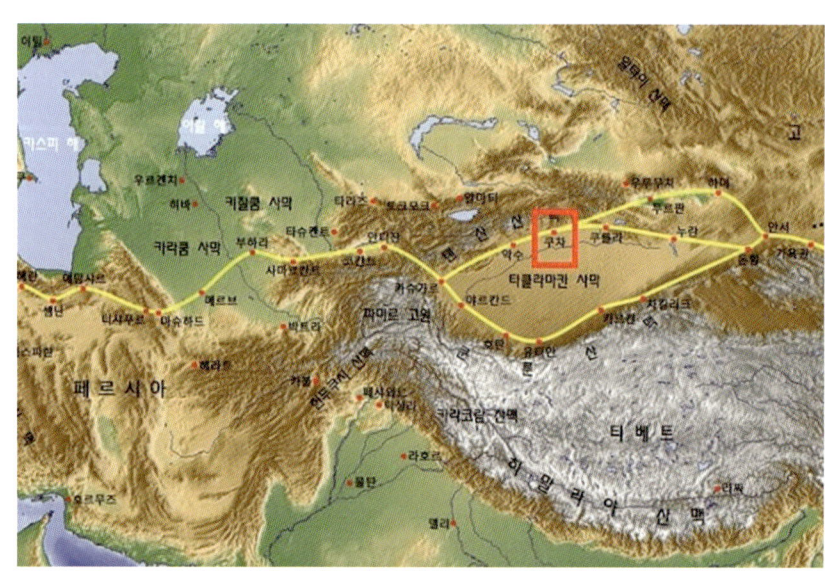

310

古龜玆國을 찾아
羅石心物詩(146)

천산남로 접어들자 첫 도시
서방문물 동쪽진입 첫 관문

천년왕국 구자의 초기 불교
서역풍 음악 역시 번성했네

종교와 예술 고대이국 문물
장안으로 들어온 시절 인연

전진황제 부견의 명 받아서
표기장군 서역을 평정 했네

전진이 망해 17년을 감금된
요흥왕이 모셔 온 구마라집

불교의 중국화 역사 소요원
마침내 중관 번역 이루었네

인도와 페르시아 서역 음률
낯선 춤사위와 어우러졌던

실크로드의 꽃인 구자 음악
악기와 벽화 속에 남아있네

2023. 1. 24.

옛 구자국이 있었던 庫車(Kucha)는 타클라마칸 사막의 북쪽 만년설이 덮힌 천산 기슭에 자리한 동서 문화와 무역 중심지로 구마라집의 고향이다. 불교미술과 서역 음악이 크게 발전했던 도시로 신라 혜초도 거쳐갔다. 前秦 부견황제가 파견한 표기장군이 서역을 평정한 뒤에 鳩摩羅什(344-413)을 모셔오려 했으나 실패했다. 당시에 전진은 이미 망했고, 그는 後秦 요흥왕의 인질로 잡혀서, 僧肇와 함께 401년 장안에 입성했다.

克孜爾 千佛洞
羅石心物詩(147)

인도서 가장 가까운 거리
막고굴 비해 삼백년 빠른

아름다운 벽화 품은 석굴
쿠차의 서쪽 키질 천불동

아래쪽 정원엔 깡마른 몸
명상 중인 구마라집 조각

붉은 황토물 얕게 흐르는
무자트강 언덕 위에 있네

이곳 키질벽화 보노라면
떠오르는 조선인 한낙연

서양인에 약탈당한 상처
보듬어 안고 사랑한 화가

석굴 벽면엔 그가 분류한
아라비아 숫자 아직 있고

10호굴에 새겨놓은 친필
애호와 보존을 부탁했네

2023. 1. 25.

10호굴에 새겨진 한낙연과 그의 글씨(자료사진)

벽화가 없는 제10굴의 북벽에 석굴조사를
하게 된 동기와 경과를 기록(자료사진)

키질석굴은 3C부터 조성되기 시작해서 6백년 동안 조성되었다. 2km 안에 236개의 석굴이 있는데, 이 중 서양 탐험대가 훼손한 벽화가 있는 석굴이 75개이다. 특히 키질벽화는 중국의 피카소로 불린 용정 출신의 조선인 韓樂然(1898-1947, 프랑스 유학) 화가에 의해 재조명되었다. 91년에 그의 작품들이 중국미술관에 기증된 것을 알게 된 필자는 그 존재를 처음으로 한국에 소개했다. 1993년에 예술의 전당에서 그의 유작전을 열었다.

키질 제38석굴에서
羅石心物詩(148)

방은 하나인데 그 가운데
기둥으로 된 스투파 있네

38굴은 전형적인 키질형
기둥엔 아치형 감실 불상

쿠마라지바가 고향 땅에
있을 무렵 조성되었다네

석굴들 중에 가장 빼어나
우주 중심 수미산 닮았네

참배자가 석실문 들어가
정면의 부처에 경배하고

뒷벽 열반상에 예를 갖춰
기둥을 도는 공간의 구조

높은 벽과 둥근 천장에는
줄지은 마름모 도형속에

붓다의 전생본생담 그려
웅장한 아잔타굴 닮았네

2023. 1. 26.

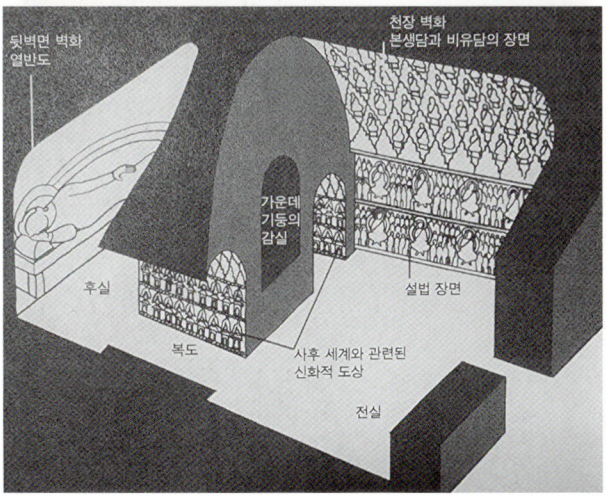

키질 천불동에서 대표적인 작품이 제38석굴이다. 공간구조와 벽화가 시각적으로 매우 빼어났다. 석가불 전생과 본생담 뿐만 아니라 인도의 태양의 신, 달의 신, 바람의 신이 그려져 있고, 불법수호의 가루다가 있다. 특히 청금석의 깊고 푸른 빛과 공작석의 초록빛 컬러가 어우러진 마름모꼴의 연속무늬 벽화는 아름답기 그지없다. 3년 옥고를 겪은 항일 화가 한낙연은 돈황에서 난주로 가던 비행기 사고로 1947년 아깝게 세상을 떠났다.

4世紀의 庫車 龜玆國
羅石心物詩(149)

구마라집 수제자 승조가
태어났던 384년의 해에

사십대 라집의 고향 구자
여광에게 정복 당했다네

당시 구자국 도성 묘사한
기록이 아직 남아 있으니

아득한 세월속에 잊혀진
아름다운 왕국 떠오르네

성벽을 세 겹으로 둘렀고
광활 하기가 장안과 같아

성안엔 수천의 탑과 사원
왕의 거처인 웅장한 궁궐

천상 요람처럼 풍요로운
석굴사원과 서역의 음악

대상들의 부유한 집마다
포도주가 저장돼 있었네

2023. 1. 27.

前秦 표기장군인 呂光은 384년에 쿠차(옛 龜玆國)를 점령하고 구마라집을 지금의 감숙성 무위인 凉州로 보냈다. 401년에 後秦 姚興 왕이 그를 장안으로 모셔 오기까지 凉州에서 17년 감금생활을 했다. 불교국가였던 쿠차는 자체 언어와 문자를 가진 풍요롭고 아름다운 독특한 문화의 오아시스 도시였다. 100년 전부터 세계적으로 쿠차어의 문헌과 불교예술에 대해 연구하고 있듯 동서문화의 교차지로 매우 중요한 곳이다.

역경가 쿠마라지바
羅石心物詩(150)

수많은 민족이 모여드는
언어의 관문이었던 쿠차

쿠차어는 산스크리트어
처럼 인도유럽어족인데

오아시스의 도시 쿠차는
타클라마칸 북로의 중심

불교의 가르침이 동쪽을
향한 문화의 교량되었네

쿠마라지바는 십여 개국
중앙아시아 언어의 천재

인도어 중국어 간다라어
토하리어 소그드어 통달

그의 번역은 신종교 불교
동방 전파에 첫 공덕되어

대륙과 한반도 일본까지
르네상스적 인물 되었네

2023. 1. 28.

쿠마라지바(鳩摩羅什 Kumarajiva 344-413)는 불교대승경전을 산스크리트어에서 한자로 본격적으로 번역한 최초의 인물이다. 그의 아버지는 간다라인으로 구자왕의 여동생과 결혼했다. 함께 출가한 그의 어머니와 간다라로 가서 소승불교를 공부한 뒤, 다시 카쉬가르로 와서 대승불교를 연구했다. 그는 재능이 뛰어난 언어 승려 학자였다. 당시 쿠차는 불교연구의 중심지였으며, 1892년 뒤 세계학자들이 쿠차어 연구를 지속하고 있다.

고려인 高仙芝將軍
羅石心物詩(151)

아버진 고구려유민의 장수
고선지는 서역에서 자랐고

구자 안서도호부 절도사로
토번군을 모두 격파했다네

당현종이 대장을 삼았으니
늠름했던 서역토벌의 원정

기병과 보병 1만을 데리고
타클라마칸을 횡단 했다네

35일 뒤 카쉬가르에 도착
5천m 파미르고원을 넘어

다시 힌두쿠쉬산맥을 지나
중아 72국을 평정 했다네

비록 탈라스전투에 실패해
이곳 쿠차로 회군했다지만

잡혀간 포로들이 전수했네
서방에 제지술과 나침반을

2023. 1. 29.

혜초가 구자국을 다녀가고 20년뒤 747년에 고구려 유민인 고선지(?-756) 장군은 구자국에 설치된안서도호부 책임 절도사가 되었다. 토번국(지금 티벳)을 격파하고, 서역의 72개 소국을 복속시켜 실크로드의 통로들을 안정시켰다. 서역 원정대에 용맹스런 고구려 병사들이 다수 포함되어 있었다. 카쉬가르에서 파미르고원을 지나 힌두쿠시 산맥을 넘고, 타슈켄트까지 진군했다. 탈라스 전투에서 패했지만, 동서문화교류사에 큰 공헌을 남겼으니 종이 만드는 법과 나침반이 그때 서방에 전해졌다.

카쉬가르(喀什)를 향해
羅石心物詩(152)

소록에서 동쪽으로 간다면
한 달을 가야 닿는 구자국

혜초가 간 길 거꾸로 가면
옛소록 카쉬가르에 이르네

카스(喀什)는 중국 맨 서쪽
동서와 남북의 십자로인데

여기서부터 고선지 장군은
서남쪽 파미르로 행군했네

만년설이 쌓인 저 천산대간
아득히 흰구름 맞닿은 하늘

올려 보면 눈부시게 희어서
어디가 끝인지 모를 수밖에

끝끝내 살아남은 사람들만
산자락을 겨우 벗어났다니

이곳에서 사마라칸트까지
아직도 멀고 먼 험로라네

2023. 1. 30.

카쉬가르(카스/喀什)는 신강성 서남쪽의 국경지대에 있다. 혜초와 현장은 이곳 소록을 여행기에 기록하고 있다. 고선지가 이곳에서 쌓은 눈부신 업적은 역사에 기록되어 있다. 고선지 장군은 1만 명의 군사와 말을 데리고, 죽음의 험로인 히말라야 산맥의 해발 4,703m 다르코트를 넘어 소발률국을 정벌했다. 이곳을 넘었던 돈황학자 오웰 스타인은 고선지장군을 두고 나폴레옹과 하니발보다 더 위대한 원정군 사령관이라고 평가했다.

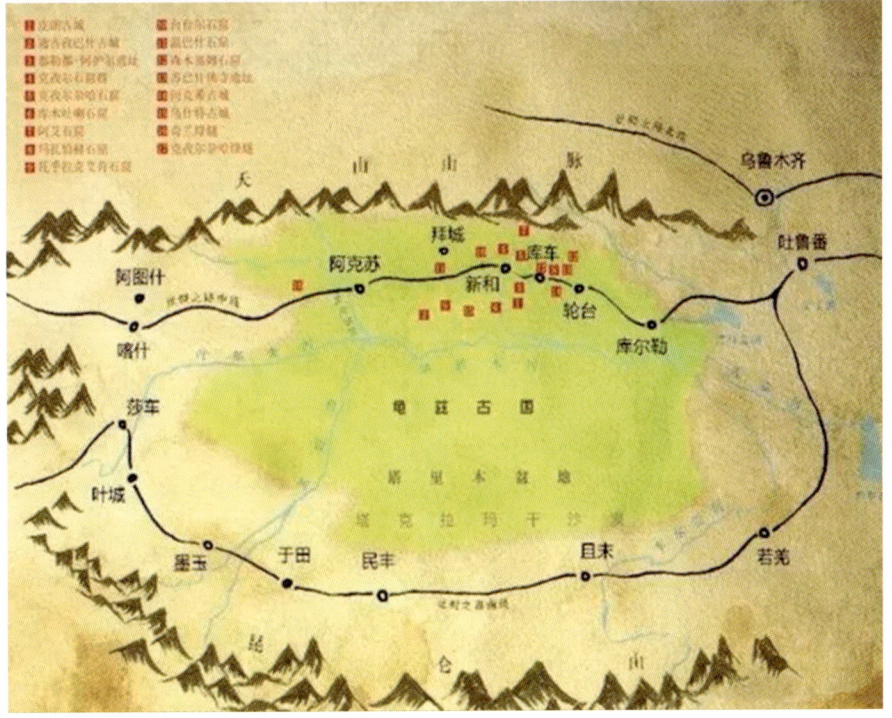

사마라칸트의 길
羅石心物詩(153)

7세기 현장이 넘어 가고
8세기 혜초가 넘어온 길

물과 골 건너고 고개넘어
카스에서 사마르칸트까지

죽음의 설산 벼랑의 협곡
발길 멈추고 돌아 서려니

아쉬움 달래려 보고싶은
위대한 구법승의 여행기

사마르칸트 소그드인의
아프라시아브 벽화에는

42명의 외국사신들 중에
깃 꽂은 모자의 고구려인

끝없이 멀고 먼 사막 길
어떻게 올 수 있었을까?

고선지 장군의 원정길을
되돌아 호탄으로 향하네

2023. 1. 31.

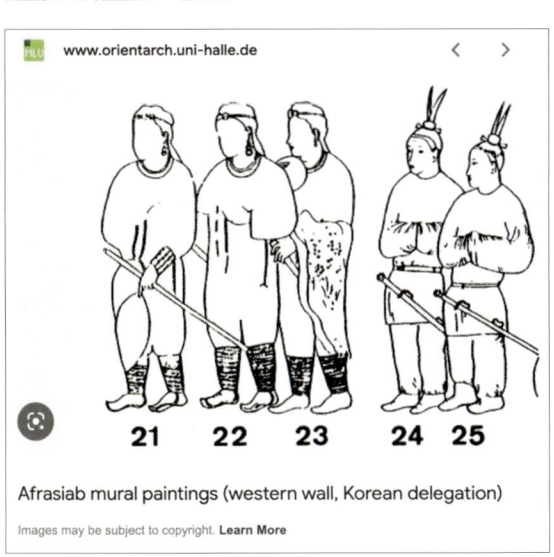

우즈베키스탄의 수도 타슈켄트에서 실크로드의 중심도시 사마르칸트(그리스 명칭 Marakanda)로 달리는 고속열차의 이름이 아프라시아브(Afrosiyob)이듯, 과거 페르시아 계통의 소그디니아 왕국 도성이 있던 곳이다. 기원전 327년에 알렉산더대왕이 진군했던 곳으로, 아프라시아브 벽화의 사신도엔 고구려인이 둘 있다. 필자는 카스 국경지대에서 여행의 발길을 돌려, 동남쪽 호탄으로 향했다. 여행기란 혜초와 현장이 남긴 글이다.

天山 雪神을 그리며
羅石心物詩(154)

삼십년 전 기억을 더듬어
꿈같은 여행길 다시 가네

반도의 이웃 대륙의 동쪽
산동에서 황하 물길 타고

산서를 지나 서하의 주랑
황토와 모래 사막의 분지

거친 서역의 땅 다다르니
눈앞에 설산이 가로 막네

만년설의 높고 높은 천산
하이키 룬타 살고 있을까

흰 눈썹 흰 수염 휘날리는
진인 신선이 살고 있을까

장생 불사의 선단이라도
속된 창자론 어림없다네

창자가 맑으면 설산 설인
마음이 밝으면 천산 신선

2023. 2. 1.

1700km의 거대한 천산산맥은 남쪽의 신강 위구르자치구의 3분의 1 면적을, 북쪽의 키르키즈스탄 국토의 90%를 차지한다. 淸心에 仙化法이란 스승님 말씀과 塵器難藏天寶, 俗腸不入仙丹은 경전의 말씀이다. Heikki Lunta는 핀란드인들의 雪神(the Finnish snow god)을 뜻하며, 필자의 외우 한빛 김주성 시 '꿈속에서 꿈을 꾸네'에서 따왔다. 신령스런 설산을 마주하고 있으면 마음이 맑아지는 평온한 느낌이 든다.

호탄(和田)에서
羅石心物詩(155)

신강 위구르자치구 서남쪽
서역종교가 들어온 출입구

호탄은 저쪽 설산의 이쪽인
천산 넘은 최초의 불국토로

불자인 아소카 대왕의 아들
파미르 고원을 넘어 왔다네

양치기 인도왕자가 세우니
호탄은 이민자의 국가였네

이곳에서 낙양으로 건네 준
불경이 맨 먼저 번역되었네

1006년 이슬람의 정복자들
도시를 온통 바꾸어버렸네

회교도로 개종해버린 주민
억압받고 사라져간 호탄어

또 다시 천 년이 흘렀으니
실크로드 문화도 바뀌었네

2023. 2. 2.

호탄(Hotan/和田 허텐)은 신강 위구르 자치구의 타림분지 서남쪽, 곤륜산맥의 북쪽 기슭에 있다. 우루무치에서 1,500km 떨어진 서쪽의 카쉬가르와 더불어, 실크로드의 불교 중심지였다. 호탄은 티벳어로 '왕의 성'이며, 산스크리트어로 '대지의 가슴'을 뜻한다. 호탄(고대于闐)국은 서카족 계열로 인도, 스키타이 어족에 속하였다. 1006년에 이슬람이 점령하자, 불교는 점차 쇠락하였으며, 일상 언어도 바뀌었다.

玉出崑岡의 和田
羅石心物詩(156)

천자문 여섯 번째 구절에
금과 옥의 산지가 있는데

금은 여수땅에서 캐어내고
옥은 곤륜산에서 나온다고

음과 훈을 새기며 외웠네
유년 시절 추억의 글구절

수만리 서역 땅 곤륜산맥
호탄에 와서 낭송해 보네

백옥의 유룽카쉬 강물과
흑옥의 카라카쉬 강물이

서로 만나 호탄강이 되니
곤륜 자락 옥의 출처라네

기원전 12세기의 상나라
은허에서 출토된 호탄옥

삼천년 지난 세상에서도
허텐위 백옥은 유명하네

2023. 2. 3.

金生麗水 玉出崑岡은 천자문의 여섯 번째 글귀이다. 옥의 출산지로 유명한 곤륜산 기슭 호탄강의 白玉(허텐위 和田玉)은 지금도 값비싼 보석이다. 상나라 은허의 옥기가 호탄백옥으로 밝혀졌으니, 마치 내몽고 적봉에 있는 홍산유적의 옥기가 압록강 수암(岫岩)의 청옥으로 밝혀진 것처럼, 옥의 오랜 역사를 알려 준다 강바닥에서 거대한 옥의 지층이 발견되어, 지금도 호탄강에서 옥돌을 캐고 있다.

잠바스타의 册
羅石心物詩(157)

산스크리트 불경전 말고
고대 호탄어 필사 유일본

잠바스타의 책 출간무렵
호탄은 독립 왕국이었네

여러 불교텍스트 모음집
호탄어로 번역한 의도는

사경의 공덕에 의지하듯
아들딸 위한 불심이었네

살아 있는 모든 존재들과
모두 깨닫게 되길 바라며

사악한 유혹에서 벗어나
다함께 성불하길 빌었네

무덤은 신들의 궁전이니
이교도 바드라의 이야기

붓다의 열반과 미래세상
미륵불 얘기도 담겨있네

2023. 2. 4.

고대 호탄어 필사본으로 대승불교의 가르침을 전한 교과서적이 있다. 여러 개의 언어로 된 텍스트를 번역하여 편집한 것이다. 이 책을 보면, 5세기의 호탄은 주변 지역의 승려들이 모이는 중심지였다는 것을 알 수 있다. 책의 제목은 제작을 후원한 관리 Zambasta 이름이었다. 호탄의 북쪽 130km지점인 단단윌릭에서 도굴된 듯하다. 이 책은 원래 298쪽이었으나, 유감스럽게도 해체되어 캘커타, 빼째르부르크, 런던, 뉴 해븐, 무니히, 교토 등으로 흩어져 있다.

山普拉古墳
羅石心物詩(158)

호탄에서 동쪽 30km 지점
기원 전 삼사 세기 왕국터

샨풀라 유적이 도굴됐으니
서양인들이 밀반출 시켰네

백년 뒤 정식 발굴된 69기
2백 명 한꺼번에 묻힌 고분

흉노와 스키타이 영향으로
의류직조 목판문서 있었네

두 여인의 옛 모직 스커트
띠장식의 켄타우로스 무늬

그리스 로마와 교류했던 듯
알렉산더 군인 방불케 하네

망토와 전사옷깃에 수놓은
꽃문양 다이아몬드 모티브

중앙아시아를 거쳐 전해 온
서양의 문물 새겨져 있다네

2023. 2. 5.

인도왕자의 건국설화보다 더 거슬러 올라가는 고고학적 발굴의 성과로서, 호탄지역 최초의 거주자들은 유라시아 스텝지역의 유목민 스키타이인이라는 사실이 밝혀졌다. 샨풀라(山普拉, 위구르어 Sampul) 고분의 유물들은 기원전 3세기로 거슬러 올라간다. 20세기 초에 도굴꾼들이 훔친 유물들을 외국 수집가들에게 팔았다. 샨풀라 유적지는 서양과 교류했던 흔적을 증거한다. 특히 아름다운 치마 띠의 장식 무늬와 직조에서 서양 문물의 영향을 보여 준다.

熱瓦克佛寺 遺址
羅石心物詩(159)

불교 전파의 전진기지 셋은
호탄과 구자 그리고 고창국

기원 1세기부터 위진남북조
빈번하게 수입한 인도 불교

사막에 묻혔던 라와크사원
20세기 서양인이 발굴했네

거대한 흑덩이만 남은 원탑
장엄했던 옛 자취 남아있네

사막을 달리는 황야의 도로
낙타들 자유롭게 노니는 데

저 멀리 모래벌판에 우뚝한
1700년 동안 랜드마크였네

불보살상과 벽화 유물 잔해
간다라예술 영향 전해 주고

새벽 종 저녁 북 범패소리
모래바람 속에도 들려오네

2023. 2. 6.

사막 위에 우뚝 솟아, 오랜 풍상을 견뎌 온 원형의 Rawak 탑은 속살이 그대로 드러나 있다. 외벽이 벗겨진 것이다. 1901년에 영국의 오렐 스타인이 이곳에 도착했을 때는 도굴꾼들이 이미 탑의 아랫 층을 열고 들어가 불상들을 가져간 뒤였다. 그렇지만 많은 유물들은 모래 속에 묻혀 있어서 도굴꾼의 손을 타지 않았다. 오렐 스타인은 인부들을 사서 주거지 백여 곳을 파고, 글씨가 쓰여 있는 목판문서 천여 점을 발굴했다. 물론 모두 자기 나라로 가져갔다.

단단월릭의 古文書
羅石 心物詩(160)

연구를 위해 보존하려면
훔친 유물들을 사 모아야

만일에 구입하지 않으면
끝내 사라져버릴 고문서

보존하려면 사야 한다니
그래도 그래야만 하는가

구매하지 말고 도굴 막아
훼손 못하게 할 순 없나

호탄 단단월릭의 고문서
도굴꾼이 탐사대에 팔고

외국인이 도굴단 만들어
직접 현장 투입하였다니

모래 속 잘 보관된 2천년
백년 사이 흩어진 유물들

죄다 뿔뿔이 세계각지로
모두 연구한다 법석이네

2023. 2. 7.

세상사는 새끼줄처럼 二重性의 타래 같다. 돈황 막고굴 17호 장경동을 답사한 이후, 옛 서역 36국의 고대 실크로드 유적지를 순례하면서, 유물들의 발굴과 문화재의 연구에 관해 느낀 바가 없지 않았다. 모래 속에 묻혀있던 丹丹烏里克의 유물들도 마찬가지였다. 오렐 스타인을 비롯한 서양인들의 탐사대가 파헤치고 탈취해 간 벽화와 여러 언어의 문서들은 안타깝게도 세계 각지로 흩어져 있다. 그 유물들이 연구되고 있으니, 불행 중 다행이라 해야 할지 모르겠다.

達瑪溝 遺址
羅石心物詩(161)

단단윌릭 남쪽의 도모코
달르마 구역의 불교유적

타클라마칸의 최대 사찰
세 곳 다 사막에 흔적 뿐

아득한 역사 속에 사라져
이젠 실크로드 아닌 세상

문명의 좀도둑 마수들에
할퀴고 피혜쳐 흩어졌네

이란어 히브리 글씨로 된
이곳 유대인에 보낸 편지

모래 속에 오래 잠들었다
어느날 문득 발굴 되었듯

빛바랜 벽화와 목판문서
먹글씨 화물표와 유물들

한호 이중어 8세기 기록
사막에서 쏟아져 나왔네

2023. 2. 8.

策勒와 于田縣에 걸쳐 있는 달마(Tarma / Dharma)구 유적지는 우전국 때 타클라마칸 남부에 있는 고대 불교문화의 진면모를 보여준다. 소불사와 밀교불전 그리고 승려주거, 학습, 논경 등 세 구역으로 된 거대 가람이었다. 벽화뿐만 아니라 부근 수거 터에서도 많은 목판과 귀중한 종이 문서들이 발굴되었다. 특히 페르시아어를 히브리 문자로 옮겨 쓴 편지는 이곳에 살던 유대인에게 보낸 것이다. 호탄어와 한자(漢和)로 병서한 귀중한 목판문서도 많이 출토되었다.

尼雅 遺址
羅石心物詩(162)

동서문화의 교차로 중에서
타클라마칸 바다의 가운데

가장 고절한 섬나라인 니야
녹지가 있었고 강물이 있어

초기의 오아시스 문명일군
찬란한 정절국이 있었으니

어느 땐가 아프가니스탄과
파키스탄의 유민 정착했네

한나라 위진시기의 옛 정절
남북 25, 동서 7km의 유적

남쪽엔 왕궁과 호족의 터전
북쪽엔 상공 평민의 주거지

고성과 묘지와 폐허의 벌판
모래속에 묻힌 잔존 불사탑

신전 같은 건축물 장수왕릉
마야 피라밋과 꼭 닮아있네

2023. 2. 9.

니야 즉 고대 精絕國은 역사[漢書 西域傳]에 기재되어 있듯, 사막 속의 작은 나라였다. 노자가 말한 小國寡民의 실크로드 문명국이었으나, 이웃나라 선선국에 滅絕하였다. 도굴 이외에도 정식 발굴에 의하면, 규격화된 도시형 유적지에서 귀중한 유물 8천여 점이나 출토되었다. 불상과 벽화, 여러 외래어의 목판문서, 그리스풍의 예술품, 서아시아 유리그릇, 인도식 문양의 직물들, 황하의 비단, 칠기, 동경 등 발굴품목이 다양하다.

精絕國 尼雅
羅石心物詩(163)

호탄의 동쪽은 지금의 민풍
녹지대 니야강 북행을 따라

타클라마칸의 깊숙한 그 곳
서역 36국 중 하나 정절국

농업 위주인데 상업도 번성
문명을 누린 오아시스 왕국

비단길 구법의 길 오고가며
반드시 이곳을 거쳐야 했네

북쪽의 천산 남쪽의 곤륜산
그 사이에 타림분지의 사막

전설의 광야 끝없는 황무지
죽음의 바다로 불려 왔다네

사막 속에 사라진 누란처럼
정절국 또한 신비에 묻히고

험한 풍랑에 길 잃고 헤매듯
찾을 길 없어 천년이 흘렀네

2023. 2. 10.

1901년 1월에 이곳에 처음 도착했을 때, 오웰 스타인이 깜짝 놀랐던 것은 실크로드 문화교류의 증거인 목판 고문서 때문이었다. 빨래판처럼 생긴 목판은 죽간 목간과 달리 카로슈티(Karoshthi)문자의 글씨가 쓰여 있었다. 이 문자는 산스크리트어를 적을 때 사용하던 문자로, 실크로드의 언어와 종교 문화의 전파에 대한 것을 입증해 준다. 니야의 존재를 처음 알린 스타인은 그 뒤 세 차례 더 이 지역을 방문했다.

목판 고문서의 도판을 보면, 윗 목판은 아래 요철 목판의 문서 면을 보호하기는 뚜껑역할을 한다. 중국의 목간이나 죽간과는 완전히 다른 방법으로 글을 쓰고 보관했다는 것을 알 수 있다. 도판 사진처럼 바다 같은 사막풍경으로, 그 속에 정절국 도시가 묻혀있었다. 흑백사진은 스타인이 인부들을 사서 모래를 퍼내고, 주거지를 발굴하는 장면(사진 중 가로 걸린 문자 그림 나무판도 잘라서 영국으로 보냄)이다. 타클라마칸 사막의 타림분지와 천산기슭에 구자국과 맨 서쪽 소륵국 카쉬가르, 아래쪽에 우전국, 정절국, 차말국, 선선국 등이 있었다. 한대의 서역에 36국들이 있었다는 기록이 전한다.

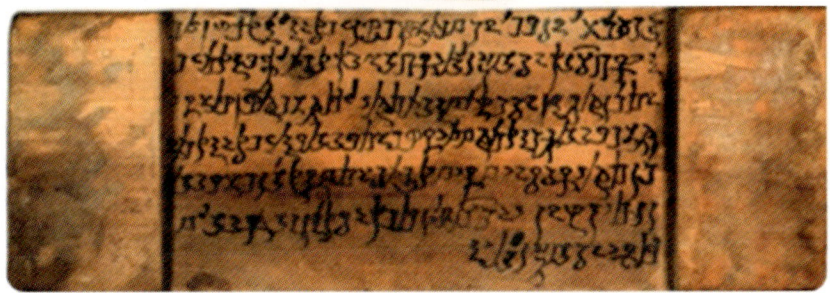

니야 미라부부
羅石心物詩(164)

살아서도 죽어서도 부부
좋을까 나쁠까 모르겠네

흔히 저승에서도 만날지
심각하게 묻기도 하지만

부부유명 아닌 유별시절
금슬좋기 더욱 어려웠듯

원수가 만난다는 말 있어
대답도 쉬운 일은 아니네

관에 나란히 정답게 누운
저 부부는 몸도 썩지 않고

180번의 강산이 바뀌도록
모래 속에 잠들었다 깨어

속도와 경쟁의 현대문명
비웃기라도 하듯 말없이

비단옷 입고 코로나시대
마스크까지 쓰고 누웠네

2023. 2. 11.

신강지역 우루무치의 故屍 전시장을 비롯하여, 가는 곳마다 박물관에 미라가 전시되어 있었다. 사막의 건조한 기후로 시신은 직조나 비단과 더불어 썩지 않고, 그대로 보존될 수 있었다. 실크로드의 문화교류와 복식의 비교연구에 귀중한 자료이다. 尼雅에서 발굴된 1800년 전의 乾屍는 합장된 남녀 한 쌍이었는데, 남편은 왼쪽에 아내는 오른쪽에 놓여 있었다. 이 무덤에서 3세기 직조 비단 37점이 나왔다. 실크로드 유적 중에서 가장 많았다.

且末國 古城
羅石心物詩(165)

5천만 년 전 쯤 생겨 났던
서역의 중앙아시아 산맥들

저 은하계의 소용돌이처럼
거대한 산봉우리 둘러있는

타림분지 서역남로 나라들
우전 정절 차말 약강 누란

조롱조롱 목걸이 구슬인양
매달린 채 각양각색 빛났네

전한 때 설산 넘었던 외교가
인도가는 통로 개척한 장건

중앙아시아 정보 가져 왔던
그 길 서역 36국 중의 하나

양한위진 불교국가 차말국
비록 누란국에 소멸됐지만

신비한 흔적 감춘 차말고성
이곳 지명 아직 차말이라네

2023. 2. 12.

前漢시대 무제는 장건(?-BC114)을 외교관으로 보내, 서역 여러 나라의 정보를 알아 오도록 하였다. 장건의 보고서에 등장하는 나라들이 '서역36국'이었는데, 타림분지의 작은 나라들과 그 밖의 설산 넘어 북인도와 사마르칸트까지 중앙아시아 나라들이 포함된다. 차말국(칼마다나) 역시 그 중 하나로, 북위 고승의 여행기록에 차말성이 나온다. 지금 신강 巴音郭楞 몽고자치주로 교통 중심지다. 고지도에 서역 36개국이 나온다.

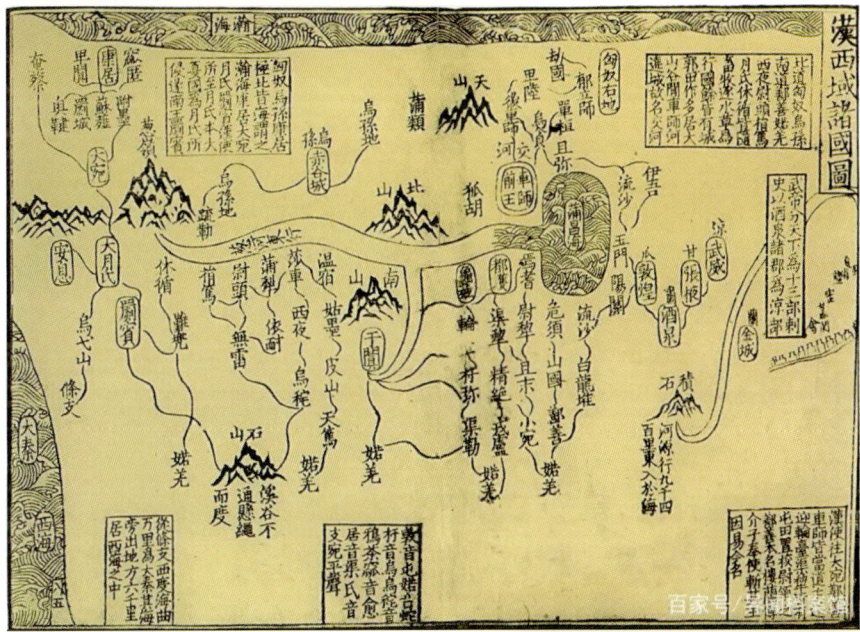

米蘭 天使壁畵
羅石心物詩(166)

현장법사 귀국길 거쳐 간
서역 남로를 따라서 가면

칼마다나 다음 미란고성
고대 누란국에 속했는데

누란이 어느 결에 사라져
선선국이 된 남로 요충지

번성했던 불교문화 터에
허물어진 불탑토성 남고

동서 문화 교류했던 흔적
지금은 교통의 중심 약강

20세기 벽두 오웰 스타인
불법 도굴한 벽화가 16점

그 가운데 하나는 초상화
날개 달린 로마의 스타일

화가가 먼 길을 왔었을까
길에서 드는 아득한 생각

2023. 2. 12.

날개 달린 남성의 주인공은 누구일까. 로마의 에로스를 닮은 이 벽화는 미란의 불교 관련 유적지에서 스타인이 발굴하였다. 이러한 회화의 모티브가 실크로드를 따라 동쪽으로 들어왔다. 서쪽에서 화가가 이곳으로 온 것인지, 여기서 화본을 보고 모사한 것인지는 알 수 없다. 동서 문화의 교차는 땅의 주민과 직접 연관되듯, 누란에서 스타인이 발굴한 금발 머리의 시신과 헤딘이 발굴한 붉은 구레나룻의 시신은 코카서스인이라는 연구결과도 있다.

樓蘭 가는 길
羅石心物詩(167)

천산남로로 갔던 길 놔두고
서역남로 따라 돌아가는 길

천산 기슭 타림분지를 지나
곤륜 자락 타클라마칸 사막

36개 나라의 절반을 돌아서
누란을 거치면 돈황에 닿네

가혹한 험로 내내 죽음의 길
길은 있어도 옛 길은 아니네

카스에서 호탄 니야를 거쳐
발길은 차말 다음 약강인데

곤륜 만년설 녹아 흘러들어
맑고 푸른 호수가 펼쳐졌네

사라졌다 새로 나타난 도시
누란국의 뒤를 이은 선선국

끝내 도달한 곳 크로라이나
여기 뤄창도 옛 선선국이네

2023. 2. 14.

樓蘭(Kroraina)국은 4세기 이전에 무슨 이유인지 사람들이 갑자기 떠났다. 선선국이 뒤를 이었으나, 그들도 450년에 북위에 투항하였다. 5세기의 중앙아시아는 매우 혼란했던 시기로, 타클라마칸의 남쪽 통로는 막혀버렸다. 여행자들은 북쪽 루트인 천산남북로를 이용하였다. 그들은 뤄창(若羌)의 동쪽 80리 누란을 거쳐 돈황으로 향했다. 필자의 길도 같은 途程이 될 것이다.

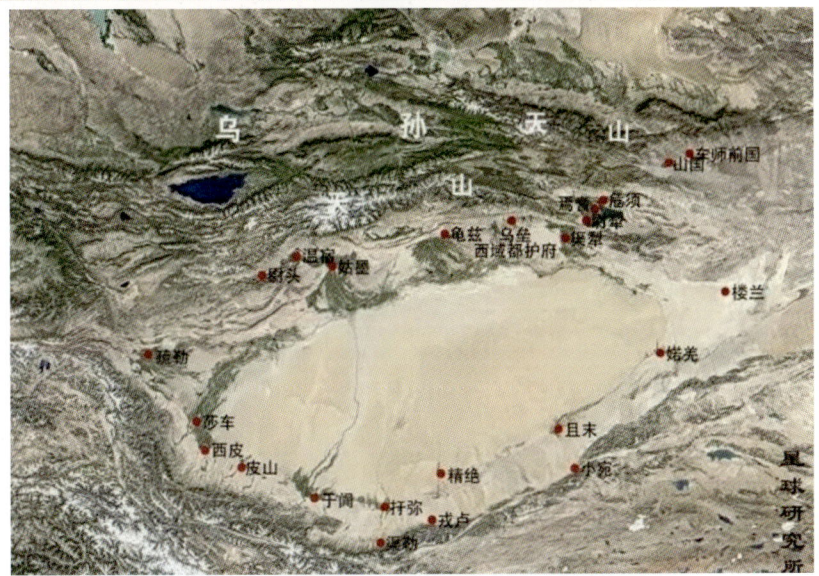

若羌 鄯善國에서
羅石心物詩(168)

타클라마칸 사막을 끼고
한 바퀴 먼 길 돌아보니

낙타와 동행하던 옛사람
목마른 심신이 떠오르네

문명 반 죽음 반의 적막
빛나는 찰나생멸의 열반

하늘 산 땅 산 동서남북
어디나 비추는 대자대비

세우고 넘어지고 묻혀서
나라도 사라지고 없는데

육신은 오히려 썩지 않고
저승 세계와 소통하는가

신강 티벳 청해 세 성의
교차 삼각지 뤄창 선선국

흉노와 토번 중원과 서역
문명의 충돌 벌써 있었네

2023. 2. 15.

뤄창(若羌)은 옛 누란국이었다가 선선국이 되기도 했던 곳으로, 지금은 新疆과 西藏(티벳)과 淸海의 성 세 개가 교차하는 관광지이다. 천산남북로와 서역남로 뿐만 아니라, 청해와 티벳 라싸를 잇는 청장고속철과 고속도로의 서역 교통중심지이다. 서역 땅은 티벳(吐蕃)과 흉로와 중국, 月氏까지 서로뺏고 빼앗기고 했던 곳이다. 서로 다른 문명이 충돌했던 비극의 역사가 사막의 바람결에 남아 있다.

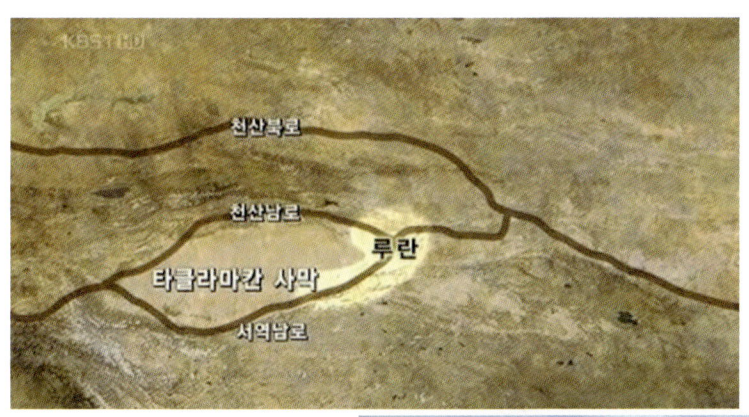

樓蘭의 美女
羅石心物詩(169)

어느새 소리 소문 없이 뚝
지상에서 사라진 누란이여

수많은 세월 어디로 갔는가
바람에 날리는 모래만 아득

문명 찾아 떠났던 서역 길
더 먼 곳에서 온 서양인들

모래를 헤치며 찾아 헤매도
끝끝내 숨었던 곱다란 얼굴

모래 속의 이천년 잠결에서
꿈 깨듯 깨어난 누란미녀여

그대 누굴 기다려 썩지 않고
살아 숨 쉬듯 세상에 나왔나

그대는 저 세상의 모나리자
우리의 찬미를 받아 주게나

태어난 날부터 카운트다운
죽음으로 가는 길손일지니

2023. 2. 16.

완벽한 미라 상태의 '누란의 미녀'는 1980년에 바인 궈렁 몽고자치주 뤄창의 누란고성 북쪽에 있는 타클라마칸 사막에서 발견되었다. 외형을 재구성해(사진) 보면, 서구형 미인이다. 초기에는 고대 누란국의 주민으로 추측했으나, 지금 어떤 학자는 더 오랜 청동기 시대의 신장지역 여인이라 억지를 부린다. 우루무치 박물관에 소장되어 있다. 1934년에 폴크 베르그만이 발굴한 미녀 소하공주는 영화배우 소피아 로렌을 닮았다.

樓蘭의 美女를 이해하기 쉽게 미라(Mira, 이상한 별)라고 일컬었지만, 그녀가 누워 있는 우루무치 박물관에 가면 故屍展示館의 이름에서 보듯, 미라라는 표현은 없다. 고인이 된 시체 즉 고시(故屍), 또 어떤 곳엔 건조된 시체 곧 건시(乾屍, 곶감을 乾柿라고도 하듯)로 표기되어 있다. 그리고 고시나 건시의 숫자가 상당히 많아 놀랍기도 하다. 공포스럽기까지 한 미라는 화학적으로 가공한 시신이지만, 누란의 미녀는 니야의 부부 건시처럼 시신의 본래 상태 그대로 인간적인 따스함이 남아있다. 건조한 모래 속에 매장되어 부패되지 않았던 것이다. 그러므로 미라와 고시(건시)는 용어상 차이뿐만 아니라 시신 상태와 접견자의 느낌도 판이하게 다르다고 하겠다. 발굴 당시에 세계적인 보도와 관심을 불러일으킨 바 있은 누란의 미녀는 발견 초기에 머리카락과 인상과 골격에서 켈트족이나 서양인에 가까운 종족으로 판명되었다. 그 뒤 연구 결과라며, 3800년 전 청동기시대의 신장인이라고 발표된 바도 있다.

로프노르의 공주
羅石心物詩(170)

모래 속에서 숨 쉬는 소리
그대는 짐작 할 수 있는가

황토성 아래 쌓이는 달빛
적막한 침묵의 그 소리도

긴 세월 들끓던 함성물결
창칼 부딪치는 소리 또한

몸서리치도록 익숙할수록
가깝고 먼 세상 궁금했네

로프노르 호수가 마르기를
만 년에 몇 번 거듭했을까

소금 캐던 아리따운 소녀들
영영 어디로 사라져 갔을까

누란지키던 비극의 왕비여
더불어 깨어난 소하공주여

깡말라야 미인이라는 미학
서양인의 미감을 실감하네

2023. 2. 17.

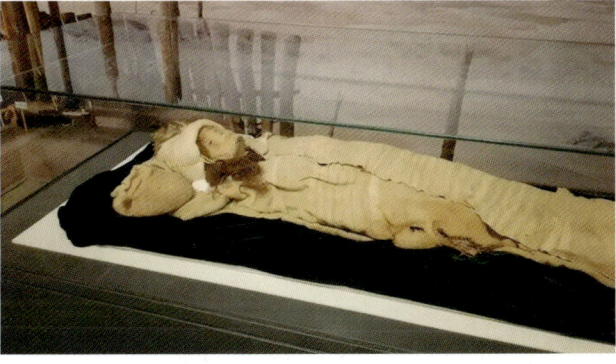

타클라마칸 지역 목구멍(咽喉)이라는 누란의 움직이는 호수, 로프노르(Lop Nor 羅布泊)는 물이 마르거나 모래의 움직임에 따라 모양이 바뀌어왔다. 호수 주변에 신비한 전설이 많다. 일본인 이노우에 야스시의 소설 <누란>으로 더욱 유명해진 이 호수는 地球之耳, 死亡之海라고 불리기도 했다. [山海經]에 幼澤 또는 鹽澤이라 했듯, 지금도 염전이 있고, 가까운 곳에 소금 산이 있다. 사진에서 보듯 小河公主의 乾屍는 상태가 좋다. 生死와 靈肉의 길을 생각케 했다.

樓蘭을 떠나며
羅石心物詩(171)

실크로드로 불교와 이슬람
조로아스터교와 유대이즘

기독교 또는 마니교와 같은
세계적 종교 모두 오갔는데

유가와 도가는 어인 이유로
설산을 넘어가지 못 했는가

사막과 오아시스를 건너며
어느 누구도 묻지를 않았네

서쪽 땅에는 진리가 깃들고
동쪽 땅에는 깃들지 않았나

깨우침을 얻으려면 저 넘어
서방으로 갈 수 밖에 없었나

도를 도라 하면 도가 아니니
아침부터 도란 말 듣질 못해

유가도 도가도 도를 못 풀고
존재의 허물을 벗질 못했나

2023. 2. 18.

왜 받기만 하고 주지는 못했을까? 20C 전까지 중국에는 왜 종교다운 종교가 하나도 없었을까? 토착 종교라 믿었던 유교와 도교는 결국 유가와 도가의 한계를 넘어설 수 없었을까? 윤리적 실천사상과 신선수행 방법에 그친 것은 아닌가? 희망의 가능성(希望之信)은 어디로부터 오는가? 여러 차례 서역을 여행하며, 옛 유적과 유물을 통해 품었던 의문은 하나의 새로운 화두로 남았다. 21C 팬데믹시대에도 累卵의 위기가 떠오르는 것은 왜일까.

돈황으로 돌아가며
羅石心物詩(172)

알금산 고래 닮은 경어호
맑고 푸른 풍광 뒤로하니

방황하는 호수 로프노르
누란의 사랑이 얽혀있네

소금산 지나며 작별하고
돈황으로 돌아가는 여정

가슴속에 새로 움튼 화두
사막을 바라보며 되 씹네

사막은 문명의 무덤인가
모래 바람이 덮어버렸네

비단 모래톱으로 감싸니
썩지 않는 호양나무처럼

손톱에 봉숭아꽃 물들인
누란미인 생각나게 하네

차창 밖 지평선의 초승달
시인의 마음 덧없게 하네

2023. 2. 19.

알금산은 곤륜산맥의 지맥인 阿爾金山으로, 그 기슭에 고래모양의 鯨魚湖가 있다. 비취색 맑은 풍광이 매우 아름답다. 위성사진으로 보면, 로마노프는 귀모양의 거대한 호수인데, 핵 실험으로 호수물이 말라버렸다. 누란국의 번영과 멸망의 비밀열쇠가 모래 속에 묻혀 있다. 호수의 늪지대에 살아서 천년 죽어서 천이라는 호양나무들과 호반의 소금산 풍경은 황량하기만 하다. 아내의 처녀시절에 봉숭아 꽃물 들였던 추억처럼, 누란미녀의 꽃물들인 고운 손톱이 떠올라 오늘따라 눈시울이 젖는다.

敦煌·格爾木
羅石心物詩(173)

실크로드의 타임캡슐 돈황
화려했던 시대는 아득한데

2천 년 묵묵히 보존된 유물
수십 년 털리고 텅 빈 석굴

문명의 탈을 쓴 시양꿰이즈
도적들 소굴로 방치된 상처

순례자와 군인 낙타와 상인
자취 없는 쓸쓸한 모래벌판

이곳에서 청해 껄무까지는
낙타대신 낡은 버스뿐인데

기연산맥 일월산 남산 사이
드넓은 청해 호수 못 본 채

황사바람 뚫고 밤낮을 달려
티벳의 길목 껄무에 닿으니

어딘가 높고 슬픈 노래 소리
저승인 듯 '청장고원' 들리네

2023. 2. 20.

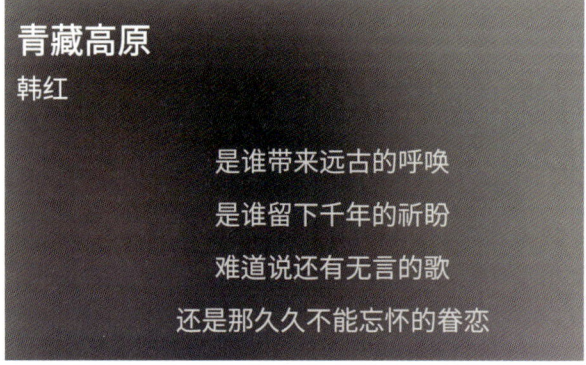

青藏高原
韩红

是谁带来远古的呼唤
是谁留下千年的祈盼
难道说还有无言的歌
还是那久久不能忘怀的眷恋

감숙성 돈황에서 청해성 껄무(格爾木)까지는 비포장 길로 반나절 걸렸다. 석양에 출발해서 밤새 별을 보며 달리니, 새벽에 설산의 연봉들이 보였다. 껄무로부터 라싸까지는 험로, 90년대만해도 협곡을 지나 해발 6,000m의 탕구라산맥을 넘어야 했다. 지금은 청해와 서장을 잇는 청장고속철이 건설되어 있어서, 라싸행이 수월해졌다. 청장고원은 高흡의 그곳 지방의 노래다. 시양꿰이즈(西洋鬼子)는 아편전쟁 뒤에 중국인이 서양인을 업신여겨 불렀던 말이다.

껄무에서 라싸로
羅石心物詩(174)

6년 전에 넘어 왔던 발걸음
되 돌려 넘자니 앞선 두려움

왜 자꾸 주춤거리는 것일까
버스도 고생스런 1,166km길

무려 4천 미터가 넘는 고지
끝없이 앞을 가로 막는다네

그 중에 제일 높은 탕구라산
해발 6천미터에 육박한다네

수많은 산위의 산 고원의 산
숨쉬기조차 어려워 헉헉헉헉

즐비한 달빛 설산 별빛 설산
침대 버스로 넘어 온 영봉들

길 아닌 길 낭떠러지 지나면
곤륜 앞 입구 타타허 탕구라

안뚜어 나취 거쳐서 라싸성
신들의 성소에 멈춘 발걸음

2023. 2. 21.

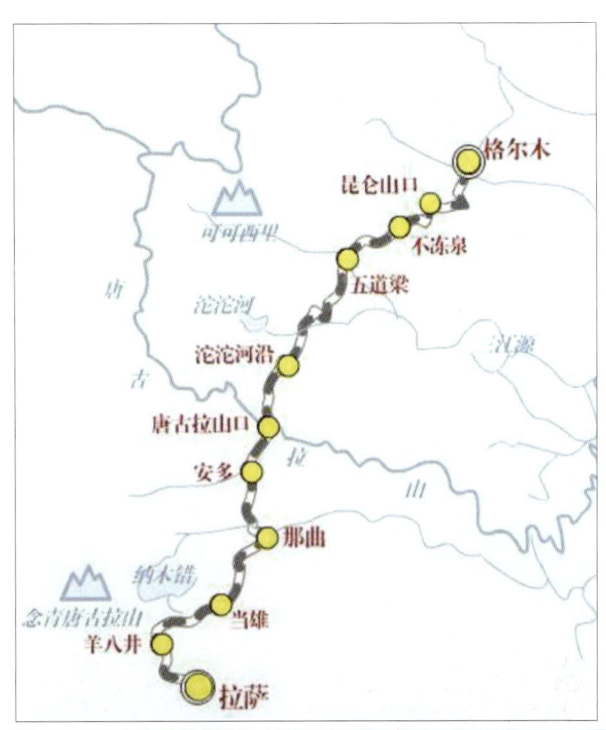

青海省 껄무에서 西藏 라싸까지는 3천리에 가깝다. 긴 협곡을 따라 곤륜산을 거치면, 4천m가 넘는 高原의 산들과 唐古拉山을 넘어야 한다. 高山病의 고통은 이루 말할 수 없다. 험로이기에 사고를 감수할 수밖에 없고, 산악인의 심장이 아니면 여행하기 어렵다. 필자는 외국인에게 여행허가를 내주었던 1993년에 프랑스인 단체와 성도에서 비행기를 타고 라싸로 향했다. 당시에 특수 제작한 침대버스로 탕구라산을 넘었는데, 1999년에는 거꾸로 여행길을 잡았다.

神의 땅 라싸에서
羅石心物詩(175)

해발 3천 6백의 고지대에
평원과 큰 강물이 흐르고

높다란 언덕 위 포탈라궁
세계 유일의 건축 양식인

7세기 토번신궁 남았는데
구름 맞닿은 영봉 설산들

상식이 통하지 않는 땅인
하늘 아래 첫 도시답다네

누가 4천 미터 고지랄까
믿어지지 않는 별천진데

비행기에서 내린 여행객
곧바로 병원으로 가기도

호텔에만 머물다 돌아가
아쉬웠던 투숙객 수없어

겨우 오른 포탈라궁 언덕
나 또한 실감했던 추억들

2023. 2. 22.

시짱(西藏)자치구의 수도 라싸(拉薩)는 티벳말로 '神의 땅'이란 뜻이다. 티벳고원 남부의 키추강 연안에 위치하며, 해발 3,630m이다. 라싸는 7세기 토번(吐蕃) 시대부터 도시의 면모를 갖추기 시작했다. 라마교의 본산으로 달라이라마가 상주한 멋진 포탈라궁이 높은 곳에서 내려다 보고 있다. 고도적응 훈련을 않고 비행기로 도착한 사람은 갑작스런 산소부족으로 어지러워 쓰러지기도 한다. 처음엔 여기가 지상인지 천상인지 분별이 안 돼 혼란스럽기도 하다.

포탈라궁 가는 길
羅石心物詩(176)

포탈라궁 가는 길 연도에는
꽉꽉 찬 순례자들의 참배길

독경 대신에 한바퀴 돌리는
마니차 돌리고 가는 순례자

군중 속에 엎드린 오체투지
가장 밑에서 깨닫는 가르침

근본을 일깨우는 종교의 힘
믿고 따르는 정성 돋보이네

처음에 비행장에 내렸을 땐
어지럼증 견딜만 했었는데

포탈라궁 언덕을 올라갈 땐
숨찬 발길 떨어지지 않았네

곤륜과 탕구라 넘은 몸으론
높이 오르기 어렵지 않아서

교정일치 1300년 역사현장
999칸과 동굴 다시 보았네

2023. 2. 23.

라마교의 중심건축물인 포탈라궁은 여느 종교사원과 달리, 엄청난 고지대에 위치하고 있다. 건축양식과 내용에서도 독특한 신비감을 준다. 정면에서 쳐다보면 좌우와 아래쪽의 흰 건물들은 승려들의 침실공간이며, 자주색 건물은 행정사무의 공간이다. 그 사이 작은 노란 건물은 달라이 라마의 생활공간이다. 교정일치의 토번시대인 7세기부터 건물이 지속적으로 지어져 오늘에 이르렀다.

티벳에서의 7년
羅石心物詩(177)

히말라야의 낭가파르밧으로
원정을 떠난 하인리히 하러

산정의 추위도 견뎌 냈지만
어려운 난관은 2차세계대전

영국 포로수용소 탈출하려
다시 히말라야에 도전하여

마침내 도착한 곳 신의 땅
금단의 도시인 라싸였다네

영화의 주인공 브래드 피트
그가 만난 포탈라궁 주인은

영적 지도자 13세 소년으로
제 14대 달라이 라마였으니

불교 제자 라마의 벗이 되어
서양언어 문물 전한 어느 날

공산 중국이 침략을 해오자
끝내 떠나도 우정을 남겼네

2023. 2. 24.

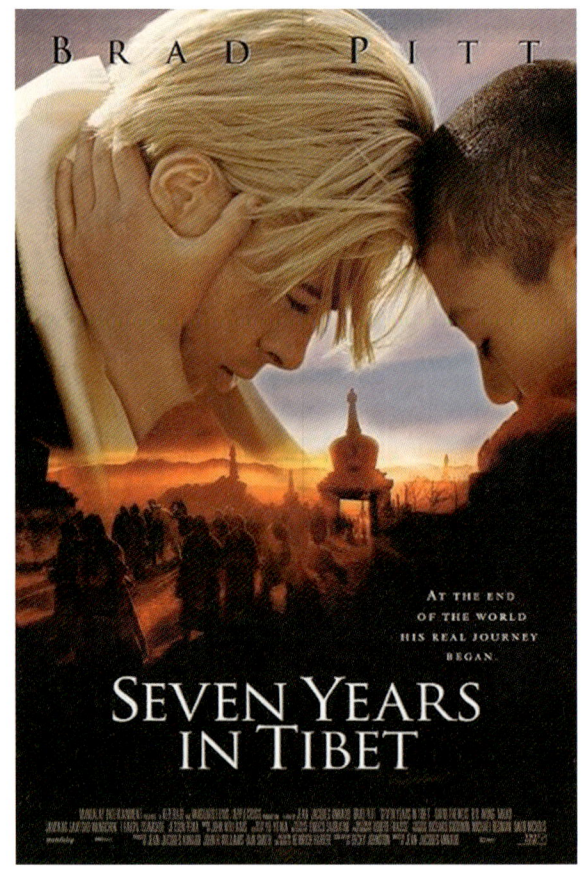

영화 '티벳에서 7년'(장자크 아노 감독)은 엔딩의 자막에 이렇게 썼다. "중국의 점령으로 티벳인 백만 명이 목숨을 잃었고 6천 여 곳의 사원이 파괴되었다. 1959년에 인도로 피신한 달라이 라마는 아직도 중국과 평화적 해결책을 모색하고 있다. 1989년에 노벨 평화상을 수상했고, 아직까지 하인리히 하러와 교분을 유지하고 있다." 실화인데 무슨 설명이 더 필요할까.

조캉사원
羅石心物詩(178)

포탈라궁이 티벳의 상징이면
티벳인 최고성지는 조캉사원

라마교 순례자는 포탈라보다
조캉사원을 먼저 참배한다네

632년 네팔의 브리쿠티 공주
토번 건국한 손첸캄포와 정혼

8년 뒤 당나라 문성공주 맞아
호수를 메워 9년 간 지었다네

조캉은 네팔 공주가 가져왔던
석가모니 불상의 집이란 의미

가야국 허황후가 가져온 탑파
그 뜻처럼 왕후를 기념했다네

사원 2층 랑코르를 도는 의례
전생의 죄를 씻으려는 것이니

금정에서 바코르 광장을 보면
한결 마음이 트이는 느낌이네

2023. 2. 25.

포탈라궁은 631년에 토번국을 세운 손첸캄포왕(사진)의 궁전이다. 당나라 문성공주를 아내로 맞기 위해 궁을 짓고, 이어서 조캉사원(大昭寺)을 창건하였다고 전해 온다. 포탈라궁은 세속의 티벳왕궁이었으나, 뒷날 왕권에 공백이 생기면서 라마불교의 지도자가 궁을 접수했다. 1645년에 드레풍 사원에 있던 달라이 라마 5세가 포탈라궁에 들어온 뒤, 신권과 왕권을 겸한 教政一致의 포탈라궁이 되었다.

장미사원
羅石心物詩(179)

티벳 최대불교대학 세라사원
세라는 티벳어 들장미라는데

총카파의 제자인 사카 예쉐가
15세기에 세운 불교대학이네

14세기 후반에 권력과 결탁한
밀교의 종풍을 쇄신할 즈음에

제자들이 수행하던 산중동굴
가까이에 장미숲이 있었다네

라싸에서 북서쪽으로 5km인
세라우쯔산의 기슭에 자리한

라싸의 3대사원 가운데 하나
세라사원과 조캉사원의 승려

무려 5천 명이 함께 거주했네
거대사원엔 지금 5백 명 있어

궁금해 물었더니 문화혁명 때
사원들 대부분 파괴 되었다네

2023. 2. 26.

티벳 최대 불교대학 세라(色拉)사원이 장미사원이다. 총카파(宗喀巴, 1357-1419) 티벳 불교의 중심세력인 겔룩파를 창시한 총카파의 수제자가 사카 예쉐(SakaYeshe, 1354-1435)인데, 그가 승려를 양성하려고 세운 사원으로 티벳 최대의 불교대학이기도 하다. 수천 명의 학생들이 수도하고 연구하고 있었는데, 달라이 라마가 인도 다람살라로 망명할 때, 많은 수가 그와 함께 그곳을 떠났다.

세라의 토론광장 최라
羅石心物詩(180)

승려를 양성하는 교육기관
세라사원의 대학 교정에는

경전을 변론하는 오랜 전통
유명한 최라는 토론의 광장

사원 정문에서 북쪽 끝으로
오르막길 올라 광장에 가면

일정한 화두와 경전을 놓고
문답하는 액션 놀라울 따름

오후 3시부터 4시 어김없이
세라 제의 토론 벌어지는데

관광객도 시간에 맞춰 가면
변론모습 참관할 수 있다네

옛 그리스의 아고라 광장에
버금가는 현대 티벳의 최라

토론 집도하는 상석의 노승
오늘따라 만족한 웃음 짓네

2023. 2. 27.

세라사원에서 유명한 것은 문답 수행법의 辨經이다. 세라 제(Sera Je Dratsang)라 불리는 전통의 명성은 순례자와 관광객을 불러 모은다. 단순히 최라(Chora 토론광장)에 모여 조용히 주고받는 문답이 아니라, 무대에 선듯 승려들의 화려한 액션은 옛 선사들의 목숨을 건 수행을 방불케 한다. 토론이 깊어질수록 역동적인 리듬과 짙은 자주빛의 승려들 모습이 경이롭기만 하다. 현대식 野壇法席을 보는 듯하다.

세라사원 도서관
羅石心物詩(181)

티벳 불교의 인재양성기관
세라사원 부속의 불교대학

승려들의 경전연구와 수행
최고의 도량이면서 중심지

그곳 도서관엔 인도와 네팔
서역 지배했던 토번과 중국

7세기이후 초기불교의 자료
신라승과 인연 남다르다네

장안에서 시기와 모함 받아
원측 저술 대부분 사라지고

반야심경찬과 해밀심경소는
오직 티벳장경에 남아 있네

중국 선불교의 핵심인물인
신라왕자 정중무상의 인연

티벳에 최초로 선불교 전한
김화상 업적 역시 기린다네

2023. 2. 28.

세라사원의 장경루는 불경을 보관하고 있는데, 공교롭게도 당나라를 유학한 신라승과 특별한 인연을 맺고 있다. 주인공은 圓測(613-696)과 無相禪師(684-762 金和尙)이다. 장경류에는 유식학의 대가인 원측의 중요 저술이 소장되어 있고, 사천의 淨衆宗 개산조 무상이 전한 선불교의 영향도 아직 남아 있다. 그때의 감동으로 필자는 [心經初探-원측 법사 반야심경찬을 중심으로] 제목의 연구 논문을 중국학술지 [原學]에 발표하였다.

드레풍 사원
羅石心物詩(182)

라싸시 서쪽 교외 삼십여 리
티벳불교의 3대 사찰 철방사

야산 기슭 양지바른 그 곳은
즐비한 건물들 한 마을 같네

황교 창시자 총카파의 제자
세계 최대 드레풍사원 세워

해방 전까지 만여 명의 승려
티벳불교 살림의 요람이었네

3백 년 전 달라이 라마 5세
드레풍에서 포탈라로 옮긴

역사적 기록에서 알 수 있듯
신앙공동체의 전통 유서깊네

티벳불교의 종파 중 겔룩파
교육의 총 본산인 철방사는

백색 건축들과 눈부신 햇빛
마치 쌓아놓은 쌀포대 같네

2023. 3. 1.

드레풍사원(중국명 哲蚌寺)은 티벳불교의 3대 사원으로, 겔룩파의 중심 교육기관이다. 역대 가장 위대한 달라이 라마로 추앙받는 3대 소남 갸초(1543년 생)는 드레풍사원에서 교육을 받았으며, 몽골황제 알탄 칸을 교화하고, 자기 종파의 전성기를 열었다. 닝마파와 겔룩파의 융합을 시도하기도 했다. 5대 달라이 라마가 포탈라궁으로 옮겨 가기 전까지,역대 라마의 무덤이 이곳에 안치되어 있다.

노블랑카 宮
羅石心物詩(183)

포탈라궁이 겨울궁이라면
노블랑카궁은 여름궁인데

달라이 라마가 떠나기 전
지상낙원처럼 아름다웠네

1959년 3월 17일 밤 대 비극
포탈라의 폭격 위협받은 날

가라! 오늘밤 당장 떠나라!
꾸땐의 신탁에 따라 떠났네

라마를 지키려던 백성들의
노블랑카 에워싼 울음소리

제발 떠나달라는 함성소리
뒤로하고 빠져나간 순간에

변장한 청년 국경을 넘다가
아아, 되돌아 가려하였으나

노블랑카는 폭격에 무너져
오랫동안 폐허로 남았다네

2023. 3. 2.

비극의 역사 속으로 발길을 옮기지 않으려 했지만, 시인의 양심은 그냥 지나칠 수 없었다. 백화가 만발했던 Treasure Garden이란 이름 가진 Norbulingkha(羅布林卡)의 모습, 비록 폐허의 땅으로 변했지만 꼭 가보고 싶었다. 1956년 캄(스촨)과 암도(칭하이)지역에서 일으킨 반란에 이어, 1959년 3월 10일 중공의 강압에 티벳인은 또 다시 반발했다. 라싸의 봉기로 시작된 역사적 비극은 그해 3월 17일 밤에 일어났다. 변복을 하고 떠난 그 청년은 현 달라이 라마이다.

간덴사원을 찾아
羅石心物詩(184)

라싸에서 동북쪽의 45km
카쇼지구의 방코르 산정

겔룩파 최초의 사찰답게
도솔천을 뜻한 간덴사원

구비구비 감돌아 언덕길
따뜻한 종교마을 오르면

역대 겔룩파 교주늘 영탑
90여 간덴트리 반겨주네

승려 교육을 위한 건축물
규모가 크고 큰 탕카까지

펑크머리 닮은 노란 모자
팥죽빛 옷 한결 어울리네

몰래 라마 사진 보여주던
두터운 벽 젊은 승려숙사

산등성이 올라 바라보면
멀리 반짝거리는 물비늘

2023. 3. 3.

3대사찰 甘丹寺院은 시골같은 들길을지나 비탈길 오르면, 한적한 모습으로 나타난다. 티벳불교 겔룩파의 창시자 총카파 스님이 명나라 초기 1409년에 3,800고지에 세운 첫 사원이다. 필자 일행이 1993년 여름에 첫 방문했을 때는 외국인을 감시하는 자들이 있어서 전체적으로 참관하기도 쉽지 않았다. 동행한 사진작가는 더욱 그들의 눈치를 보지 않을 수 없었다. 그곳 승려들의 복장과 새부리를 닮은 노란 모자가 퍽 인상적이었다.

얌드록쵸 호수
羅石心物詩(185)

지상 제일 아름다운 호수
티벳 푸른 보석 얌드록쵸

라싸 남쪽 3시간 반 거리
네팔 카트만두로 가는 길

티벳 3대 성스러운 곳 중
가장 신비로운 하늘 호수

해발 4,998m의 표지석은
순례자 영혼 씻어 준다네

설산 빙하 녹아 흘러들어
만년 세월 디엔에이 품고

오색 타르초 깃발 더불어
하다 조각천 나부끼는 곳

어딘가 깊은 영혼의 모음
바람 소리에 섞여 들리고

구름은 말없는 황혼 속에
장엄한 빛으로 사라지네

2023. 3. 4.

티벳의 三大 聖湖 가운데 라싸 근교의 가장 아름다운 호수가 얌드록쵸(羊卓雍錯)이다. 이 호수는 티벳인들에게 영혼을 정화시켜 주고 안식을 가져다주는 성지다. 호반에는 티벳 불교의 상징인 오색의 '타르초'(자세히 보면 경전의 글씨가 쓰여 있다)가 걸려 있고, 줄에 촘촘히 엮여져 바람에 나부낀다. '하다'(하얀 천)의 소리가 영혼을 부르는 것 같은 묘한 분위기를 자아내는 이곳은 해발 5,000m의 숨가쁜 고지이다.

다양한 티벳 장례법
羅石心物詩(186)

높디 높은 곳 4천 고지에는
티벳인의 장례법 다양하네

하늘호수 지나 체탕가는데
뒤로 돌아서니 수장터였네

가난해서 베풀지 못했으니
물고기에게 보시하는 수장

나무가 비싸 많은 돈 드니
신분 높은 부자들의 화장

지정된 곳에 뼈와 살 발라
독수리들 먹게 하는 천장

어쩜 썩지 않을까 꺼려져
전염병자나 살인자의 매장

라마나 고승대덕이 죽으면
성대하게 치루는 탑장까지

지수화풍 외 여러 장례문화
티벳의 오래 된 전통이라네

2023. 3. 5.

티벳의 장례방식은 다양성 그 자체이다. 2천 년 이상 전통을 지닌 天葬을 비롯, 불교식의 火葬, 화장한 뒤 뼈가루를 바람에 날리는 風葬, 물속에 가라앉히는 水葬, 그리고 土葬 또는 埋葬과 라마 및 고승들을 위한 (靈)塔葬 등이 있다. 신분에 따라 그리고 특별한 경우에는 예식이 다르다. 고아 과부 거지 등 신분이 낮은 사람은 사원에 보시하지 못했기에 죽어서라도 물고기 밥이 되도록 수장한다. 地水火風의 장례법이 다 있다.

시가체(日喀則)에서
羅石心物詩(187)

간체로 질러 가는 길 험해
하늘 호수에서 달려 3시간

티벳 제2의 도시인 시가체
한자명 르카쩌에 도착했네

라싸가 관음보살의 화신인
달라이 라마가 관할했다면

시가체는 아미타불의 화신
판첸라마 관할하던 곳이네

전기의 티벳은 라싸가 중심
후기의 티벳은 시가체 중심

달라이 라마 1세 세운 사원
타쉬룬포 포탈라궁 닮았네

여기도 파드마 삼바바 책
'사자의 서' 숨겨 두었을까

죽은 다음 환생까지 49일
중음상태 바르도 생각나네

2023. 3. 6.

티벳의 제2도시인 시가체(日喀則)는 얌드록쵸를 지나 3,800m 고지에 있다. 작은 포탈라궁 타쉬룬포 사원이 있다. 관음보살의 화신으로 알려져 있는 달라이 라마 1세가 1447년에 창건하었으며, 1600에 아미타불의 화신인 반첸(班禪) 라마가 직무를 인계받았다. 산중턱 탕카를 걸어두는 전불대 앞 광장에서 내려다 보면, 새로운 세상 시가체 도시가 한 눈에 들어온다.

팡코르 쵸르텐사원
羅石心物詩(188)

저물어 스치며 지나온 길
다시 시가체 출발 간체로

백거사를 보러 남로 택해
2백 5십 리를 달려왔다네

구름 두른 설산과 타르쵸
휘날리는 장족 마을 지나

연초하 건너 비포장 험로
인구 6만 간체성에 왔네

팡코르 쵸르텐이라 불리는
백거사는 나그네 맞이하듯

십만불 모신 웅장한 사리탑
부처의 눈 그려진 간체쿰붐

이곳까지 침략한 영국군들
물리친 영웅성채 솟아있고

사원 하나에 종파 셋이 다
함께 평화롭게 공존한다네

2023. 3. 7.

세계지도를 보면 시가체(日喀則)와 간체(江孜)는 네팔의 히말라야 바로 위에 있다. 두 곳은 실크로드보다 수백 년 빠른 차마고도(茶馬古道)의 중요 도시다. 간체의 팡코르 쵸르텐 사원(白居寺)의 백거탑은 1414년에 짓기 시작해 10년 만에 완성했다. 9층탑으로 108개의 전당에 10만 불상이 있어 십만탑이라 불린다. 마치 서양의 성채처럼 생긴 간체城은 1904년 영국군의 침략으로 억울하게 피를 흘린 곳이다. 사람들 표정이 순박하다.

티벳 [死者의 書]
羅石心物詩(189)

죽음 너머의 세계에 대해
그대여 생각한 적 있는가

신비의 체험을 겪어보라면
기꺼이 해 볼 수 있겠는가

죽음 너머의 세계에 대해
경전은 어떻게 얘기하는가

사후 49일 동안 중음과정
인생 윤회 영화신 믿는가

시가체와 간체 떠나 다시
라싸를 떠나며 생긴 질문

내가 나에게 물어 보는데
죽음과 삶 동전의 앞뒤가

죽음을 배우라, 그리하면
그대는 삶을 배울 것이다

옛 의학교였던 전생 언덕
지금 방송탑 우뚝 솟았네

2023. 3. 8.

파드마 삼바바의 [티벳 사자의 서]를 세상에 드러내는 데 결정적인 역할을 한 편집자 에반스 웬츠는 "삶의 예술은 죽음의 예술이다. 이 책의 메시지는 죽음의 예술은 삶의 예술만큼 중요하다. 죽음의 예술은 삶의 예술을 보완해 주고, 완성시켜 준다. 그리고 인간의 미래는 어떤 방식으로 죽음을 맞이하는가에 전적으로 달려 있다"(서문)고 했다. 죽음의 과학이 발견한 삶의 비밀'(라마 아나가리카고 빈다)을 이책은 권하고 있다.

순례자의 길
羅石心物詩(190)

나그네는 순례자가 아니다
사천성 까링딩서 라싸까지

2,100km 7개월 오체투지로
목숨 건 순례자 길 아녀도

티벳불교의 시조가 걸어간
파드마삼바바의 길을 따라

라싸에서 까링사원까지 길
보통 걸음으로도 어렵다네

무엇 때문에 먼길을 떠날까
누구를 위해 목숨을 거는가

자신을 위한 고행이 아니라
온누리 중생의 평안을 위해

윤회의 업에서 해탈을 위해
착함을 행하는 순례자의 길

가고 또 가고 이어가는 길
저 차마고도에서 마주치네

2023. 3. 9.

라싸와 차마고도에서는 오체투지 순례자의 고행 모습 마주치게 된다. 운남, 사천에서 라싸까지 차마고도의 순례길은 티벳 불교가 라싸에서 운남과 사천으로 전래되던 길이기도 하다. 토번왕조 38대 때 인도에서 온 파드마 삼바바는 티벳 전역의 토착 종교인 본교를 대체하여 차마고도를 따라 사천과 운남 지방에 전했다. 그가 세운 까링사원과 수도한 동굴이 아직도 사천 더거현에 남아 있다.

茶馬古道를 따라
羅石心物詩(191)

티벳불교 전파의 길이자
순례자의 길인 차마고도

준비없인 길이 허락않네
정말 험준한 여정이기에

6년 전 왔던 항로 되돌아
라싸에서 청두 하늘 길로

축지법 쓰듯 휙 구름타고
옛 촉도 땅에 도착하였네

촉한은 한두 차례 둘러볼
가벼운 유람 승지 아니듯

지난 발자취 더듬어본 뒤
몽정산 차맛에 쉬어 가며

강정 파당 거쳐 망강에서
리강으로 차마 옛길 돌아

대리 보이 차향을 맛보고
나그네 길 곤명에 이르네

2023. 3. 10.

공영방송 KBS의 다큐 차마고도 방송으로 많이 알려졌으나, 신작로가 생긴 뒤의 모습이라, 옛길과는 달라 보인다. 차마고도는 중국의 차와 티벳의 말을 교역하던 루트로, 송나라 때 교역이 본격화 되었다. 사천과 운남에서 티벳을 넘어, 네팔 인도, 파키스탄에 이르는 5,000km의 험로이다. 북방의 침략을 받은 송은 말이 필요했고, 유목민 티벳사람들에게 차는 비타민을 얻을 수 있는 유일한 수단이었다.

차(茶)와 말(馬)의 고향
羅石心物詩(192)

높고 험한 길로 목숨걸고
차와 말의 직접 물물교환

차 향기 말 숨 전도의 길
오체투지 순례 길 되었네

여기저기 마방의 옛 자취
새겨진 이정표 남아 있고

고향떠난 말과 야크떼들
무거운 울음소리 들리네

나그네 짙은 푸얼차 맛에
시름 잊고 갈길 재촉하니

구비마다 싱그러운 차밭
더러 아름드리 고수찻잎

길목마다 발길잡는 차관
더러 설레이는 구슬주렴

운남과 사천성 차의 향기
설산 넘어 만리길 전했네

2023. 3. 11.

오늘날 차마고도의 여정은 새로 닦은 신작로의 아스팔트 길로, 멋도 맛도 없게 되었다. 비록 목숨 건 고행의 길이었지만, 순례의 길 역시 요즘 험로보다는 지름길을 택한다. 갓길로 오체투지하면, 차량이 뿜어대는 공해의 맛에 입안이 씁쓸하다. 지고지순한 비원의 길이자 끈질긴 생존의 길이었는데, 이제는 가벼운 호기심의 관광 길이 되었다. 사람을 죽이는 전쟁의 말보다, 사람을 살리는 평화의 차 맛이 삶에 여유를 준다. 차문화는 언제 어디서나 소중하다.

403

蒙頂 甘露仙茶
羅石心物詩(193)

고산 운무는 좋은 차의 환경
골짜기 맑은 물은 차의 생명

명차의 조건 차명인의 말씀
차도 사람처럼 인연 따지네

야정의 몽산 정상의 감로차
몽정 황아 더불어 쌍벽인데

차 잎에 흰 털 많은 권곡형
차 맛 이슬 맛 엷고 달콤해

양자강 중령천 물과 몽정산
정상의 차 최고라고 했다네

야딩의 고옥 다관의 붓글씨
대련글로 차 역사를 말하네

서한 때 감로사의 보혜선사
오리진 직접 심은 일곱그루

차나무 품성도 독특 했으니
신선이 찾는 선차라 불렀네

2023. 3. 12.

四川 야딩(雅定)의 몽산(蒙山 또는 蒙頂山)은 차 역사상 2천년 동안 인공재배했다는 기록과 1169년의 貢茶 역사를 자랑하는 名茶의 산지이다. 몽산은 차문화의 발원지이자, 茶馬古道 출발지의 하나로 多雲 多雨 多霧의 생태환경을 갖추고 있다. 漢代부터 淸代까지 명성을 누렸다. 노자의 "天地相合 以降甘露"(법문)처럼 仙茶의 蒙頂甘露와 蒙頂黃芽는 중국 십대명차에 든다.

蒙山 茶神殿
羅石心物詩(194)

당에서 청까지 천년을 이어
나라에 바치는 공차로 지정

황제와 황족을 위해 공출한
황다원 지금도 남아 있다네

몽산다원의 공차 제조 때는
개원의 예법 의식 성대했고

길일에 목욕재계한 채다승
제다승과 엄히 구분했다네

채다에서 제다까지 차공정
품질관리 빈틈없던 엄중함

오래된 몽산기슭 차향역사
차사박물관이 전하고 있네

육우가 살아와도 인정하리
차 중의 차 고향은 몽정산

백거이가 읊은 몽정차 정신
오롯이 다신전이 말해 주네

2023. 3. 13.

蒙山의 山頂, 五峰의 茶園에서 채취한 찻잎은 엄격한 제다방식에 따라 생산된다. 貢茶시절엔 관원과 승려가 제사를 지내고, 차를 땄다고 한다. 그곳 차사박물관의 기록은 물론, 茶神殿이 몽정차 문화를 대변한다. '茶神'은 '차의 정신'을 뜻하지만, 다관의 물에서 차가 우러나는 과정을 말하기도 한다. 필자는 80년 대 초에 문예진흥원의 월간지 [전통문화]에 "다신" 이라는 졸시를 발표한 적이 있다.

茶의 길, 茶의 빛
羅石心物詩(195)

사천에서 출발하는 차의 길
운남에서 비롯되는 차의 길

설산에서 말이 내려오던 길
끝내 마주치는 차마의 옛길

사천 몽정산과 운남 푸얼시
길이 다르듯 차맛이 다르니

산수도 제다 방식도 다르고
차의 모양과 포장도 다르네

위도경도 따라 기후와 토양
수종과 특성 저마다 다르고

찻잎 생김새와 차의 빛깔도
청 홍 백 흑 황 오방색으로

동서남북과 중앙 오행의 차
천지의 자연이치 담겨 있듯

강북 강남 서남 화남 차산지
크게 네 지구로 나누어 지네

2023. 3. 14.

차마고도의 출발점이자 기착지인 사천과 운남 두 갈래의 길이 있었듯, 야딩 몽산의 녹차와 따리 푸얼의 보이차는 두 갈래의 차문화를 이루었다. 채다 및 제다의 내용과 형식에서 여러모로 다르다. 차에는 靑茶 紅茶 白茶 黑茶 黃茶의 다섯 가지 빛깔이 있듯, 오방색을 모두 가지고 있다. 차의 산지 역시 江北茶區 江南茶區 西南茶區 華南茶區로 나눌 수 있듯, 중국차의 역사와 문화의 맥은 깊고도 넓다.

長江流水何處去
羅石心物詩(196)

황하와 장강과 메콩강까지
모두 곤륜산에서 비롯되니

황하장강 발원지 청장고원
티벳고원 거기서 나뉜다네

가장 긴 강이지만 양자강은
양주와 상해 구간 이름일뿐

지역마다 이름이 달라지나
본래의 이름은 장강이라네

탕구라산 주봉인 구라단둥
서남쪽에서 발원하는 장강

열개 성자치구 거쳐 상해로
구비 구비 만리를 흘러가네

흰 구름 어디 정한 곳 없듯
장강은 흘러 어디로 가는가

만사는 반드시 귀착점 있어
수평선 찾아 해동으로 가네

2023. 3. 15.

쿤룬(崑崙 곤륜)산맥은 파미르고원에서 청해성까지 2,500km에 이른다. 아시아 최대의 산맥이다. 쿤룬산은 북쪽으로는 타클라마칸 사막과 곁을 두고 있으며, 남쪽으로는 티벳고원과 닿아 있다. 黃河와 長江은 쿤룬산에서 비롯된다. 장강은 청해성, 티벳자치구, 중경시, 사천성, 운남성, 호북성, 무한시, 호남성, 강서성, 안휘성, 강소성, 남경시, 상해시 등성과 대도시를 거쳐 동쪽 바다 황해로 흐른다.

峨眉山의 金頂
羅石心物詩(197)

중국불교 4대 성지의 하나
보현보살 신앙도량 아미산

구비구비 감돌아 구름 속에
자취마저 감춘 금정 와운암

동진시대부터 명청 이르러
전성기를 구가했던 순례지

수천 명의 승려와 150여 좌
사원들 어디론가 흩어졌네

사천 중심부에 펼쳐진 분지
서부 티벳 고원과의 경계선

해발 3천 넘는 고지의 평원
제단 세워 천제 지냈던 그곳

유물론세상 만나 쇠락했네
원숭이 울음소리 소란한데

댓 잎 꼭 닮은 죽엽청 차향
그것만은 변함없는 듯 싶네

2023. 3. 16.

아미산이 보현보살의 상징으로 널리 알려진 것은 東晉(317-420) 때이다. 오랫동안 불교의 성지로 순례자들의 발길이 끊이지 않았으나, 유물론의 정변을 맞이하여 문화대혁명을 겪었다. 90년대 필자가 아미산 金頂을 찾았을 땐, 허술한 건물 하나 덩그렇게 남아 있었을 뿐이었다. 겨우 1박을 했는데, 저녁 노을과 새벽 운무는 선경에 다름 없었다. 峨眉竹葉靑의 차 맛은 여전히 일품이었다.

樂山 彌勒大佛
羅石心物詩(198)

마오쩌둥 군이 건넜다네
대도하와 청의강과 민강

세 강이 합쳐지는 그 곳
탁류를 굽어보는 미륵불

모양이야 어떻든 크다네
규모를 뽐내는 낙산대불

발등 하나에 수백명 중생
개미처럼 올라설 수 있네

순자는 공자의 말 전하길
장강은 민산서 흘러 나와

물 많아지면 배띄우지만
처음에는 술잔 띄운다고

미륵불 처음부터 크더니
볼수록 정겨움 어디가고

즐거울 낙 낙산은 이름뿐
감동은 없고 격동만 있네

2023. 3. 17.

낙산대불은 미륵석상으로 사천성 낙산시 大渡河와 青衣江이 만나는 岷江邊 절벽에 조성되어 있다. 중국뿐만 아니라 세계에서도 가장 큰 미륵불이다. 높이가 71m, 머리 길이 14.7m, 머리 넓이 10m, 어깨 넓이 28m, 귀 길이 6.7m, 코 길이 5.3m, 발 하나의 길이가 12m로 발 위에만 200명은 족히 올라 설 수 있다. 당나라 현종 때, 凌雲寺 海通 禪師가 시작해서 90년 만인 803년에 완공되었다.

馬一浮의 復性書院
羅石心物詩(199)

주역 24번째 지뢰복괘 소에
벗이 와야 허물이 없다 했듯

복은 형통하니 일양 돌아와
리와 기 모이기 때문이라네

낙산의 대불 헛것은 보면서
그 위의 복성서원 지나치니

20세기 중국 최고 군자인
마일부를 모르기 때문이네

모주석 주총리는 물론이고
소련 후르바초프도 존경한

벗이여, 마이푸 들어봤는가
5개어 능통에 자본론 번역

대시인이자 서예가 철학자
북대교수 초빙도 거절했네

학생이 선생 찾아 배운다고
선생은 학생 찾지 않는다고

2023. 3. 18.

마일부(1883-1967)의 名은 浮이고, 字는 一浮, 호는 湛翁이다. 중국근대 사상가 시인 서예가이다. 마르크스의 [자본론]을 번역 출간했다. 미국과 일본 등에 유학했으며, 梁漱溟 熊十力과 더불어 新儒家 三賢으로 불린다. 동서철학은 물론 불교에도 정통했다. 낙산대불 뒤 烏尤寺에 웅십력 사무량 천목 등과 함께 復性書院을 창건하고, 중국전통문화의 우수인재를 양성했다. 만년에는 항주 서호변에서 살았다. 후르바초프가 모택동보다 그를 먼저 찾아볼 만큼 존경했다.

三蘇祠에서
羅石心物詩(200)

성도에서 40Km 밖의 남쪽
도교와 불교의 성지 아미산

멀지 않은 미산시 들어서면
동파의 고향에 동상 셋이네

누구든 한 사람도 어려운데
삼부자 모두 다 당송팔대가

소순 아버지와 소식과 소철
더불어 삼소의 호칭 얻었네

두 형제 나란히 급제했으니
징표가 서련지에 담겨 있어

개봉의 경사소식 듣기 전에
아버지 소순은 이미 알았네

그 아버지에 그 아들이라고
서당의 현판에 새겨 걸었네

서련정 난간에 앉은 나그네
천년의 연꽃 향기에 취하네

2023. 3. 19.

성도에 간 여행객이라면, 소동파의 고향 眉山을 꼭 들리게 된다. 蘇軾의 부친 蘇洵, 그의 동생 蘇轍 삼부자를 기념하는 삼소사가 있기 때문이다. 唐宋八大家에 세 부자가 모두 들었으니, 대단한 집안이자 "그 아버지에 그 아들(是父是子)"이 아닐 수 없다. 동파가 21살, 소철이 19살 때로 진사과에 나란히 급제할 때, 하나의 줄기에 두 송이 연꽃이 핀 瑞蓮池, 아직 남아 있다. 오늘이 心物詩 200회이다.

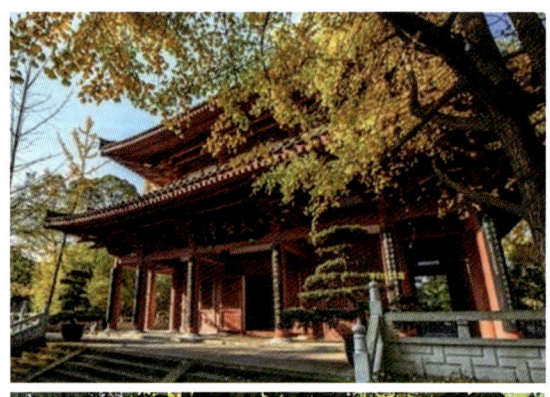

李白의 옛집
羅石心物詩(201)

물 맑고 산 푸른 사천 강유시
풍광도 아름다운 이곳 농서원

이백 시인 젊었을 때 살았던
푸른 잎 흰 연꽃 아름다웠던

아직 옛 지명 그대로 청련진
대 숲길 오르던 언덕 태백루

달사랑 두드러졌던 요월루엔
청련거사 발자취 남아있다네

백화가 활짝 핀 농서원 지나
천보산 기슭 외로운 흙 무덤

이백의 단 하나 혈육이었던
여동생 월원 묻혀 있었으니

이백은 왜 한 번 떠난 뒤엔
이곳에 다시 오지 못했을까?

오빠 대신 홀로 부모 봉양한
동생에게 진 빚 때문 아닐까

2023. 3. 20.

성도의 동북쪽 150km 지점에 江油市 靑蓮鎭엔 시인 이백이 5세부터 25세까지 살았던 농서원이 있다. 감숙성 농서사람인 이백은 키르키즈스탄 출생이란다. 61세에 객사할 때까지 돌아가지 못한 그리운 고향이기도 했다. '擧頭望明月, 低頭思故鄕'이란 시처럼 思鄕心을 읽을 수 있다. 부친이 준 거금 갖고 벼슬길을 떠났으나 탕진하고 고향에 돌아오지 못했다. 고향에 남은 여동생 月圓(粉竹樓)에게 빚진 마음 때문에 미안해서 못 돌아간 것은 아닐까?

杜甫 草堂
羅石心物詩(202)

옛파촉 사천에는 유명한 시인
이백 두보와 소동파까지 있어

시의 고장으로 별 손색 없지만
여류 설도까지 있을 줄 몰랐네

성도 남쪽 교외에 한적한 초당
240여 수 시를 썼던 이곳에도

봄밤의 빗소리에 기쁜 맘 설레
오늘 따라 추적추적 고향 생각

만물을 적시며 내리는 저 단비
어디가 목마른지 알고 있을 듯

전쟁을 피해서 촉도로 옮겨 와
친구 덕에 초당을 짓고 산 4년

좋은 사람들 만나 서로 베풀며
느긋하게 사는 세상 언제 올까

뜰에 나앉아 생각에 잠긴 시성
소릉에게 물어도 영 대답 없네

2023. 3. 21.

詩仙인 이백(701-762)과 詩聖인 두보(712-770)는 唐의 현종이 통치하던 盛唐의 동시대인이다. 이백은 1,100여 수, 두보는 1,400여 수의 시를 남긴 쌍벽이었다. 그들에게 사천은 제2의 고향이었다. 두 시인은 11년 차 라 이별이었으나, 함께 산동으로 여행을 떠났던 좋은 벗이었다. 두보는 친구 嚴武의 도움으로 잠시 이곳 촉 땅에서 工部員外郞이란 말단의 벼슬을 해서, 杜工部로도 불린다.

薛濤遺址 望江樓
羅石心物詩(203)

성도의 대표적 유적지 하나
금강을 내려다 보는 망강루

이곳에 거주하며 시를 썼던
당나라 여류시인 설도 집터

음시루 탁금루 당시 건축들
안녹산의 난 때 전해진 당풍

그녀가 좋아한 대나무 숲 속
이 공원의 주인공 석상 있네

설도의 고향은 먼 장안인데
아버지 부임지 따라 이주해

집안 기울어 기생 되었어도
백거이 유우석과 시로 화답

한때 두보초당 부근 은거로
종이만드는 법 직접 배워서

자신만의 고운 색깔 편지지
설도전 연화전 만들어 썼네

2023. 3. 22.

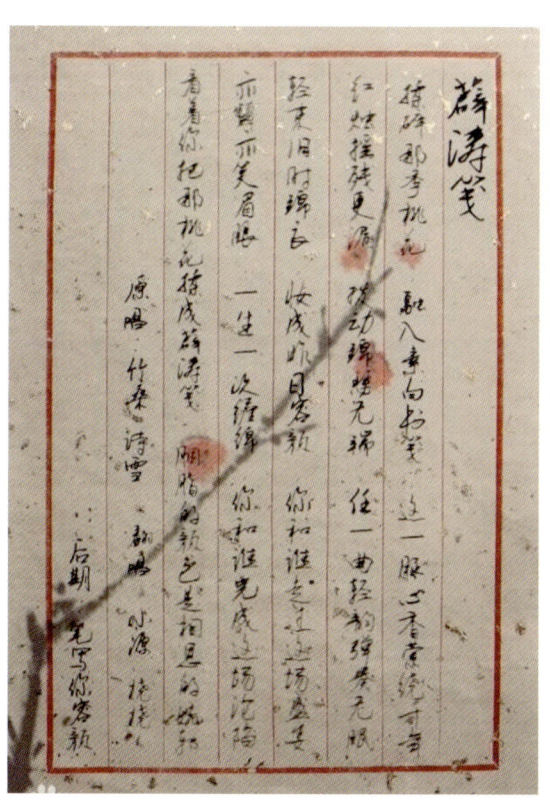

원래 사천성의 省都는 成都가 아니고 重慶이었다. 중경의 인구가 수천만이 되자 특별시로 승격되었던 것. 성도의 대표적 유적지는 남문밖 무후사와 서남쪽 두보초당, 동문밖의 망강루로 이곳은 아름다운 시인 薛濤가 살던 곳이다. 그녀가 직접 만들어 쓴 편지지 薛濤箋과 浣花箋은 엄청난 인기를 누렸으며 황실의 진상품이 되었다니, 그녀의 시와 더불어 아름다운 그 풍류를 넉넉히 알만도 하다.

諸葛亮 武侯祠
羅石心物詩(204)

춘추 전국시대 촉의 도읍지
진한연간 이미 성도였던 곳

삼국시대 다시 수도 됐으니
유비와 공명의 사당이 있네

223년 봄에 붕어한 유비를
성도로 옮겨 장사지낸 혜릉

그의 감부인과 오부인 함께
묻히고 1700여년 흘렀다네

무후사는 충무후 공명 사당
신하의 사당에 유비가 왠말

제 각각 사당인데 유비보다
공명을 더욱 많이 찾아오니

명때 주원장 공명사당 헐고
유비릉 옆 유비전과 제갈전

합사되었어도 공명의 인기
여전해 명칭도 무후사라네

2023. 3. 23.

[삼국지]에 제갈량과 관운장 빼면 읽을 재미가 없듯 공명과 관공의 인기는 식을 줄 모른다. 공명사당을 찾는 이가 더 많은 것도 어쩔 수 없는 일. 유비사당(廟)이라 하기도 제갈량의 武侯祠(곽말약 글씨)라 하기도 애매하다. 경내엔 諸葛鼓라는 銅鼓를 볼 수 있고 후원엔 명필의 唐碑들을 감상할 수 있다. 무후사는 문화혁명 때도 끄떡없었다. 여전한 인기 덕분이었다.

武侯祠 안쪽 또 하나의 현판, "先主武侯同閟宮"이 유비와 공명 두 사당을 合祠한 집(宮) 대문이란 의미이다. 중국 역사에 없는 왕과 신하의 사당이 함께 있는 이례적 사례가 아닐 수 없다. 한편 다시 생각해 보면 변함 없는 제갈량의 인기(언제든 중국 역사인물 중 인기도가 가장 높았다)도 그렇지만 제갈공명 없는 유비(漢昭烈王)는 존재할 수 없었을 것이다. 제갈공명과 관운장은 후천운도의 우리나라와도 매우 깊은 인연이 있는 인물이다.

三星堆文化
羅石心物詩(205)

그들은 어디로부터 왔을까
우주로부터 촉도로 왔을까

3천년 넘은 촉땅의 삼성퇴
스스로 뿌리내린 문화일까

중원에 모여들려는 구심력
중심서 이탈하려는 원심력

북방뿐만 아닌 서남에서도
끊임없이 작용하지 않았나

긴 귀에 눈알이 튀어나오고
우락부락한 금동가면 보면

사찰의 사천왕 금강역사상
경외심과 공포심 닮았는데

80년대 제사갱에서 발굴된
초대형 황금가면 청동나무

제사와 관련된 신단과 신목
동이족 상과 교류한 것일까

2023. 3. 24.

1980년대 본격적으로 발굴된 성도 삼성퇴 유물은 전례가 없는 새로운 청동기문화의 면모를 보여 준다. 중원문화와는 이질적이라 풀 수 없는 수수께끼가 되고 있다. 대형 청동가면과 神樹는 동시대 동이문화와 연관에 주목하고 있다. 청동신단과 청동신수는 천신 제사 문화를 상징하며 신수는 높이 4m에 달하는 대형 청동 조형물로 꽃과 새가 달린 아름다운 곡선의 나뭇가지로 되어 있다. 같은 시대 동이족의 商文化와 연관된듯 싶다.

靑羊宮의 來歷
羅石心物詩(206)

당나라 황제의 명에 따라
666년 건립된 유서 깊은

사천 쪽 도교의 제일 도관
안사의 난 피해 머문 현종

당말기에 황소의 난 피해
이곳 행궁으로 삼은 희종

노자와 종씨 이씨 당왕조
노자 교주로 국교 삼았네

현학 창시자 왕필이 말한
노자는 성인이 아닌 것을

성인인 공자도 유교 교주
스스로 행세한 적 없는데

정치가 종교를 만들고 또
이용한 역사 증명하는 듯

촉국의 땅 성도의 청양궁
팔괘정이 그 내력 전하네

2023. 3. 25.

775년 당현종이 찾았고 880년 희종이 행궁으로 삼았던 청양궁은 서남지방의 제일 도관이다. 명말 전란으로 파괴되었다가 청때 재건하였다. 경내엔 混元殿 八卦亭 三淸殿 등이 있으며, 그 중 가장 아름다운 건축 팔괘정은 도교의 핵심 이론을 형상화하고 있다. 삼청전 앞 구리로 된 양은 12지신을 모두 부분적으로 모아 놓은 듯하다. 매년 2월 15일 전후 노자의 탄생을 기리는 축제 花會가 열린다.

靑城山 老君閣
羅石心物詩(207)

기원 전 수리시설 도강언
한눈에 내려다 보이는 산

신선이 산다는 동천 복지
수목 우거져 푸른 청성산

백여개 정자 세워져 있고
정상엔 팔각 구층 노군각

맑은 날 저멀리 운무속에
아득히 아미 산정 보이네

도교의 발상지 중 하나인
천사도 순례지 옛 장인산

병 고쳐주고 쌀 다섯 말
오두미교 창시자 장도릉

제자 이끌고 입산 득도한
그 자취 곳곳에 남았는데

정말 함곡관에서 왔을까
거대한 노자상 앉아 있네

2023. 3. 26.

都江堰은 기원전 256년 秦나라 사천군수 李氷이 岷江의 수해를 막기 위해 건설한 둑이다. 같은 경내 청성산과 함께 유네스코 세계문화유산으로 등재되었다. 청성산은 해발 1,260m로 도교의 4대 명산이자 그 발상지 중 하나이며, 10대 洞天 중 다섯번째로 손꼽는다. 五斗米敎의 창시자 張道陵이 이곳에서 득도하였다고 한다. 天師道 종파의 본산이기도 하다. 노자가 함곡관에서 이곳 사천으로 왔다는 설도 있다.

上清宮 大千畵室에서
羅ólo心物詩(208)

원명궁에서 오솔길 따라
서남쪽으로 조금 오르면

장인봉 북쪽기슭 자리한
천진관과 옥청궁 있다네

다시 오르면 최고 상청궁
오랜 세월에 신선의 동부

노군전 영조전 문무전 등
도관 안 대천화실 있다네

북경 노구교 사건 연루돼
쫓겨 다니다 종착지 사천

금의환향 커녕 피난 신세
이 곳 상청궁에 은거했네

마고 연못 옆에서 4년 간
무려 천여 점의 대작 남겨

그 산실 청성산십경 걸작
장대천기념관 볼 수 있네

2023. 3. 27.

동양의 피카소로 불리는 장대천(1899-1983)의 字는 季爰이고 號는 大千居士, 사천 내강현 사람이다. 일본유학을 거쳐 젊을 땐 돈황 천불동 벽화연구를 했다. 일본군을 욕한 일로 홍콩, 계림 등지로 전전하다 상청궁에 은거(1938-1944)했다. 이곳에서 '靑城山十景'을 비롯한 천여 점의 작품을 남겼다. 상청궁 장대천 거처와 기념관 그리고 1949년 서양으로 떠나기전 살던 故居가 성도에 아직 남아 있다.

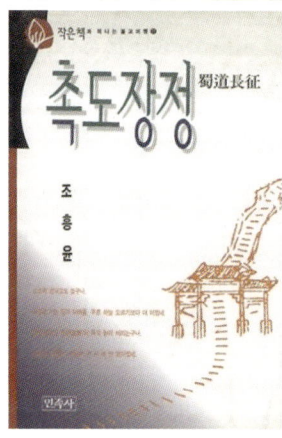

天谷山과 新羅無相
羅石心物詩(209)

청성산의 예전이름 천곡산
신라왕자 무상선사 수도처

금화상 자취 남지 않았지만
차밭이 있는 부근이 아닐까

덕순사로 처적 찾아갔으나
만나주지 않자 소지공양한

그곳 2년후 천곡산 두타행
끝내 달마가사 물려받았네

역대법보기에 보면 김화상
가사받고 다시 천곡산수행

선종법맥 이은 무상선사로
당대 정중종 개산조되었네

티벳불교에도 크나 큰 영향
끼친 공로 지금도 기린다네

5백 나한의 455번 째 자리
정중 무상선사 차지 했다네

2023. 3. 28.

무상선사(684-762)는 신라의 성덕왕 셋째 왕자이다. 金和尙 무상은 중국 선종의 남북종파와 또 다른 정중종(智詵-處寂-無相-無住)의 제3대 조사이다. 그는 중국 선종의 중흥조였으며 법맥의 조작으로 그존재가 흐려졌으나 돈황문서들의 발굴과 중국철학자 호적과 한국 민영규 교수의 연구에 의해 1천2백년만에 새로 밝혀졌다. 자세한 것은 [촉도장정]과 [사천강단] 두 책에 기록되어 있다.

寧國 · 大慈 · 淨衆無相
羅石心物詩(210)

자중성 북쪽십리 서신산록
건안 5년 창건 덕순사 도량

뒷날 영국사로 바뀐 이곳이
지선과 처적과 무상 전법처

측천이 지선에게 맡긴 가사
달마 조사의 믿음 증표인데

육조 혜능에게 가지 않았고
신라 김화상 무상에게 갔네

마조도일이 무상 제자라니
한중일선종역사 다시 써야

자중현 뱃길 한시간 금곡산
맹수와 수행한 바위굴 있듯

천곡 금곡 십여년 두타행에
정중사 중생교화 스무 핸데

무상 창건 정중사 자취없고
영국사 대자사만 남아 있네

2023. 3. 29.

신라 김화상 무상선사가 세운 淨衆寺는 폐사되고 玄宗賜額의 大慈寺만 남아 있다. 무상이 장안에서 德純寺로 5조 弘忍의 법제자 智詵을 찾아 갔으나 이미 입적해 그의 전법제자 處寂으로부터 달마조사 가사를 물려 받았다. 남종선맥이 조작되었다는 첫주장은 胡適인데, 중국 [寶林傳]과 [육조단경]은 僞書라는 것이다. 즉 조계혜능-하택신회-남악희양-마조도일의 남종선법통은 가공되고 날조된 것이라는 놀라운 주장이다.

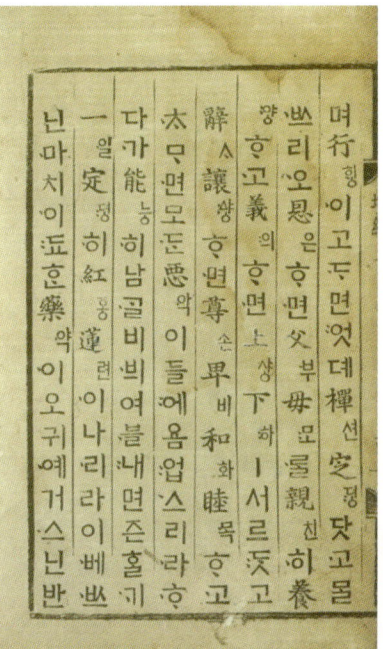

鄧小平의 故鄕
羅石心物詩(211)

사천이 낳은 중공의 인물엔
주덕 진의 등소평 삼걸있네

홍군총사령관의 주덕 원수
위풍당당한 상해시장 진의

먼저 난 털보다 나중 난 뿔
더 솟은 작은 거인 등소평

세 곳 옛집 이웃 해 있어서
기념관들 둘러 볼 수 있었네

사천 광안시 협흥진에 가면
조상 때의 고목 둘러 선 채

농가형 아담한 삼합기와집
등소평의 생가는 소박한데

십억인구 호령한 작은 체구
그 담력 어디서 비롯됐을까

흰 고양이든 검은 고양이든
쥐만 잘 잡으면 된다했다네

2023. 3. 30.

사천성 廣安市 協興鎭은 중국 개혁개방의 주역인 등소평의 유년과 청소년기의 활동 장소이다. 전통 고가가 그대로 잘 보존되어 있으며 마을 전체로도 사회주의 신농촌의 풍경이 고스란히 남아 있어 여느 혁명가들의 요란한 고향과 달리 소박했던 위인의 면모를 느끼게 한다. 일찍이 국비 장학생으로 프랑스 유학을 했던 그의 개혁 성향으로 문화혁명 당시 이곳이 그의 귀양처가 된 적도 있다. 모택동 만년 주은래 총리의 천거로 복권됐다.

邓小平铜像

教育要面向现代化，面向世界，面向未来。

邓小平 一九八三年国庆节

長江 따라 萬里 길
羅石心物詩(212)

흰구름 정한 곳이 없는데
장강의 물 어디로 가는가

인생 나그네 구름길인데
유수의 길 바다 품안이네

황하 거슬러 올라 갔다면
장강 여정 상류서 하류로

1994년 8월 성도서 출발
삼협 우한 거쳐 종주했네

중국 북쪽에 장성 있다면
남쪽 허리 장강 둘렀는데

굽이치는 물줄기를 막아
거대한 저수지 만든다니

돛단배 시절 마지막 삼협
놓치지 못할 그리운 뱃길

누구는 만남의 물길이나
다른 이에겐 이별이라네

수위가 높아지면 어쩌나
역사가 통째로 수몰되리

흐름이 멈추면 깊은 침묵
되돌릴 수없는 아픈 상실

물결 위에 오랜 바람이어
부디 삼협호인 지켜 주소

동행의 친구 렌즈에 담고
석별의 시인 가슴에 담네

2023. 3. 31.

삼협호인(三峽好人) 산샤하오런, 영문제목은 STILL LIFE) 賈樟柯 감독의 영화로 산샤와 삼협댐을 모티브로 했다. 필자는 1994년 여름 CCTV의 특집부 촬영팀에 합류해 장강의 역사 유적지를 답사할 수 있는 기회의 행운을 가졌다.

장강제일성 宜濱
羅石心物詩(213)

성도에서 민강 따라 미산
낙산 지나면 장강 제일성

금사강과 민강 서로 만나
뱃길 여는 고도 의빈인데

다화산 차밭의 용다화해
우량예 명주의 의빈주해

일망무제 대밭 촉남죽해
바다없는 바다 출렁이네

천하 명승 촉남죽해 찾은
북송의 시인 명필 황정견

붉은 절벽에 새긴 황산석
세 글자 산곡체 뚜렷하고

작은 아미 운대산 관음사
청석길 옛 목조 이장고진

인문학 여행길 찾는다면
강변도시 의빈 권하리다

2023. 4. 1.

산협댐이 완공되기 전 성도에서 출발한 장강탐사 취재팀은 장강의 상류 岷江 따라 眉山, 樂山을 지나 長江第一城인 의빈시에 도착, 의빈은 민강과 금사강이 합류하는 곳이자 본격적인 장강 뱃길의 부두가 있다. 古都답게 끝없는 대숲 蜀南竹海와 龍茶花海 그리고 宜濱酒海 등 바다 천지다. 黃山谷의 글씨가 새겨진 붉은 절벽, 이 지방 전통 古家들이 보존된 李莊古鎭, 중국 3대 名酒 五糧液 등 의빈은 옛 풍류로 가득한 고장이다.

蘇東坡와 黃山谷
羅石 心物詩(214)

동파는 의빈에서 멀지 않은
미산이 고향이니 촉도 출향

나룻배 의지해 이곳 거치니
삼소동행의 시편 남아 있네

그의 친구 산곡은 황제에게
직언하다 의빈 귀양 왔으니

처자 거느린 찌든 가난에도
의연히 이곳 시백수 남겼네

의빈 강변 동파와 산곡동상
나란히 정답게 서 있었는데

몇해 전 머리 위까지 홍수로
결국 동파 가고 산곡만 남아

잠시 이별을 두고 이곳 시인
저마다 시 한 수씩 읊었는데

술에 취한 동파 주중선인데
I'm ok! 산곡은 엄지척했네

2023. 4. 2.

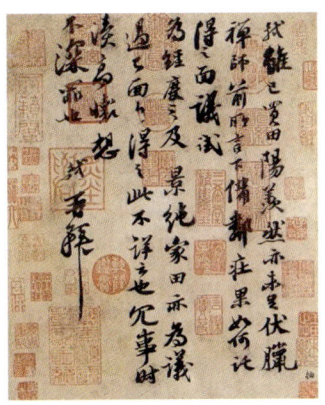

宋仁宗4년(1059) 10월 소동파 삼부자 함께 미산 고향집에서 배를 타고 동쪽으로 내려와 의빈에서 묵으며 형제가 '過宜濱見夷中亂山' 시를 남겼다. 황산곡은 북송1098년 신종신록 사건으로 의빈(옛 戎州)에서 3년간 귀양살이 중 三杯酒에 얽힌 고사가 남아 있다. 동파와 산곡은 송4대 서예가로 두 시인의 동상이 나란히 서 있었으나 홍수에 잠겨 동파상만 파손되자 재미난 얘기가 생겼다.

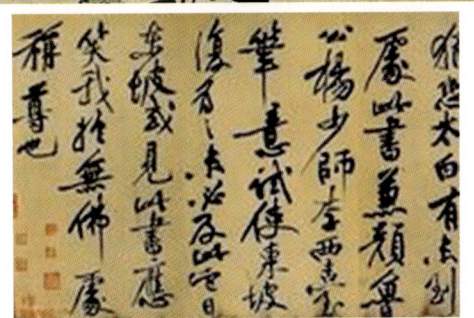

東坡와 山谷의 書畵
羅石心物詩(215)

유행한대야 길거나 짧거나
날씬하거나 뚱뚱할 뿐이듯

서체도 옷과 별로 다르잖아
획과 파임 장단 비수 차인데

산곡 서체 유난히 길쭉해서
친구 동파가 평해서 말하길

자네 글씨는 마치 죽은 뱀을
나뭇가지 걸은 것 같다 했네

음식에 고기는 없어도 그만
집뜰엔 대나무 없어선 안돼

시처럼 대를 좋아했던 동파
검은 묵죽화 즐겨 그렸는데

만년 주묵의 붉은 대 그리자
붉은 대 어디 있냐던 산곡에

동파왈 자넨 검정댓잎 봤나
그 때 벌써 아방가르드미학

2023. 4. 3.

동파와 산곡은 채양과 미불 더불어 송4대서가로 시서화 3절의 예술가였다. 동파는 산곡에 비해 전위적이었다. '글씨는 그 사람(書與其人)'이라 했듯 서가의 心物이기도 해서 마음과 신체를 닮기 마련이다. 퇴계 글씨는 키가 짧고 율곡 글씨는 병색이 짙다. 안중근 글씨는 충이 있고 이승만 글씨는 韻이 있으며 김구 글씨는 誠이 있다. 모택동 글씨는 狂草에 가깝고 등소평 글씨는 鐵骨이나 장개석 글씨는 단정하기만 해 학생 습자 같다.

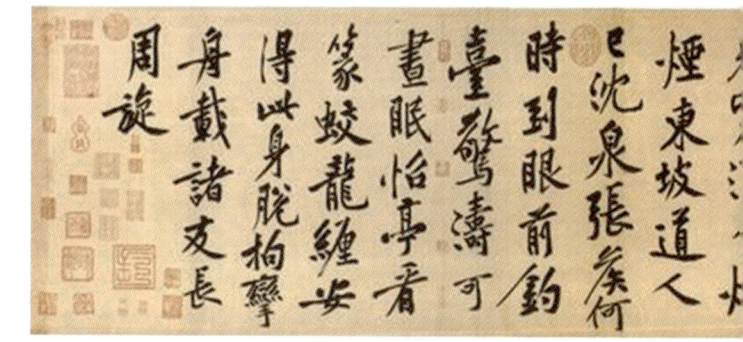

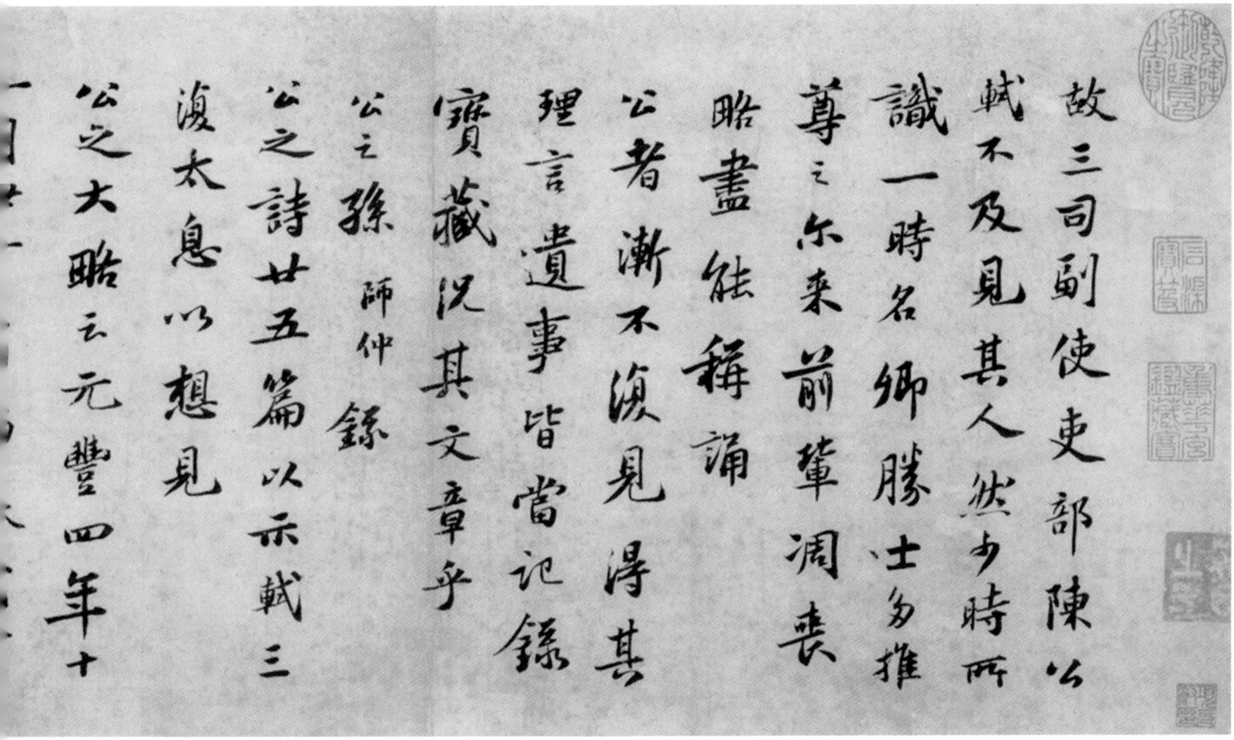

故三司副使吏部陳公以
軾不及見其人然少時所
識一時名鄉勝士多推
尊之尔來前輩凋喪
略盡能稱誦
公者漸不復見得其
理言遺事皆當記錄
寶藏況其文章乎

公之孫師仲錄
公之詩廿五篇以示軾三
復太息以想見
公之大略云元豐四年十
一月十一日

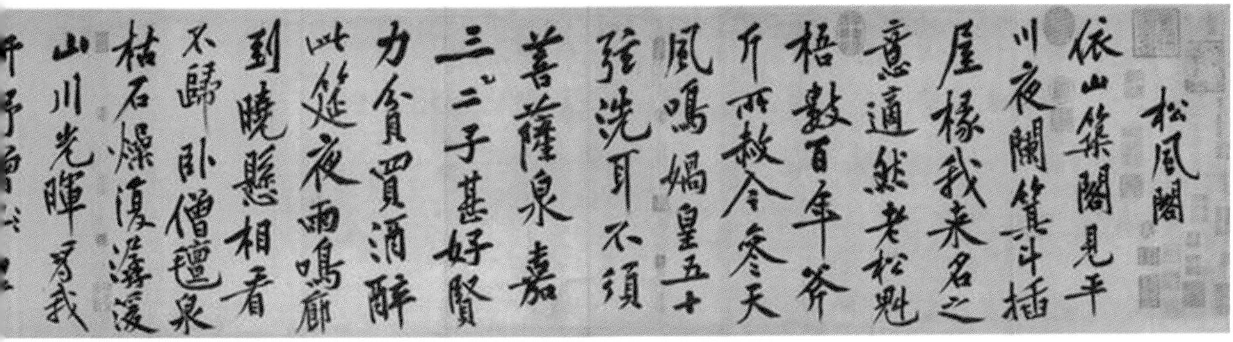

松風閣

依山築閣見平
川夜闌箕斗插
屋椽我來名之
意適然老松魁
梧數百年斧
斤所赦令參天
風鳴媧皇五十
弦洗耳不須
菩薩泉嘉
二三子甚好賢
力貪買酒醉
此延夜雨鳴廊
到曉懸相看
不歸卧僧氈澆
枯石燥復藉泉
山川光暉寫我

옛 江陽 로주시
羅石心物詩(216)

의빈에서 두물 합해진 장강
로주에 달으면 더욱 도도해

옛강양 도성 전체를 감돌아
더욱 큰 가람으로 흐른다네

청두와 충칭 더불어 사천땅
삼족정 이루었던 상업 도시

강언덕의 청천사 굽어 보고
도시 야경은 강물을 비추네

로주와 이곳 술 이름 로주
발음이 다르면서 닮았는데

물 맑아 빚은 술맛 또 일품
술의 도성 천년 주성이라네

그냥 지나칠 리 없었을 이백
가족과 함께 배로 스친 두보

평화로운 이곳도 몹쓸 전쟁
수차례 짓밟고 지나 갔으리

2023. 4. 4.

로주(Lu Zhou)는 의빈과 중경 중간에 있는 옛날부터 술의 도시 酒城으로 이름이 높다. 술이 있으면 자연 시가 따르기 마련이다. 이곳 술맛을 노래하지 않은 시인이 없을 정도이다. 중국에는 다른 나라엔 없는 전국적인 詩酒協會가 있어 [詩酒] 잡지도 출간한다. 로주는 郞酒 등 장강 뱃길로 술을 수출했던 고장이다. 옛 江陽(商 때 梁州)으로 아직 江陽區가 남아 있다.

酒城을 지나며
羅石心物詩(217)

이백과 두보가 읊은 시편
동파와 산곡이 남긴 묵적

미경 미주 미녀 삼미고장
옛 성루 남아있는 술도시

신선 현녀 수행처 천선동
태평고진 석교 아래 선류

천년 장강은 바뀜 없는데
인간 세태 풍류는 변했네

루현 용교 건넜던 소객들
백탑 돌며 보은 생각했던

순박한 인심 어디로 가고
미신과 배금을 수작 삼고

마천루처럼 솟구친 탐욕
걸쭉한 탁류처럼 흐르니

머지않아 흐름이 막히면
수장될 아수라의 몸부림

2023. 4. 5.

천년을 酒城으로 이름난 로주는 美景 美酒 美女의 三美의 고장으로 알려져 시인묵객의 風流가 끊이지 않았던 곳이다. 높다란 古城이 아직 남아 있는 옛거리, 太平古鎭의 水陸 교통과 루현 龍橋의 고풍스런 다리, 玉龍寺와 남송시대 33m 높이의 報恩탑, 郞酒의 천연 술창고 天地寶洞 등 가볼만한 곳이 많다. 특히 교외 玄女修行의 仙寓가 있는 天仙洞景區는 仙道의 옛 자취 남아 있으나 지금은 상업적 酒城일 뿐이다.

重庆

重慶直轄市
羅石心物詩(218)

중국 최초인류 무산인 발굴
구석기 동양문화 출현 함께

하상 시기 복인 거주지였던
총칭은 서주 때 파국문화성

삼국의 촉한 유비와 제갈량
이곳을 경유 익주 평정했네

장강 상류의 그 경제중심지
중국의 인구 제일 도시라네

삼면이 강으로 둘러싸인 곳
장강 여기로부터 거듭 나고

낮은 집들 밤이면 고층건물
요술 같은 야경이 아름답네

3천만 명 넘는 운무의 도성
언덕 반 평지 반 겹겹 안개

웅장한 인민 대례당 광장엔
조석 춤추는 인민 가득하네

2023. 4. 6.

四川省의 省都였던 총칭(重慶)은 인구 3천만명이 넘는 중국의 첫 직할시로 승격하였다. 장강 상류의 경제중심 도시로 구석기 시대 巫山人과 2만년 전 銅梁文化와 서주 시기의 巴國文化가 존재했다고 한다. 삼국시대는 유비와 제갈량이 이곳을 거쳐 익주를 평정(214)하기도 했으며 촉한의 유적지가 많이 남아 있다. 특히 대한민국임시정부 마지막 청사가 유중구에 잘 보존되어 있다.

重慶 대한민국임시정부
羅石心物詩(219)

기미년 3월 1일후 상해에서
출발한 망명정부 흘러흘러

나라 잃은 설움 안고 27년을
머나먼 사천 땅까지 왔으니

구비구비 장강따라 거슬러
올라온 이곳에서 해방되니

내 힘으로 쟁취하지 못하고
남의 힘으로 얻어냈던 광복

대한민국 네 글자와 태극기
울컥 감격에 겨운 우리나라

지금은 쓸쓸하지 않은 청사
나그네 참배객 맞이하는 곳

처음 정부 부처 조직 갖췄던
외무 재무 문화 선전 회의실

주석실엔 집기 전화 비품 등
그때 그대로 잘 보존 되었네

2023. 4. 7.

중경의 대한민국임시정부 청사는 1991년 국내 학술조사단 보고로 보존책이 강구되었으나 한때 도시개발 계획에 따라 철거 위기에 놓였었다. 필자가 1992년 처음 찾아갔을 땐 허술한 건물만 남아 있었다. 94년 한중 간의 복원협정서가 체결되고 95년 8월 1차 개원식을 했다. 2000년 9월 한국광복군 창설 60주년을 맞아 중수복원 마치고 현재의 모습으로 새로 개원했다.

重慶의 풍물
羅石心物詩(220)

충칭에 가면 반드시 먹는 훠궈
침솟던 혓바닥에 불이 확 붙네

마라탕의 맵기는 천하의 제일
서울 무교동 낙지보다 더하네

중국 서남쪽 사천분지 아열대
폭염 여름철 이열치열의 훠궈

무쇠 솥에 가득가득 붉은 고추
보기도 매운데 끓여 먹는다네

충칭엔 차문화 크게 발전한 곳
명차 산지가 사천 땅에 있으니

차마고도는 산으로 올라가지만
차의 뱃길은 장강 타고 흐르네

높고 낮은 전망 좋은 언덕 위에
좁은 골목 따라 길 모퉁이 찻집

운치 깊고 이국적인 음악소리
긴 주전자에서 떨어지는 찻물

2023. 4. 8.

山城 혹은 江城으로 불릴 만큼 중경의 풍속은 같은 사천이지만 성도나 곤명과 다르다. 산성이란 것은 언덕이 많다는 의미이고 강성이란 안개가 많은 곳이란 뜻이리라. 삶의 방식과 인심은 기후와 지형과도 관련이 있겠지만 시속 세태는 인구가 많은 데서도 영향이 큰 듯하다. 중경이 중국뿐만 아니라 세계 최대 인구 많은 도시로 등재했으니 3천만이면 왠만한 나라들보다 큰 도시이다. 1997년 직할시로 승격되자 사천성 수도는 청두로 넘어갔다. 중경은 불가마솥이란 의미의 火鍋 즉 극단적인 매운맛의 마라탕은 사천요리의 특미이다. 고풍스런 다관과 모던한 운치의 찻집이 많기로도 유명하다.

大足石刻群
羅石心物詩(221)

운강 용문 돈황과 4대 석굴에
손을 꼽는 사천대족현 석각들

특이하게도 유불도 3교 모두
사이좋게 이웃한 인물조형들

7세기 착굴하여 13세기까지
70여 곳 10만 점 석물 조각품

중경시 이웃한 민간풍속화랑
석각지향이란 별칭 얻었다네

도교와 유교의 대표인물들과
세속생활 민간풍속 조각까지

남송 승려 조지붕 70년 새긴
육도윤회상과 지옥변상도 등

북산과 보정산 700m 암벽에
거대한 석각들 다 볼 수 없고

그 중에 31m의 석가열반상과
천수천안 관음상 압권이라네

2023. 4. 9.

중경 인근의 대족석각은 돈황막고굴, 운강석굴, 용문석굴과 더불어 어깨를 겨룰 만큼 마애 조상의 석굴예술로 유명하다. 여기 70여곳 10만 종교 석각은 불교를 위주로 유교와 도교의 인물과 풍속을 새긴 석각이 함께 어우러져 있는 것이 대족석각의 특색이다. 이곳 보정산, 남산, 석전산, 석문산, 북산 등 5대구역으로 나뉘며 주요석각으론 와불과 천수관음상 등이다.

三峽博物館
羅石心物詩(222)

중경 인민대례당 맞은 편에
51년에 개관한 서남박물관

장강댐의 완공을 기념하여
삼협박물관이 된 것이라네

장강의 형성과 삼협의 기후
지리와 전승 문화와 민속과

삼협 양안의 목석 조각예술
운반수단도 기록 전시했네

절경삼협에 얽힌 신화전설
삼국고사와 도교 무속문화

장강따라 오르내린 묵객들
천고풍류 지울 수 없었다네

만물은 영원할 수 없는 것
역사유적과 삶의 터전까지

물속에 가라앉아 사라지고
자료는 영상에만 남아있네

2023. 4. 10.

거대 산샤댐(三峽水庫) 건설사업은 1992년 전인대에서 李鵬 총리가 공식적으로 제안하고 당의 승인을 받아서 1993년 준비해 1994년 12월 14일에 착공하였다. 댐의 건설의 비용 편익 손해에 관한 많은 논쟁이 있었다. 찬성측은 홍수조절과 전력생산 등을 이유로 들었으나 반대측은 수몰민과 생태계 파괴, 문화유적의 수몰, 수질오염 등 이유를 들었다. 필자는 댐이 착공하기 전 그해 8월에 문화탐사팀과 성도로부터 장강을 배로 종주하며 그 찬반을 살필 수 있었다.

부릉의 白鶴梁
羅石心物詩(223)

장강 뱃길 따라 내려오면
오른쪽 첫번째 도시 부릉

강바닥에 길게 뻗은 바위
문자들 새긴 백학량 있네

시인 이백과 두보 백거이
당송의 명필 동파와 산곡

1600m 바위 석각 165건에
시 문장 3만여 자 새겼네

고대 강수량을 재던 수표
백학량 물고기조각 18석

한 마리 백학도 새겨 있어
백학량이란 지명 얻었다네

삼협 장강 거대한 댐공사
세계제일 저수지 된 이후

지금은 부릉 수하박물관
희미한 물밑에서 본다네

2023. 4. 11.

장강변 부릉의 백학량은 당나라 이후 시인 명필 詩書가 시대에 따라 각양 각색의 서체로 끝없이 새겨진 문화유적지이다. 92년 늦가을 그곳을 찾았을 땐 볼 수 있었으나 94년 여름엔 갈수기가 아니어서 볼 수 없었다. 삼협댐으로 완전 물속으로 자취를 감추었으나 2005년 白鶴梁水下博物館이 생겨 수중 터널에서 희미하게나마 부분적으로 볼 수 있다.

豊都 鬼城
羅石心物詩(224)

충칭에서 다시 출발한 배엔
하루 자고 나니 안개속 햇살

배가 정박한 펑두의 맞은 편
귀신들 산다는 귀성이라네

중국판 단테 신곡의 고향
사후세계 지옥 연옥에 들면

입구를 지키는 저승의 사자
백무상이 무섭게 마중 하네

귀성은 동한의 신선수도처
음장생과 왕방평에서 비롯

도교의 귀제 불교 염라대왕
종교 습합 귀신도시 되었네

권선징악 표본실이 된 귀성
2천년 그 교훈 변함 없는데

황천로 따라서 가면 망향대
이승으로 돌아올 길 없다네

2023. 4. 12.

귀성으로 오는 도중 백학량을 다시 보지 못한 아쉬움이 없지 않았다. 豊都를 마주한 산등성이 귀성에 도착하자 저승속으로 발을 들여 놓은 느낌이었다. 옛 도교의 신선 수도처가 불교의 저승세계와 습합되어 살아서 착하게 살라는 교훈을 체험시킨다. 황천길 따라 염라대왕의 심판에 의한 지옥을 사실적으로 표현해 놓았다. 저승에 한번 들면 이승으로 돌아오기 어렵단다. 死者가 마지막 돌아보는 고향, 望鄕臺가 인상깊다.

忠縣 白居易祠堂
羅石心物詩(225)

주시대 파국 진나라 파군
강에 임해 있다고 임강현

굽이 돌아 흐르는 장강변
천자산 경치 더욱 빛나네

박문경에서 남쪽을 보면
비취빛 산세 병풍두른듯

이곳 백거이사당 백공사
고색창연한 원림에 있네

충주 자사로 부임한 시인
뽕나무 심고 강반의 치수

뛰어난 애민정신 숭모해
천년사당 제사 이어왔네

'무협중심군 파성사면춘'
시비림 낙천당 새겼으니

목민 2년 세월에 남긴 시
불멸의 충주 만든 130 수

2023. 4. 13.

옛 巴國 혹은 巴郡, 臨江縣, 忠州 (지금의 忠縣)에는 唐代 시인 樂天 白居易의 사당 白公祠가 있다. 그의 고향 낙양의 향산 무덤 옆 사당과 쌍벽. 그가 이곳에서 자사를 지낸 인연으로 사당이 생겼다. 백낙천은 목민관으로 백성을 자식 같이 보살폈다. 博文景엔 詩廊, 詩碑林, 醉吟閣, 白園, 塑像, 洗墨池, 樂天堂, 四賢亭, 木蓮園 등의 園林으로 꾸며져 있으며 본문 인용 詩句는 巫峽中心郡 巴城四面春이다.

忠縣 石寶寨
羅石心物詩(226)

배에서 보면 섬처럼 생긴
바위산 틈 12층 석보채 탑

하늘로 솟은 붉은 성채로
하나의 전략 요새 닮았네

가까이 가서 보면 옥인산
자연 그대로 두고 지으니

탑엔 구비구비 나무 계단
그 꼭대기엔 규성각 있네

명말 농민반란 때 청나라
군대 포위에 물고기 잡아

연명했다는 압자동 지나
천자전 옥황상제상 있네

하늘로 통하는 애하교엔
남녀사랑 맺는다는 전설

지금은 산샤댐 저수지 속
다리로 건너가는 작은 섬

2023. 4. 14.

중경시에 속하는 충현과 萬縣 사이의 석보채, 石寶는 전설의 여신 여와가 하늘의 갈라진 틈새를 메우고 남은 '오색의 돌'이란 뜻. 그만큼 장강의 보배와 같은 성채였는데 산샤댐 완공 이후 지금은 자그마한 섬으로 변해 다리를 건너야 가볼 수 있다. 12층 탑 각 층마다 전시된 역사인물, 오나라 장수 甘寧과 장비가 풀어주어 義釋嚴顔이란 말 생긴 엄안 초상화도 있다. 그 玉印山엔 奎星閣 天子殿 鴨子洞 愛河橋 등이 있다.

雲陽 張飛廟
羅石心物詩(227)

유방이 항우를 피해 은거한
장강을 건너서 촉도의 사천

4백년 뒤 유비 또한 차지한
제갈량 충고로 정복한 사천

장강의 세 협곡 분기점으로
위 오 촉 세 나라 경계되니

삼분천하 도원형제 황천길
참혹한 최후의 길이었다네

석보채와 만현을 지난 배는
장비묘 있는 운양에 닿는데

몸은 낭중에 머리는 운양에
목은 낙양관림에 몸은 당양

살생에서 얻은 명성은 외려
장비와 관우의 비극적 운명

죽이고 죽여지는 인과응보
그것이 아니라면 무엇일까

2023. 4. 15.

장강변 운양은 오랜 역사를 지닌 곳으로 장비묘(댐으로 이전)가 유명하다. 관우의 무덤이 몸은 당양, 목은 낙양에 있듯 장비 무덤도 머리없는 몸은 낭중에, 머리는 운양에 둘로 나뉘어져 있다. 殺生出於英雄이란 말이 있듯 그들의 비극은 살생에 있는 것이 아닐까 필자는 생각한다. 관우와 장비는 萬人之敵으로 불렸다. 상극시대 선천과는 달리 지금은 '정의로운 군자가 곧 영웅(正義君子之英雄)'인 시대이다.

劉備託孤의 白帝城
羅石心物詩(228)

이릉대전에서 육손에게 패해
울화병으로 붕어한 촉한유비

관우가 가고 장비마저 갔는데
그들의 맏형도 이곳에서 갔네

17세의 아둔한 소열제 유선을
공명에게 부탁하던 탁고당엔

두 아들 옆에 손부인 서 있고
조자룡과 마속도 함께 있었네

제갈량의 팔진도도 무색했나
의형제들 차례로 객사했으니

말로는 세상을 구한다했지만
백성들만 도탄에 빠뜨렸다네

강물 위에서 바라다 보이던
비극의 백제성은 어디 가고

절반 이상 물에 잠겨 들어가
웃통만 남은 작은 섬 보이네

2023. 4. 16.

奉節의 동쪽 백제성의 白帝는 후한시대 공손술 장군이 황제가 되기 위해 성을 쌓았는데 우물에서 흰 안개가 피어올라 성을 덮어 흰 황제라는 뜻의 백제가 되었다. 이곳은 오나라에 패한 유비가 죽으며(223년) 아들 유선을 공명에게 부탁한 託孤堂이 있다. 손권의 누이 손부인도 아들과 임종에 참석했는데 조자룡과 마속도 있었다. 필자가 처음 찾았을 때와는 다르게 지금은 섬이 되어 옛모습 찾을 길 없었다.

泣斬馬謖과 言過其實
羅石心物詩(229)

삼협 시작되는 구당협 입구
이젠 산꼭대기 뿐인 백제성

거대한 공명동상 들어 서고
난데없는 다리 가로 놓였네

삼국지의 유서 깊은 유적지
이곳 유비탁고 뿐만 아니라

읍참마속과 언과기실 고사
실마리는 여기서 비롯됐네

제갈량에게 아들 부탁한 뒤
마속을 중용 말라했던 당부

말을 실제보다 과장한 마속
유비가 공명의 말 듣지않고

낭패했듯 공명도 유비 말을
안 들어 가정에서 북벌실패

공명의 삼분지계 원대한 꿈
한중 잃고 삼국시대 끝났네

2023. 4. 17.

공명의 반대에도 출정해 오나라 육손에게 대패한 유비는 백제성에서 죽음을 맞아 공명에게 아들 유선을 부탁한다. 아울러 말이 실제보다 과(언과기실)한 마속을 중용하지 말 것을 당부한다. 유언을 어긴 공명이 마속을 신임하여 가정 전투에 투입시키나 조조군에 패하여 한중땅을 내어 주고 철수한다. 대의명분의 책임을 물어 읍참마속을 한 고사가 전한다. 탁고당엔 유비의 임종장면의 밀랍상이 있다.

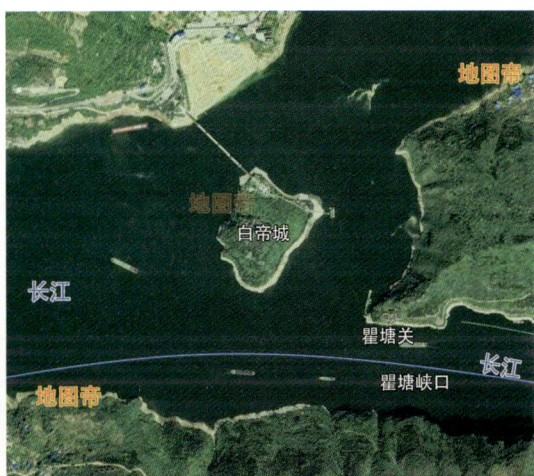

李白詩 早發白帝城
羅石心物詩(230)

백제성은 많은 시인 묵객
노래하고 쓴 시서의 성채

시비들 중엔 공손술 사당
백제묘 문앞 모택동 글씨

아침 일찍 오색구름 속에
백제성을 이별하고, 시작

이백의 시 모르는 이 없듯
광초를 닮은 서풍 멋있네

현종 때 안녹산의 난 피해
여산에 은거한 시성 태백

형제난 정치 권력 휘말려
간신히 사형 모면한 뒤에

귀주로 유배가던 중 이곳
사면 소식 들었던 백제성

귀양길이 귀향길이 돼서
벅찬 기쁨 읊은 시였다네

2023. 4. 18.

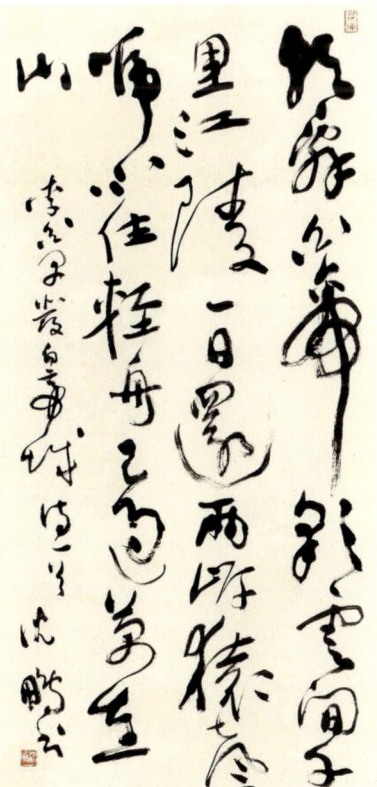

朝辭白帝彩雲間, 千里江陵一日還, 兩岸猿聲啼不住, 輕舟已過萬重山. 이백 시 '조발백제성'이다. 60에 가까운 이백은 저승길과도 같은 귀양길에 석달을 힘겹게 장강삼협을 거슬러 올라 백제성에 이르렀을 때 황제의 사면령이 떨어졌으니 얼마나 기뻤을까. 이백은 집으로 돌아가는 길에 희열에 찬 감정으로 이 시를 썼을 것이다. 명대 한 詩話에는 이 시를 두고 "바람과 비를 놀래고 귀신을 울게 만든다"고 평했다.

杜甫 登高를 생각하며
羅石心物詩(231)

백제성에서 동쪽을 바라보면
삼협 구당협기문이 보이는데

계단을 내려오다 보면 두보상
하늘을 쳐다보며 홀로 서있네

이백이 백제성을 떠나고 8년
병든 몸으로 가족과 귀향길에

더는 갈 수 없었던지 지친 몸
백제성 부근 2년 머물렀다네

쓸쓸한 낙엽은 끝없이 내리고
꿋꿋한 장강이 굽이쳐 흐르니

이곳 높은 누대에 올라 읊조린
천고의 절창 '등고'가 떠오르네

끝내 돌아가지 못하고 머물다
기주땅 서글픈 가을의 백제성

희어진 머리에 늙어버린 시성
탁주마저 끊었던 두보의 신세

2023. 4. 19.

이백은 황제의 은사를 입어 기쁜 마음으로 백제성을 떠났는데 두보는 전란에 휩쓸려 성도에서의 타향살이 청산하고 겨우 배 한 척 구해 장강을 타고 고향으로 돌아가는 길 병든 몸으로 백제성에 올랐다. 그는 이곳 기주에서 2년 머물며 시로 소일했다. 登高는 1,400여편 가운데 절창으로 손꼽히며 술도 끊고 벗도 없는 쓸쓸한 타향의 老境에서 悲壯美를 느끼게 한다. 오른쪽 두보의 시 '등고' 칠언율시 두 수를 16행 라석심물시 형태로 옮겨봤다.

두보 시 '登高'

바람 세차고 하늘 높아서
서글픈 잔나비 울음 소리

맑은 물가 새하얀 모래톱
새들은 하늘을 선회하네

가없는 가을숲 낙엽들은
우수수 떨어져 흩어지고

다함없이 흐르는 장강은
도도히 소리없이 흐르네

만리 타양살이 슬픈 가을
쓸쓸히 떠도는 신세인데

평생을 잔병 많은 몸으로
홀로 누대 위에 오른다네

어려움 속에 흰서리 앉은
머리털 괴롭고 한스러워

이젠 지쳐 쓰러질 듯하여
좋아하던 탁주도 끊었네

風急天高猿嘯哀, 渚淸沙白鳥飛回,
無邊落木蕭蕭下, 不盡長江滾滾來.
萬里悲秋常作客, 百年多病獨登台,
艱難苦恨繁霜鬢, 潦倒新停濁酒杯.

杜甫詩「登高」/ 羅石 譯

瞿唐峽을 지나며
羅石心物詩(232)

백제성을 떠난 배는 어느새
아득한 삼협의 대문에 닿고

천하의 웅혼한 협곡의 기문
압도적 기세로 다가 온다네

강 양안에는 남으로 백염산
북으로 적갑산 솟아 있어서

이로부터 삼협의 첫째 협곡
유명한 구당협이 시작되네

뭇 산봉우리 밖에 우뚝 솟아
깊은 물가 뿌리를 서렸구나!

두보가 노래한 장강의 절경
둘러보지 않곤 알 수 없다네

예전의 기문 앞 염여퇴 암초
1958년 폭파되어 사라지고

이젠 뱃길도 위태롭지 않는
수백 길 잔잔한 호수되었네

2023. 4. 20.

옛기주 지금 봉절의 백제성에서 내려오며 구당협, 무협, 서릉협으로 이어지는 협곡이 장강의 절정 삼협이다. 기주의 대문이라는 뜻에서 기문이라 불린 것인데, 구당협은 白鹽山과 赤甲山 사이 강폭은 좁고 산세는 험해 급류의 협곡이 삼협 중 경치의 으뜸이다. 두보의 '백염산'과 '염여퇴'라는 시엔 그 자연풍광과 옛 사람들의 뱃길에 얽힌 이야기가 닮겨 있다. 구당협은 중국 인민폐 10위안에도 그려져 있다.

巫山의 巫峽
羅石心物詩(233)

배가 무산현에 다다르면
구당협 끝나고 무협인데

나그네는 작은 배로 바꿔
소산협을 구경 하러 가네

지엽이 줄기가 아닌 이상
삼협 주류 비할 순 없지만

소소삼협 찾아가는 뱃길
아기자기한 맛 일품이네

소산협 지나다 쳐다보면
아득한 절벽마다 매달린

시신의 관들도 장관인데
소수민족의 풍습의 현장

짐승들 접근할 수 없으니
도굴 엄두조차 못 내어라

물안개 피어 오른 신선동
사자는 선계로 간 것일까

2023. 4. 21.

삼협의 두번째 무협은 무산현에 속해 있으며 소산협을 더 거슬러 올라 소소산협의 지류로 갈 수 있다. 그곳으로 가려면 馬渡河에서 작은 배로 갈아타야 한다. 주류에서 잠시 벗어나 소산협을 거슬러 올라 소소산협의 풍광을 감상하며 노젓는 사공의 노랫소리라도 들을 양이면 별천지에 온듯 옛풍류를 생각하게 된다. 특히 소산협 절벽 위의 잔도와 懸葬 풍습은 특이한 광경이 아닐 수 없다. 삶은 곧 죽음과 한 몸인 것을. 숨결이 바람될 때 자연으로 돌아가는 것이다.

巫山의 神女峯
羅石心物詩(234)

구당협 8km에 이어서 무협
48km 펼쳐진 열 두 봉우리

안개런듯 구름에 가리워져
마냥 신비로운 선경이라네

그중 가장 먼저 조석의 노을
맞는다 하여 붙여진 망하봉

여인형상 돌기둥 하나 있어
무산신녀의 전설 얽혀 있네

봉우리마다 조운 기운 등룡
비봉 등의 이름 아름다운데

신화의 서왕모 막내딸 요희
우임금 치수 도왔던 곳이네

초나라 회왕의 꿈에 나타나
운우지정 나눈 무산의 신녀

끝내 돌아가지 않은 그녀는
석상되어 무산 지키고 있네

2023. 4. 22.

朝雲 起雲 登龍 飛鳳 등 巫山의 열 두 봉우리 절경 중 아름다운 전설이 얽힌 神女峯은 望霞峯으로도 불린다. 그곳 돌기둥은 西王母의 막내딸 瑤姬가 변신한 것이라 전해 온다. 그녀는 무산에 노닐다가 치수에 골몰한 禹임금을 도와주고 끝내 하늘로 돌아가지 않고 돌기둥이 되었다. 굴원의 제자 宋玉이 쓴 高唐賦에 초나라 懷王과 얽힌 雲雨之情의 애정고사와 이백의 시 '宿巫山下'에도 등장한다.

西陵峽의 屈原故鄕
羅石心物詩(235)

무협 끝나고 66km 서릉협
지나자면 굴원의 고향 자귀

전국시대 초나라의 정치가
이소와 어부사를 쓴 대시인

바른 소리하다 모함당하고
머나먼 험지로 유배되어서

자신의 뜻 펼칠 수 없으니
끝내 멱라수에 투신하였네

철학자 심원이 무위와 당위
그리고 유위의 철학 논했듯

굴원과 어부의 대화 형식은
당위의 정치사상을 담은 것

어부는 세상과 타협 권하나
은거할까싶은 또 다른 자아

현실을 극복하지 못한 굴원
결백 입증하듯 삶을 마쳤네

2023. 4. 23.

戰國時代 楚나라 왕족으로 懷王을 도와 장관직을 역임한 굴원은 모함을 받아 유배를 당하여 자신의 정치적 이상을 실현할 방도가 없음을 통탄한 나머지 멱라수에 투신했다. 그의 離騷와 漁父辭의 詩作을 楚辭라 부르며 독특한 새로운 형식의 문학을 창출했다고 평가 된다. 그의 어부사는 자신의 유서와 다름없다. 儒家思想을 無爲유학과 有爲유학 그리고 當爲유학 으로 구분한 한국 철학자는 心遠 金炯孝(1940~2018)이다.

王昭君 故鄕을 지나며
羅石心物詩(236)

말에 올라 붉은 두 뺨에
뜨거운 눈물이 흐르는데

오늘은 한나라의 궁녀인데
내일은 오랑캐의 첩이네

말 위에서 비파를 뜯으며
원한의 노래 지어 부르니

날아가던 기러기 떼들은
날개짓 잊고 떨어졌다네

낙안의 기러기 없어졌듯
화공 모연수도 사라졌네

왕소군 초상화에 찍은 점
그것 하나로 운명 바꿨네

흉노의 선우 호한야 직접
선택한 천하 절색 왕소군

원제와 작별하고 장안을
떠났으니 겨우 18세였네

2023. 4. 24.

왕소군의 고향은 굴원과 동향으로 삼협의 호북성 宜昌市 興山縣(자귀)이다. 흉노 묵특과 漢 유방의 백등산 전투 이후 70년간 흉노의 전성시대로 한나라는 흉노를 달래기 위해 공주 대신 궁녀를 선택하도록 하였다. 呼韓邪가 직접 왕소군을 선택하였으니 漢 元帝가 후회해도 소용없었다. 궁녀들의 초상화를 그리는 모연수에게 뇌물을 주지 않아 소군을 밉게 그리고 얼굴에 점까지 찍었다. 첫 구절은 이백의 시에서 차용했다.

王昭君 明妃의 무덤
羅石心物詩(237)

오랑캐 땅에 꽃과 풀 없으니
봄 와도 봄 온 것 같지 않네

강남에서 나서 북방에 살다
쓸쓸하게 생을 마친 왕소군

기원전 33년 흉노로 시집가
양국 화친에 공헌도 했으니

흉노는 총령 넘어 유럽으로
로마제국 붕괴에 기여 했네

왕소군의 묘 흉노의 본거지
내 몽골 후흐호트에 있으니

계단따라 낮은 언덕 오르면
아담한 무덤 청총이라 하네

호한야 죽고 그곳 풍속따라
그의 아들에게 재가 했으니

한원제와 더불어 황제 셋을
모신 명비 기구한 신세일세

2023. 4. 25.

왕소군(檣)은 西施 貂嬋 楊貴妃와 더불어 중국 4대 미인. 漢과 흉노 화친의 제물이 된 소군(明妃)의 기여로 60년간 평화를 유지했으니 흉노는 蔥嶺(파미르고원)을 넘어 유럽으로 진출해 강력한 훈(흉노)제국 건설한 후세 헝가리이다. 소군의 무덤 靑塚은 내몽골 大黑河 남쪽에 있다. 唐 시인 東方叫의 胡地無花草 春來不似春은 1980년 서울의 봄 시절 JP에 의해 유명해 졌다.

補註 왕소군의 본명은 왕장(檣, 牆 등), 후궁이었던 昭君은 모연수의 농간에 미인을 빼앗기게 된 한왕 元帝가 사흘간 같이 지내고 흉노족 단장을 하고 말에 올라 장안의 未央宮을 떠날 때 지어 준 호칭이나 西晉 때 司馬昭의 諱를 피해 明君 明妃로 개칭했다. 장강 삼협의 서릉협의 강안 與山에서 태어나 한 몸으로 세 황제를 모신 기구한 운명의 한을 지닌 왕소군은 詩書와 음악에 재주가 뛰어난 경국지색의 아름다운 여인이자 애국충정의 여인으로 비춰지기도 했다. 역사적으로 보면 가까이는 조국 漢나라를 빛내고 황제를 대신해 북방의 강대국 흉노(진시황이 만리장성을 쌓은 것도 흉노를 막기 위함이었음)와 60년간 화친을 도모했으며, 멀리로는 흉노의 여력이 서쪽으로 향하게 하여 유럽과 로마제국의 붕괴에도 영향을 미친 위대한 여인이기도 했기 때문이다. 왕소군은 마지막으로 장안을 돌아보고 후흐호트(呼和浩特)로 떠날 때 가슴에 안고 있던 비파로 거리를 메운 구경나온 군중을 위해 자작시의 노래를 연수하자 눈물을 흘리지 않은 사람이 없었으며 날아가던 기러기도 떨어졌다고 해서 '落雁'이란 말이 생겼다고 한다. '王昭君怨歌'의 가사에 그 상황이 오롯이 전한다. 소군은 2년후 호한야의 아들 伊屠智牙師를 낳았으니 그는 후일 日逐王이 되었다. 1년후 호한야 선우가 죽자 흉노족의 풍습에 따라 선우의 직위를 이어 받은 그의 아들 復株累의 아내가 되었다. 젊은 황제 복주루와는 금슬이 좋아 두 딸을 낳았으니 장녀는 雲, 차녀는 當인데 모두 흉노의 귀족에게 시집갔으며 공주로 한왕실을 방문하기도 했다. 복주루는 소군과 11년을 함께 하고 세상을 떠났는데 이때 왕소군의 나이 아직 33세였다. 왕소군의 '五更哀怨曲'에는 그녀의 고향과 조국을 떠난 흉노생활의 한 많은 외로움의 슬픔이 잘 표현되어 있다. 한편 왕소군의 공로로 모국의 그녀 형제들은 후작에 봉해져 여러 차례 칙명을 받들어 흉노의 수도를 방문하여 소군을 만나 위로하기도 했다. 소군의 무덤은 靑塚이라고 하는데 가을에 풀이 시들어도 그녀의 무덤엔 남쪽 고향처럼 겨울까지도 풀이 파랗게 자라 지어진 것이라 전한다. 필자도 북경 유학시절 내몽고가 고향인 교우 따라 여름 방학을 이용해 여행하며 소군의 묘를 가봤는데 비석과 정자 그리고 선우와 왕소군의 모습을 함께 새긴 거대한 대리석 부조가 있었다. 왕소군에 대한 이백과 백거이, 동방규의 名詩가 떠오르기도 했다.

— 북경에서 산동으로 가는 차창에서 라석 記

巴東에서 宜昌까지
羅石心物詩(238)

서릉협은 이릉 서쪽에 있어
붙여진 이름 삼협 종점인데

파동엔 은시 대협곡과 운룡
사포아 석림 토사성 등룡굴

녹원평 장비의 탕거전투장
공사중이라 볼 수 없었으나

파인의 후예 토가족 뉘얼성
마침 처녀회 축제 구경했네

처녀들이 내어 놓은 물건을
총각들 흥정 통해 마음전해

총각이 마음에 들지 않으면
물건의 값을 계속 올린다네

토가족 전통음주법 솔완주
아가씨들이 옥수수로 빚은

토가포 곡주 한잔 따라주고
노래부른 뒤 술잔을 깬다네

2023. 4. 26.

삼협 주변엔 소수민족의 오랜 보금자리로 특히 蚩尤와 巴國의 후예들로 알려진 土家族은 8백만이 넘는 6번째의 소수민족으로 문화가 독특하다. 94년 8월 마침 음력 7월 12일은 처녀 총각 구혼의 전통 축제일로 恩施 女兒城에서 이틀간 진행되었다. 젊은 남녀의 마음이 통하면 서로 노래를 부르며 사랑을 전하는 방식으로 진행된다. 러시아처럼 술잔을 바닥에 깨는 摔碗酒 풍습도 유쾌했다.

宜昌 삼협댐을 보고
羅石心物詩(239)

무협과 서릉협 사이 삼협댐
길이 2,335m 높이 181m인

호북성 의창시 삼두평에서
중경까지 662km 거대호수

632km평방 육지 매몰되고
총공사비 730억 달러 투자

17년간의 공정이 소요되어
단일 공사로 세계최대라네

장강이 호수로 변한 댐으로
역사 문화 유적지 수몰되고

더러는 더 높은 곳으로 이전
천 건 넘는 문물들 영향받아

지상 건축 문화재 이전되고
미발굴 유적지 물속 잠기니

산샤댐 건설의 호불호 쟁론
장비 굴원 왕소군 옮겼다네

2023. 4. 27.

삼협댐 건설로 중하류지역 홍수를 방지하고 무한 상해 등 전력 공급, 수위 상승에 따른 운송의 증대 효과를 기대했지만 환경오염과 문화재 수몰과 토사로 인해 그 기능이 오래가지 못할 거라는 이유로 반대 목소리도 거셌다. 댐공사로 인해 13개 도시와 1,500여 마을이 물에 잠기고 113만명이 고향을 떠나야 했다. 장비묘와 굴원과 왕소군 사적지도 옮겼다.

洞庭湖에 이르러
羅石心物詩(240)

장강 삼협을 빠져나온 뱃길
바다 같은 동정호에 이르니

중국 두 번째 거대한 담수호
예로부터 팔백리 동정이라네

호남성 여러 지류 흘러들어
장강에서 불어난 물 저장해

범람하는 홍수 조절 역할을
다하고 다시 가네 장강으로

호수 한가운데 커다란 군산
옛 동정산에서 취한 이름은

천하 제일의 도교 복지이니
신선 사는 정원이라는 의미

이곳 가장 빼어난 명승지는
무한 황학루와 남창 등왕각

함께 강남삼대 이름난 누각
강 호수 만나는 악양루라네

2023. 4. 28.

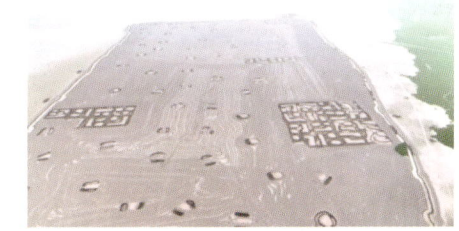

동정호는 호수 한 가운데 옛 洞庭山에서 비롯된 이름인데 지금은 君山으로 불린다. 호남성의 湘水, 資水, 沅江, 풍수, 멱라강이 흘러들어 거대한 호수를 이루는 동정호는 장강의 불어난 물을 동정호로 흘러보낸다. 동정호는 장강유역의 홍수를 조정하는 역할을 맡고 있다. 동정호의 북쪽을 흐르는 장강은 남으로 방향을 틀어 호남성 악양에 이르러 호수에서 방류된 물을 받아 다시 크게 흐른다.

洞庭山의 湘妃廟
羅石心物詩(241)

서울의 네 배 넘는 큰 호수인
동정호 한 가운데 동정산은

두보가 병든 몸 이끌고 갔던
바다 건너듯 배를 타야 하네

은쟁반 위 푸른 소라 한 마리
유우석 읊었던 동정산 기슭

순임금 두 아내 아황과 여영
슬픈 사연 서린 사당 있었네

아득한 상고 시절 순임금이
천하 순수하다 병이 들었네

요임금 딸 자매가 산서에서
상수에 이르러 서거소식 듣고

강섶에서 흘린 피눈물 뚝 뚝
대나무 줄기마다 떨어졌으니

얼룩 반점의 애틋한 소상반죽
지금도 사당을 둘러싸고 있네

2023. 4. 29.

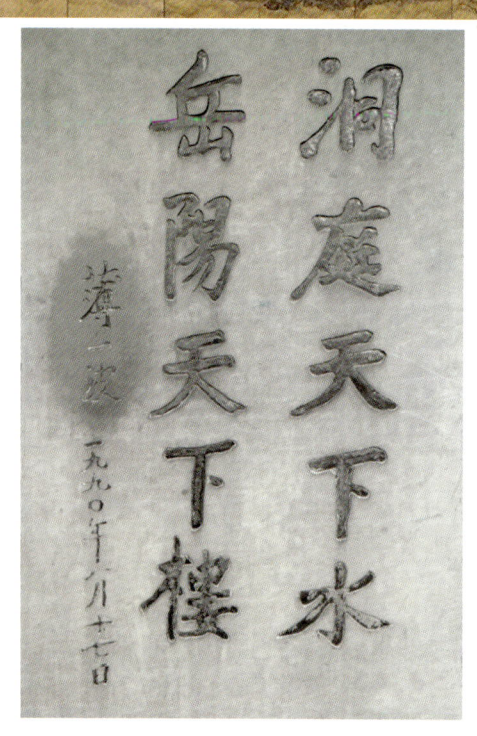

동정호엔 역대 수많은 시인 묵객이 거쳐간 흔적이 현장의 시서화 속에 남아 전한다. 장강유역을 거쳐 상수와 동정호의 호남을 병든 몸으로 가족과 외롭게 떠돌다 고향에 돌아가지 못하고 생을 마감했던 두보가 생각나는 것은 고독 속 탄생한 처절한 그의 시 때문이다. 동정호 君山에는 또 하나의 슬픈 전설의 흔적이 남아 있으니 湘妃(娥皇과 女英)사당을 둘러싸고 있는 요순시절 눈물에 얼룩진 瀟湘班竹이다.

君山島 銀針茶
羅石心物詩(242)

흥이 일어 지팡이 짚고 거닌
두보가 바라 본 흰 모래밭은

보이지 않고 소상반죽 대숲
수천 년 지킨 상수 두 여인

이곳에 기이한 차밭이 있어
군산은침차 그 향기를 이어

무진세월 맺힌 한 풀어주니
나그네 발길 차관을 향하네

바늘처럼 뾰족한 잎사귀에
솜털이 덮혀있으니 은침차

가볍게 발효시킨 황차인데
꼭 유리잔에 마셔야한다네

예부터 붓은 죽순 솟아나듯
하늘에다 글씨 쓴다 했으니

소객도 유리찻잔 들다말고
안개어린 하늘호수 본다네

2023. 4. 30.

동정호 君山島엔 군산은침차 있으니 중국 10대명차에 든다. 이름 그대로 찻잎의 모양이 특이해 유리잔에 마시는 것은 꼿꼿하게 선 모양을 보기 위해서이다. 그 모습을 群荀出土(죽순이 땅에서 솟아난 것)라거나 萬筆書天(무수한 붓이 하늘에 글씨 쓴다)이라 표현했다. 시인(騷客)은 古人들처럼 붓을 들어 시를 쓰고 싶은 충동을 갖게 마련이다. 첫구절은 두보의 '祠南夕望'에서 가져 왔다.

岳陽樓에 올라
羅石心物詩(243)

옛부터 동정호 들었더니
이제야 악양루에 오르네

악양루에 올라 두보의 시
등악양루를 읊는 그 감격

쉬이 잊히지 않는 까닭은
누구나 생노병사 겪는 탓

시인은 어디로 가버렸나
호수와 누각은 그대론데

친척 친구 소식 전혀 없이
병든 몸 외론 배로 떠돌아

문자로 남은 두보의 신세
눈물 콧물 자국 선명하네

참혹한 전쟁에 시달리며
장강을 오르내리던 심신

삶의 노곤함 두보뿐일까
아아 악양루가 전해주네

2023. 5. 1.

악양루가 천하의 누각으로 유명해진 까닭은 두보의 "昔聞洞庭水 今上岳陽樓"로 시작되는 '登岳陽樓' 시와 송나라 범증엄의 '岳陽樓記' 기문 때문이다. 두시에 "친척도 친구도 소식 한 자 없고/ 늙고 병들어 외로운 배(孤舟)로 떠도는 몸/ 고향 북쪽은 여전히 전쟁 소식/ 누각 난간에 기대어 눈물 콧물 흘리네"라고 했으니 더 이상 설명이 필요치 않다. 누각의 시를 통해 누구나 겪는 人生無常을 한 눈에 읽을 수 있다.

岳陽樓記

慶曆四年春滕子京謫守巴陵郡越明年政通人和百廢俱興乃重修岳陽樓增其舊制刻唐賢今人詩賦於其上屬予作文以記

憂歟則何時而樂耶其必曰先天下之憂而憂後天下之樂而樂歟噫微斯人吾誰與歸

范仲淹岳陽樓記

範仲淹의 岳陽樓記
羅石心物詩(244)

동정호 동북쪽 끝에 있는
호남성 두 번째 도시 악양

동서남북 뱃길 군사 요충지
삼국의 오나라 장수인 노숙

열병대로 세우고 사열했던
천팔백년 세월 지난 악양루

'동정천하수 악양천하루'라!
호수와 함께 천하 명루라네

근심거리 있는 세상 사람들
먼저 즐기고 나서야 걱정해

송나라의 정치가인 범중엄
만고명문 악양루기 있으니

산수풍경 아무리 좋다 한들
마음 닦아 착함만 하겠는가

일찍이 스승께서 일러 주신
말씀 악양루 올라 명심하네

2023. 5. 2.

범중엄(989-1052) 지은 악양루기는 어떤 것이 진정으로 백성을 위한 정치인지를 한마디로 축약한 글이다. "先天下之憂而憂, 後天下之樂而樂歟"라 했듯 누구든 악양루에 올라 천하의 아름다운 경관에 감탄하겠지만 천하를 걱정하는 우환의식도 놓치지 말것을 환기시킨다. 한편 필자는 악양루에 올라 약관에 배운 "山水風景云好云 修心善行不如也", 나의 스승님 말씀이 겹쳐 생각났다.

黃岡의 赤壁을 찾아
羅石心物詩(245)

뱃길 따라 악양에서 성릉항
거쳐 황강시 황주에 이르면

동파가 노닌 붉은 적벽글씨
눈앞에 선명하게 들어 오네

그가 남긴 최고문장의 산실
전후 적벽부 탄생한 곳이니

파란만장한 삶의 역정에서
불혹지난 동파 유배지였네

왕안석 새로운 법 반대하다
옥고 치루고 좌천되었던 곳

죄인의 몸으로 귀양 왔어도
시서화 붓은 꺾을 수 없었네

벗과 자연을 찾아 소요하며
불가에 인연해 선정에 들고

천지와 더불어 맘몸 합했던
시불인 왕유와 견줄 만하네

2023. 5. 3.

천재 시인이자 서화가였으며 훌륭한 목민관이었던 그의 재주를 시샘한 것일까. 황제의 신임과 백성의 존경을 받았던 40대 중반의 소동파는 옥고를 치루고 태수에서 부사로 좌천되어 이곳 황주로 유배되었다. 추사가 절해고도 제주에서 시서화 예술로 부활했듯 동파 역시 적거지에서 분발하여 적벽부와 걸작 시서화를 남겼으며 사찰을 찾아 명상에 전념했으니 그 깨달음의 경지와 풍류는 詩佛 王維에 비할만하다.

東坡 赤壁賦를 생각하며
羅石心物詩(246)

달뜨면 적벽 아래 장강수
임술7월 그대로 선경인데

살살 불어오는 맑은 바람
잠자는 물결 깨우지 않고

술을 권하며 요조의 시를
읊자 이윽고 달이 떴으니

뱃전 두드리는 퉁소 소리
슬픈 듯 원망하듯 한다네

천지에 부친 하루살이 삶
다시 생각하니 창해일속

인생 짧다고 한탄하지만
장강 길다고 탐스러울까

만물은 각자 제 곳이 있듯
내 것 아니면 내키지 않네

누가 저 달빛 귀로 듣는가
강물소리 눈으로 보는데

2023. 5. 4.

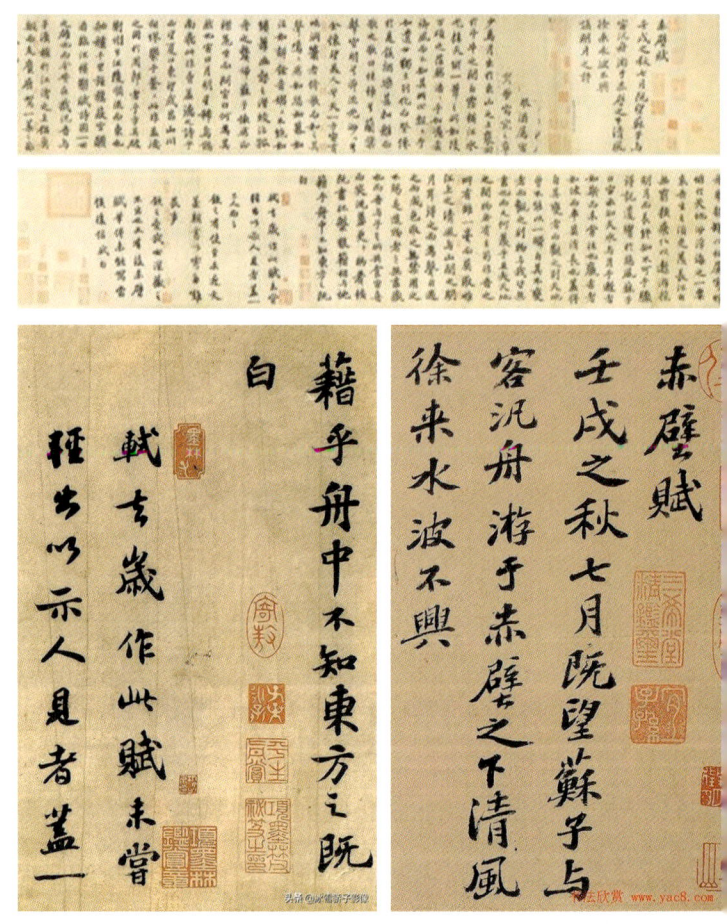

동파는 유배지의 궁핍한 생활이었지만 벗들과 달밤 적벽 아래 船遊를 노래하며 아름다운 자연 속에 風流를 즐겼다. 그의 적벽부를 소리내어 읽어보면 광활한 우주 공간을 날아 오르듯 청아한 운율과 더불어 잔잔한 흥이 절로 일어 속세를 떠나 仙界를 노닐고 있음도 잊게 된다. "내 삶을 내 마음대로 주장할 수 없는 내 신세여" 탄식했던 동파의 모습 간데 없고 이곳에 오면 절로 명월과 청풍에 맡겨 세상밖을 仙遊하고 싶어진다.

東坡의 安國寺記
羅石心物詩(247)

적거지에 도착한 동파
동쪽 언덕을 개간하여

호구책을 마련한 뒤에
산수풍경 누리게 됐네

아수라의 정치를 잊고
자아마저 잊겠다 하고

안국사 선방을 찾아서
비로소 뜻을 이루었네

놀란 혼백을 달래놓고
새 출발을 다짐했으니

여지껏의 충동과 격정
중용을 놓쳤으니 반성

향 피우고 명상 하면서
불도에 다 쏟아낸 헌신

마음을 온통 비워내고
아물의 경지 맛보았네

　　　　　　2023. 5. 5.

동파의 젊은 날 분발독서도 유명하지만 유배지에서 불교 사찰을 찾아 정기적으로 마음 비우는 선 수행을 하여 깨달음의 한 경지를 이룬 사례도 중국문학사에서 찾아보기 어렵다. 그의 시를 통해 그 수행의 경지를 알 수 있음은 물론이다. 추사가 제주 유배지에서 초의선사에게 차를 보내라고 보채는 차원과는 달라 비교하기가 다소 민망하다. 강진 적거지에서 승려들과 교류했지만 자식교육에 애착을 버리지 못한 다산도 잡다한 저서에 골몰한 나머지 수행의 경지는 맛보지 못했다. 我物은 곧 心物.

東坡의 記承天寺夜遊
羅石心物詩(248)

청풍명월 귀로 들으면 음악
눈으로 보면 그림이라 했네

대를 그리되 가슴으로부터
솟구쳐 나와야 한다던 화론

잠자다 말고 달빛을 거닐며
함께 즐길 벗을 찾아나섰던

승천사야유 기문 읽어 보면
화중유시 시중유화 뜻 아네

어느 밤 어느 곳 달 없으랴!
대나무 잣나무 어디 없으랴!

다만 벗과 나처럼 한가로운
사람 없어 한탄하노라 했네

눈 오는 강을 밤새 배 저어
벗 찾은 위진풍류 생각나니

동파거사의 초상화 앞에서
발걸음 멈추고 향불 사르네

2023. 5. 6.

山水風景을 云謂하는 데서 그치면 풍류는 될지 모르지만 修心善行의 경지에 이르러 산수(자연)풍경의 즐거움을 누리는 것에 비하기엔 부족하리라. 善行은 도덕적이거나 윤리적인 개념의 선입견으로 해석될 수 있겠으나 善化가 곧 仙化이듯, 착함(善)이란 上善若水처럼 좋음을 지향하는 경지로 해석할 수 있겠다. '淸心에 仙化法이 있다'고 했듯 善行과 仙行은 禪行의 修行과 서로 통한다. 필자의 은거지 이웃한 봉암사 최고운의 야유암 석각이 생각난다.

武漢 黃鶴樓에서
羅石心物詩(249)

장강의 흐르는 물 어디 가나
목적지 가까울수록 거침없네

적벽부에 묘사된 망망대해
무한에 이르면 그와 같다네

놀란 파도가 강기슭을 찢던
그 장관 아직도 내려다보여

옛사람 황학 타고 가버렸나
황학루만 외로이 남아 있네

흰 구름 어디 정한 곳 있나
황학은 떠나고 안돌아오네

멈추지 못하는 나그네 발길
날 저물면 갈 길이 더욱 아득

없어진 지 오랜 산기슭 주막
공짜 술 마시고 사라진 신선

도 닦으러 남쪽으로 갔는가
해동 남쪽 어딘지 모르겠네

2023. 5. 7.

장강은 호북성 중심도시 무한의 한복판을 관통하는데, 장강의 최대 지류인 漢水가 漢口에서 만나 흘러가므로 무한을 江城으로 불렀다. 武漢의 명승지 황학루는 장강 남쪽 蛇山 위에 우뚝 서 있다. 위의 졸시 첫 행과 아홉번째 행은 스승님 법문 중 "白雲何處定處是,長江流水何處去"(흰 구름 어디 정한 곳 있더냐? 장강의 흐르는 물 어디로 가는가?)를 인용한 것이다.

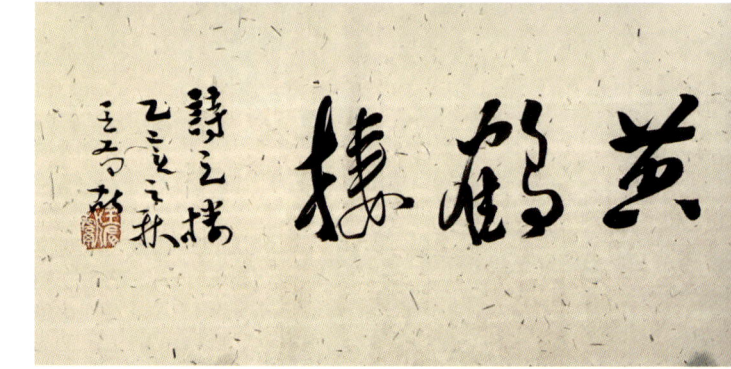

황학루의 각필정
羅石心物詩(250)

황학루 옆 아담한 정자 하나
이름하여 붓을 던진 각필정

누가 언제 왜 붓을 던졌는지
증거라도 하듯 비석 서 있네

천하 절경 앞에 말문 막혔나
먼저 읊은 시에 주눅든 걸까

시를 쓰다가 만 굴욕의 역사
기념한다니 애꿎기만 하다네

삼국의 오나라 군사용 망루
평화시대 이르러 명승 누각

시인묵객 발길 끊이지 않아
젊은 이백인들 야심 없으랴

시상 무르익어 붓을 든 그때
누가 시 한 수를 내밀었으니

이백이 붓던지고 두손을 든
진사 최호의 시 황학루라네

2023. 5. 8.

황학루옆 각필정은 崔顥와 李白의 고사를 기념해 지은 것이나 이백의 입장에서 보면 굴욕적인 건물이 아닐 수 없다. 그러나 뒷날 선배 시인이자 절친한 벗 맹호연과 다시 황학루를 찾아 유람한 후 복수하듯 읊은 절창 '黃鶴樓送孟浩然之廣陵'은 아름다운 전별시의 명시로 남아 있다. 그 시 원문은 故人西辭黃鶴樓, 煙花三月下揚州. 孤帆遠影碧空盡, 唯見長江天際流로 아름다운 우정이 돋보인다.

黄鹤楼
唐·崔颢

xī	rén	yǐ	chéng	huáng	hè	qù
昔	人①	已	乘②	黄	鹤	去③,

cǐ	dì	kōng	yú	huáng	hè	lóu
此	地	空	余	黄	鹤	楼④。

huáng	hè	yí	qù	bú	fù	fǎn
黄	鹤	一	去	不	复	返⑤,

bái	yún	qiān	zǎi	kōng	yōu	yōu
白	云	千	载	空⑥	悠	悠⑦。

九江과 廬山
羅石心物詩(251)

산은 구강산 보라빛 석산
박목월의 산도화 첫 구절

구강산 어디로 가야 있나
해동 산하 찾아도 없더니

중국에서 제일 큰 담수호
파랑호 그 물이 장강되어

흘러드는 역사 문화 도시
강서 북단 호구에 있었네

호남과 호북 강서와 안휘
네 개의 성 교차지 그 곳

옛 부터 교통의 요지였던
천하의 눈썹과 눈이라네

구강의 명승지 어디 일까
묻지 않아도 모두 안다네

시의 산으로 이름이 높은
혜원의 삼소 여산이란 것

2023. 5. 9.

장강(총길이 6,300km)은 청해성 곤륜산에서 발원해 삼협댐이 있는 의창까지 4,500km를 상류, 의창에서 호구까지 955km 구간을 중류, 호구에서 바다까지 938km의 구간을 하류로 나눈다. 湖口는 제일 큰 담수호 파랑호의 물이 장강으로 들어가는 입구라는 뜻. 이 호구 가까운 곳에 교통중심의 역사도시이자 朴木月의 詩에 등장하는 九江이 있으며, 그곳의 명승지는 詩의 山이자 혜원의 三笑 고사를 낳은 廬山(옛 匡山)이 있다. 왼쪽 木月의 詩碑는 김양동 글씨이다.

廬山과 慧遠
羅石心物詩(252)

여산하면 혜원이 떠오르고
혜원하면 여산이 생각나니

아마 혜원이 30년 주지했던
동서림고찰 있기 때문일듯

승조의 첫 논문 반야무지론
도생 편에 혜원에게 보냈던

광산이 곧 여산, 호계 역시
동림정사 밑으로 흐른다네

정토종의 개조 동진의 혜원
그는 유불도에 정통 했으니

호계삼소 고사 세 사람 역시
삼교의 합일을 말해 준다네

동림과 서림 두 고찰 가운데
동파의 제서림벽 유명한데

여산의 진면목 알 수 없는 건
나 바로 여산 속에 있기 때문

2023. 5. 10.

여산은 東晉의 고승이자 중국 淨土宗의 開祖, 慧遠으로 인해 유명하다. 虎溪三笑(불가의 혜원, 유가의 도연명, 도가의 육수정)를 통해서 더욱 유명하다. 필자가 연구한 僧肇의 <肇論> 네 개의 논문 중 첫 작품 般若無知論은 동료 승려 道生을 통해 혜원에게 보내져 인가를 받았다. 특히 西林寺는 동파의 담장 낙서(題西林壁 서림사 벽에 시를 쓰다)에 등장하는 '眞面目'으로 더욱 유명사찰이 되었다.

題西林壁
　　　蘇軾（東坡）
橫看成嶺側成峰
遠近高低各不同
不識廬山眞面目
只緣身在此山中

自题金山画像

苏轼

心似已灰之木，
身如不系之舟。
问汝平生功业，
黄州惠州儋州。

金山寺의 東坡像
羅石心物詩(253)

여산의 진면목을 읊었던
불혹의 황주시절 지나서

이순 지난 나이 멀고 먼
남해도 세 번째 귀양 끝

귀가 도중 진강 다다라
동파 초상에 제시 쓰니

고된 일생 스물 네 자로
금산화상 화폭에 담았네

마음은 이미 재가 된 나무
몸은 어디 매이지 않은 배

평생 쌓은 공업 무엇인가
황주 혜주 담주 유배생활

오히려 세 곳의 귀양살이
자신을 성찰하고 키워서

깨달음에 이르게 했으니
비로소 진면목 보았으리

2023. 5. 11.

동파는 내 삶의 진면목은 내 삶이 다한 후에야 비로소 드러날 것이라 생각한 것이 아닐까 싶다. 황주시절로부터 20년이 지나 65세에 이르러 해남도 유배에서 풀려나 常州의 가족의 품으로 돌아가던 길 鎭江 金山寺의 한 화가가 늙고 지친 동파의 초상화를 그려주자 동파는 그림 여백에 화제(自題 金山畵像)를 썼다. 생의 마지막 종결이라 할 이 시에서 세 곳의 유배가 자신을 키우고 완성시켰다고 술회한 것이다.

陶淵明의 紀念館
羅石心物詩(254)

소동파가 가장 좋아한 시인
이백 두보보다 존경한 도잠

연명의 시운에 화답한 시만
무려 109편이나 이른다 하네

시만 좋아한 것 같지도 않네
사람 자체를 사랑한 것 같네

스스로 그를 본받아 터득해
심히 부끄럽지 않다고 했네

부귀영화를 좋아하지 않고
술은 취할 때까지 마셨으니

가난한 것까지 꼭 닮았으니
누가 동파고 누가 연명인가

동쪽 울 아래 국화를 따다가
바라본 그 남산이 바로 여산

도잠의 고향 여산의 기슭에
그를 기리는 기념관이 있네

2023. 5. 12.

도연명(365-427)의 淵明은 字이고 본명은 潛이며 호는 五柳先生이다. 육조시대 九江(지금 江西省 柴桑縣)에서 태어났다. 그가 10여년 벼슬을 마감하고 20여년 은둔생활에 들어간 것은 405년 41세 때였다. 여산의 서쪽 기슭 구강현에 기념관이 있는데 靖節祠 사당을 확장한 것. 羲皇上人과 淸風高節 현판이 인상깊다. 중국 최고 시인으로 평가하여 그 위상을 정립한 사람도 소동파였다.

歸去來와 飮酒
羅石心物詩(255)

벼슬을 버리고 돌아갔으니
전원으로 돌아온 것이렸다

불경엔 무거무래 역무주라
오고감도 머묾도 없다하네

전원이 황무지 된들 대수랴
소박하고 진실 되기만 하면

그것으로 만족했던 도연명
술과 시면 더 바라지 않아

취해서 쓴 것의 시리즈에서
다섯번 째의 시가 절창이니

산기운 해질녘 아름다운데
새들도 더불어 돌아온다네

이 가운데 참뜻 있다 했나
말 하려다 말을 잊고 했듯

취한 것과 그 무엇이 다를까
심물일체 그 뜻 다름 없어라

2023. 5. 13.

귀거래의 시인 도연명이 남긴 시문은 4언시 9수, 5언시 115수, 산문 11편이다. 5언시는 육조시대의 시풍으로 飮酒20首는 그의 대표작에 속한다. 특히 음주의 다섯번째 시가 아름다운데 '採菊東籬下 悠然見南山'과 '此中有眞意 欲辯已忘言'의 구절 때문이다. 자연의 진실을 사랑하고 그 속에 은거했던 유유자적한 삶과 더불어 그 의미를 고독한 깨달음으로 연결시켰다. 오른쪽 書는 가은이 고향인 벗 롱곡 조용철의 글씨이다.

李白과 五柳先生
羅石心物詩(256)

여산을 빛낸 사람 어디
혜원 도연명 둘 뿐일까

도연명 좋아한 시인이
소동파 한 사람뿐일까

이백 또한 그를 흠모해
산중 은자와 술 마시고

그 시에 취해 졸리우니
그대 그만 가시라 했네

도연명 취한 뒤의 버릇
똑 같이 시에 담았으니

생각 있으면 내일 아침
거문고 안고 오라 했듯

오류선생의 무현금 얘기
술 거를 때 썼던 두건과

복희씨 적 사람의 표현
칭송을 아낄 수 없었네

2023. 5. 14.

도연명의 팬은 동파 뿐만 아니라 이백은 더욱 극성팬에 속해 '山中與幽人對酌'이란 시에서는 도연명의 취한 후 습관(我醉欲眠卿且去)을 그대로 인용하고 있다. 그리고 '희증정율양' 시 속에선 五柳, 無絃琴, 葛巾 고사 등 도연명의 생애 전반의 내용을 담고 있기도 하다. 이 시에서 특히 '自謂羲皇人'이란 구절이 나오는데, 스스로 '상고시대 어진 복희 임금시절의 천진무구한 삶을 살았던 사람'이란 의미의 도연명 자부심이다.

意會便欣然忘食性嗜酒
利好讀書不求甚解每有
為號焉閑靜少言不慕榮
姓字宅邊有五柳樹因以
先生不知何許人亦不詳其
五柳先生傳

日照香炉生紫烟，遥看瀑布挂长川。飞流直下三千尺，疑是银河落九天。

太白诗 玉卿女士正之 于右任

李白의 望廬山瀑布
羅石心物詩(257)

여산을 아름답게 표현했던
명시는 이백의 망여산폭포

은하수 구천에서 쏟아지는
비유가 다소 과장됐긴해도

비류직하 삼천척 표현으로
굉음과 함께 시원하기만해

여산 제일경으로 꼽혔으니
순전히 이백의 공로였다네

여산 학명봉과 구배봉 사이
쏟아지는 그 이름 수봉폭포

장관을 이룬 폭포를 보려면
입구의 시비부터 봐야 하네

25세 이백 푸른 꿈을 품고
사천을 떠나 중원을 향하던

기개가 넘쳐나던 시절 작품
세상 폭보다 높이 먼저봤네

2023. 5. 15.

이백이 도연명을 그리워했던 것처럼 그의 고향인 여산에 올라 만고의 명작을 남겼으니, 여산의 웅장한 수봉폭포를 바라보며 지은 것이다. 시인들 뿐만 아니라 화가들이 폭포를 즐겨 그리는 것은 힘찬 그 氣勢의 역동성에 있다. 明 때 화가 唐寅은 폭포를 그리는 이유에 대해 "은하수 한 줄기가 하늘에서 떨어지니, 귀뿌리에 들러붙은 세상 온갖 시끄러운 잡음을 다 씻어낼 수 있겠구나" 말했다.

九華山의 地藏信仰
羅石心物詩(258)

구강을 빠져나와 안경 지나
안휘에 이르면 구화산 있어

중국불교 사대명산의 하나
김화상 지장보살 도량이네

719년 신라국 왕자 김교각
바다 건너 구화산 고행하여

법랍75년 성불단계 보살로
구제창생 등신불로 남았네

죄많은 중생을 다 제도하고
성불할 것 서원한 지장보살

석가입멸 뒤 미륵불 출현할
그 때까지 무불시대 맡았네

대지의 대덕 의인화한 지신
땅과 바다의 어머니 법해불

보살의 지극한 전생의 효성
지장 삼경에 자세히 밝혔네

2023. 5. 16.

장강 북쪽 安慶을 지나 안휘성에 위치한 九華山은 普陀山, 五臺山, 峨眉山과 함께 중국 불교 4대 명산으로 꼽힌다. 구화산은 지장신앙의 성지이며 지장보살의 화신으로 추앙받는 주인공은 놀랍게도 신라 성덕왕의 맏아들인 金喬覺(696-794)스님이다. 99세에 열반에 든 김교각 스님의 법구는 3년 지나도록 썩지 않고 생시 모습 그대로 보존되어 다비하지 않고 탑 속에 봉안 지금에 이른 신비한 등신불이다.

黃山과 黃山畵派
羅石心物詩(259)

안휘성 남부 황산시 황산구
천하제일의 기이한 산 이름

기송 괴석 운해 비폭 등으로
그대로 신기한 자연풍광인데

오악에서 돌아오면 다른 산
눈에 들어오지 않는다 했던

석도는 황산에서 돌아와도
뭇 산 눈에 들지 않는다했네

황산화파 세 거두가 있으니
매청은 황산에서 자취 얻고

홍인은 질박함을 얻었으며
석도는 영적 감응 얻었다네

황산 36봉을 일획에 담았던
석도 화론 여기서 나왔으니

뒷날 양주팔괴 역시 그 제자
고상으로부터 비롯 되었다네

2023. 5. 17.

안휘성의 명산으로 구화산과 황산이 있으니 구화산은 불교와 지장신앙의 성지로 황산은 그림과 차의 생산처로 유명하다. 黃山畵派를 대표하는 세 거장은 梅淸, 石濤, 弘仁으로 각기 독특한 작품세계를 전개했다. 황산을 통해 얻은 깨달음의 진수가 저마다 다르기 때문이다. 황산팔경을 그린 석도는 "그림에 정해진 법이 없고 모든 자연이 모든 법이고 모든 법은 일획에 있다"고 했다.

黃山의 名茶
羅石心物詩(260)

명작 시서화를 낳은 황산
예술 못지않은 차의 풍류

산의 동서남북 운무 변환
햇빛달빛 각기 다른 기상

같은 화파의 화풍 다르듯
다신인들 같을 수 있으랴

황산의 차 줄줄이 득명해
고금 명차 반열에 든다네

중국 역대 명차의 제일급
청명 곡우 휘차 황산모봉

후갱에서 생산되는 감미
길쭉한 차잎의 태평후괴

복천 노죽령의 정곡대방
금옥향명 오랜 황산금호

홍차 중의 극품 기문홍차
영국 여왕도 즐겨 마셨네

2023. 5. 18.

황산은 詩書畵 예술창작의 産室이었던 한편 오랜 茶葉之鄕으로도 이름 높다. 안휘성은 고대로부터 문화예술과 풍류의 층이 깊고 높은 고장이다. 특히 황산의 명차는 하나둘이 아닌데, 徽茶를 대표하는 속칭 黃金片의 黃山毛峯, 우리 산천의 명이나물처럼 길쭉한 차잎의 太平猴魁, 翕縣의 老竹嶺과 金川鄕에서 생산되는 頂谷大方과 黃山金毫(옛 金玉香茗), 祁門紅茶 외에도 屯溪綠茶(屯綠), 野炒靑茶 등 모두 명산의 명차이다.

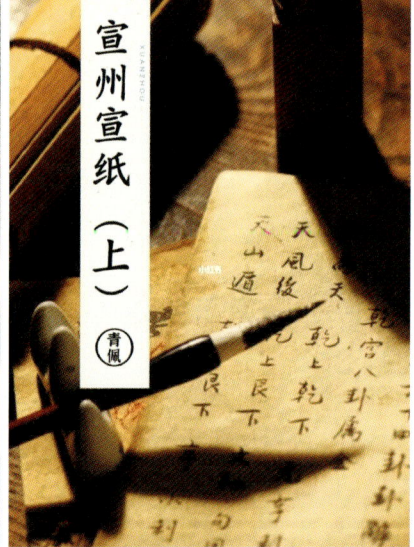

宣州宣纸（上）

青佩

安徽와 文房四寶
羅石心物詩(261)

옛 시서화의 예술은 본디
지필묵연에 근거 했던 것

문사들 방의 필수 도구로
그것이 어찌 보배 아니랴

안휘 흡현에서 나는 흡연
황산 휘주에서 나는 휘묵

선성의 선지와 호주 호필
더불어 사우로 이름 높네

남쪽 단계 벼루 좋다지만
용미연 흡주 벼루만 못해

금의 소리와 옥의 덕성을
말한 동파의 찬양 전해도

보배 중 보배였던 흡주연
이젠 금성옥덕 빛을 잃어

먹 갈 힘과 시간도 없으니
먹물들이 먹즙을 쓴다네

2023. 5. 19.

文房四友나 文房四寶로 불리던 紙筆墨硯은 이제 서양문명의 필기도구에 밀려 많은 변화를 겪게 되었다. 옛날 문사들과 달리 지금은 서화도구로만 종이, 붓이 사용되며, 먹과 벼루는 먹물/묵습에 밀려 사용도가 떨어지고 있다. 먹을 갈 시간과 힘도 없을 뿐만 아니라 대신 갈아줄 사람(노비)도 없는 사회이기 때문이다. 安徽 翕州의 翕硯과 徽墨은 예로부터 유명했다. 동파는 흡연을 金聲玉德으로 높이 평가했다.

虞姬 무덤을 찾아
羅石心物詩(262)

백발삼천장 이백의 추포가
언뜻 읊고 추포강을 건너면

장강유역의 염색도시 무호
그리고 영벽의 해하성이네

사면초가 노래소리 들리나
2천년 전 4년의 전쟁 그 땅

우희야 우희야 널 어찌하랴
마지막 잔에 부른 해하가여

검무 한 자락에 끊어진 목숨
우미인 시신 오추마에 싣고

기병 팔백기와 탈출하지만
아차 시신을 놓쳐버렸다네

초나라 병사들 눈물이 어려
그 자리에 무덤을 만들었네

오늘도 우희 공원에 들르면
오가는 발길들 그녈 기리네

2023. 5. 20.

이백이 白髮三千丈 싯귀의 秋浦歌를 썼던 추포강과 蕪湖는 垓下遺址와 더불어 모두 안희성에 있다. 楚覇王 항우의 아내 虞美人의 무덤 역시 초한전쟁의 마지막 전투가 있었던 靈璧의 해하성 부근 우희문화공원 안에 있다. 四面楚歌의 고사를 낳은 바로 이곳이 항우(虞兮虞兮奈若何/垓下歌)와 우희(大王意氣盡賤妾何聊生/和垓下歌)의 비극적 장소이며 '覇王別姬'의 영화의 무대이기도 하다.

項羽의 一擧兩得
羅石心物詩(263)

우희로 인해 일어나고
우희로 인해 망했다니

항우의 역사 초라하나
역발산 기개세 힘만은

세상 모두 알아주었던
일거양득의 고사 출처

그대 아는가 모르는가
항우 장가든 일화라네

강동 귀족들의 청혼을
그녀는 죄다 거절하고

뜰에 놓은 청동솥가마
배필감은 들어 올려야

까다로운 우희의 조건
마침내 항우가 나타나

단숨에 번쩍 들어올려
강동 팔천부하 생겼네

2023. 5. 21.

항우가 지극히 사랑한 虞姬, 우미인에 반한 강동의 귀족 자제들 경쟁적으로 청혼을 했으나 우희는 벼슬과 재산에는 관심 없었다. 이상적인 남자를 찾기 위해 집 뜰에 큼직한 청동솥을 내어 놓고, 이 솥을 들어 올리는 장사와 결혼하겠다고 했다. 많은 청년들이 달려들었으나 아무도 가능하지 않았다. 항우가 나타나 단숨에 들어 올려 우희와 결혼했다. 동시에 강동의 8,000 젊은이들이 찾아와 항우의 부하가 되어 훗날 주력부대가 되었으니, 한번 들어올려 두 가지 이득을 본 일거양득의 고사이다.

駐馬河의 烏江亭
羅石心物詩(264)

패왕사 뜨락 작은 연못가엔
'말 멈춘 강' 뜻 새긴 주마하

거친 모양의 비석이 서 있고
그 옆을 지나면 오강정 있네

더는 달리지 못하는 나룻터
배를 내주며 빨리 건너라던

정장의 말도 거절하는 항우
애마 오추마를 맡아 달라네

주인 잃은 말은 먹길 마다해
주인 따라 끝내 죽었다 하고

슬픈 이야기 나룻터에 남아
시인 묵객 가슴을 울리는데

이기고 지는 것은 병가에서
흔한 일이라 두목은 읊었고

항우는 도망가지 않았기에
그립다고 이청조가 읊었네

2023. 5. 22.

패왕사 뜰의 작은 연못가엔 駐馬河를 새긴 자연석 비가 있고 그 곳에 참담한 비극의 그날을 기리듯 강나루 지킴이 亭長과의 대화를 기념한 烏江亭이 세워져 있다. 배를 내주며 속히 강을 건너길 권했지만 거절하고 도리어 오추마를 정장에게 맡겼다. 당나라 시인 杜牧은 '題烏江亭' 시에서 이기고 지는 것은 兵家의 常事라했고 宋나라 李淸照여성시인은 도망가지 않고 치욕을 견뎌야 참 사내 아닌가 했다. 남편의 행동을 빗대 말했다.

項羽의 衣冠塚
羅石心物詩(265)

항우의 사당 패왕사에 가면
한 손엔 큰 칼 다른 손 주먹

부릅뜬 눈의 항우동상 있네
한 시절 풍미한 영웅답다네

산을 뽑을 힘과 세상을 덮을
그 기개 질타풍운 현판 있고

사당 뒤엔 조각난 시신 대신
옷과 모자 묻은 의관총 있네

자결 직전의 울분 섞인 글엔
진 것도 천명 하늘 원망하니

한나라 양웅은 항우의 용맹
그것 믿고 어리석었다 했네

역사가는 항우의 독단 독행
실패 원인을 쉽게 말하지만

오강을 건너지 않고 자결한
그를 참 영웅으로 기린다네

2023. 5. 23.

杜牧은 강동의 젊은이들 모두 걸출하니 卷土重來 못할 것 있겠느냐 했듯 실패를 만회할 기회가 있었음에도 치욕을 참고 견디며 忍辱負重하지 못했음을 아쉬워 했다. 당시 항우의 나이 겨우 30대 초반. 송나라 여성시인 李淸照 시엔 목숨을 구차하게 구하려 도망가지 않은 영웅적 삶을 찬양했다. 우리의 聖雄 충무공은 이기고도 스스로 순국했으니, 그 충절의 마음 오죽했을까, 그 마음 누가 알까싶다.

劉邦의 大風歌
羅石心物詩(266)

바람 일어나 구름 휘날리며
위엄 천하에 떨치고 귀향한

유방의 노래 승리의 대풍가
항우 비탄의 해하가와 쌍벽

회남왕 평정후 돌아가는 길
고향 패현에 들렸던 유방은

금의환향의 잔치를 벌리고
흥겹게 축을 치며 노래했네

패현 한성공원 대풍가 기린
천하제일 가풍대 높이 섰고

한고조 오른 손에 술잔 들고
선 채 노래를 부르려는 동상

의기양양 크게 웃음 지으며
노래로 흘린 눈물 흔적없고

요연당 안에 대풍가를 새긴
채옹의 글씨 아직도 남았네

2023. 5. 24.

패자의 노래 해하가와 쌍벽을 이루는 승자의 노래 대풍가는 환희와 자부심으로 가득하다. 애초에 큰 바람을 몰고 온 영웅은 항우였지만 결과는 건달과 다름없었던 이곳 시골 沛縣(그의 출생지는 강소성 徐州 豊縣이나 패현과 이웃하고 있다) 출신의 유방이었다. 漢高祖가 된 몇해 후 반역의 淮南王 英布를 평정 후 돌아가는 길 고향에 들려 잔치를 베풀고 스스로 호기롭게 대풍가를 지어 불렀다.

黃石公과 張良
羅石心物詩(267)

유방이 항우를 이긴 비결은
참모를 잘 쓴 덕택이라는데

울타리를 만드는 데 최소한
세 말뚝이 필요하다 하였듯

책사 장량 장수 한신과 함께
재상 소하 등 3대 개국공신

한신의 고향 찾아가는 길에
장량의 고사 이교를 지났네

진시황 죽이기로 하였으나
못하고 이곳 진흙다리에서

황석공 만나 얻은 태공병법
이상경리 고사 전해온다네

천하의 크나큰 용기 있다면
수모를 당해도 화내지 않는

이교의 빛난 가르침 남아서
이원의 장량전이 전해주네

2023. 5. 25.

유방의 성공 리더쉽은 인재를 널리 포용해서 쓴다는 데 있다. 그는 자기보다 나은 인재를 중용해서 믿고 썼다. 장자방 장량과 한신은 본래 항우의 진영에 있었지만 자기의 뜻을 받아주지 않자 유방에게로 간 사람들이다. 강소성 한신의 고향 淮安을 가는 길에 청년시절 장량이 황석공을 만난 이교를 지난다. '진흙다리 위에서 신을 신겨드리다(圯上敬履) 고사가 생긴 바로 그곳이다.

韓信의 故鄕 淮安
羅石心物詩(268)

사마천은 항우의 실패 원인
현명한 자 질투에 있다했듯

병법의 신선이라 불리었던
한신이 대표적 인물이었네

자기 뜻 펼 수 없던 한신은
항우 반대편 유방에게 가서

천하평정에 크나큰 공으로
제나라 왕으로 봉해졌다네

한신도 과하교 다리에 얽힌
고사가 있으니 과하 수욕처

한후공원에 가면 돌에 새긴
바지가랭이 아래 기어간 일

수모를 당해도 노여워 않는
비겁해 보여도 큰 용기였듯

품은 뜻 원대했기 때문인데
우리 대원군도 따라서 했네

2023. 5. 26.

한신의 고향인 회안에 가면 胯下橋가 있다. 그곳에 '한신이 사타구니 아래로 지나간 모욕을 당한 곳'(한신과하수욕처)이라는 비석이 있다. 건달처럼 큰 칼을 차고 다니자 백정이 길을 막고 '네놈은 겁쟁이임이 틀림없으니 그 칼로 나를 찌르고 가든지 아니면 내 사타구니 아래로 지나가야 한다'하자 주저없이 가랭이 사이를 기어갔다. 뒷날 한신이 개국공신이 되어 고향의 그 백정을 찾아 벼슬을 주었다는 미담도 있다.

韓信과 漂母祠
羅石心物詩(269)

한끼밥 천금으로 되갚은
빨래하던 아낙네 기념해

한신의 고향 회안에 가면
사당과 커다란 무덤 있네

한신이 떠돌이의 신세로
굶주리며 낚시하던 강가

빨래하던 표모 한 여인이
자신 먹을 음식 나누었네

수십일을 신세진 한신은
출세하면 갚겠다 했으나

여인은 네 놈이 불쌍해서
음식을 나눈 것일 뿐인데

보답은 무슨 보답이냐 던
늠름한 베풂 잊지 못하여

금의환향해보니 이미 고인
천금들여 무덤을 쌓았다네

2023. 5. 27.

소년 한신은 부모를 잃고 낚시를 해서 물고기와 음식을 바꿔 먹으며 어렵게 컸다. 어느날 빨래하는 아낙네(漂母)에게 발견되어 자기가 먹을 음식을 권했다. 수십일 밥을 얻어 먹은 한신은 성공해서 보답하겠다 하자 화를 내며 대장부가 그런 말을 하면 안된다며 경계했다. 뒷날 漢나라 개국공신이 된 한신이 고향에 돌아왔으나 무덤만 남아 있어 천금을 들여 그녀의 무덤을 왕릉처럼 크게 조성했다. 실제로 인근에 있는 한신의 묘보다 배나 더 큰 왕릉같다.

兎死狗烹의 韓信
羅石心物詩(270)

진 이어 두 번째 대륙 통일
역시 대업을 이룩한 한고조

첫 번째 라이벌은 항우였고
그 다음은 부하인 한신장군

개국공신의 소하 장량 한신
한초삼걸 있어 가능했던 것

장량은 장가계서 신선살림
한신만 토사구팽 어찌하나

모함으로 체포된 초왕 한신
토끼 잡고 난 사냥개의 신세

천하가 평정되니 내가 잡혀
죽게 되었구나 한탄했다네

일찍이 한신의 참모 괴통의
천하삼분의 조언 듣지 않고

유방을 도운 것 후회했지만
괴통이 공명 아니니 어쩌랴

2023. 5. 28.

漢楚三杰이라 불리던 셋 중 한신은 逆心을 품지도 않았으나 경계 대상이 되어 토사구팽의 주인공이 되었다. 그래서 장량처럼 공을 이루면 떠나야 한다는 가르침 또한 있는 것. 대업 이루기 4년전만 해도 10만 대군의 항우에 맞선 유방 군대는 겨우 4만에 불과했다. 그들과 어깨를 겨룰 수 있는 또 하나의 걸출한 영웅 한신에게 괴통이 제갈량보다 먼저 천하삼분지계를 건의할 만했을 것이다.

옛 金陵의 南京
羅石心物詩(271)

춘추시대 오나라였던 이곳
전국시대 월은 초에 망하고

손권이 금릉에 도읍한 것은
제갈량 권유로 그리 했다네

주원장이 건업을 도읍 삼아
남경으로 다시 성을 쌓으니

손문 남경정부 이래 오늘에
이르도록 그 성 건재하다네

강마을 산마을 술집 깃발들
남조시절 사백 팔십 사찰들

두목시인이 읊었던 강남땅
풍류는 자취마저 없어지고

나룻배들 정박하던 진회하
밤풍경의 추억만 아득한데

유우석이 노닐던 옛 오의항
왕사거리 석양에 물 들었네

2023. 5. 29.

월나라 재상 범려가 이곳에 성을 쌓은 이래 2400년 동안 여러 나라의 수도가 되었다. 초나라의 금릉이 되었다가 삼국시대 오나라 땐 建業으로, 남조시대엔 宋, 齊, 梁, 陳의 수도가 되었다. 明 태조 때 개봉을 북경으로 이곳 남경을 수도로 삼았으며 손문 정부에 이르기까지 그 역사가 깊다. 두목의 江南春절구와 泊秦淮의 시, 젊은 날 이백이 노닐고 유우석이 찾았던 烏衣巷 옛 거리가 아직 남아 있다.

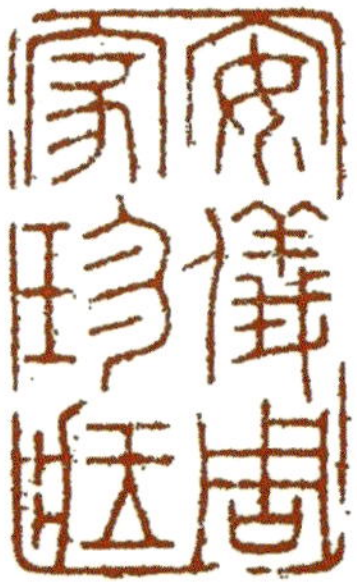

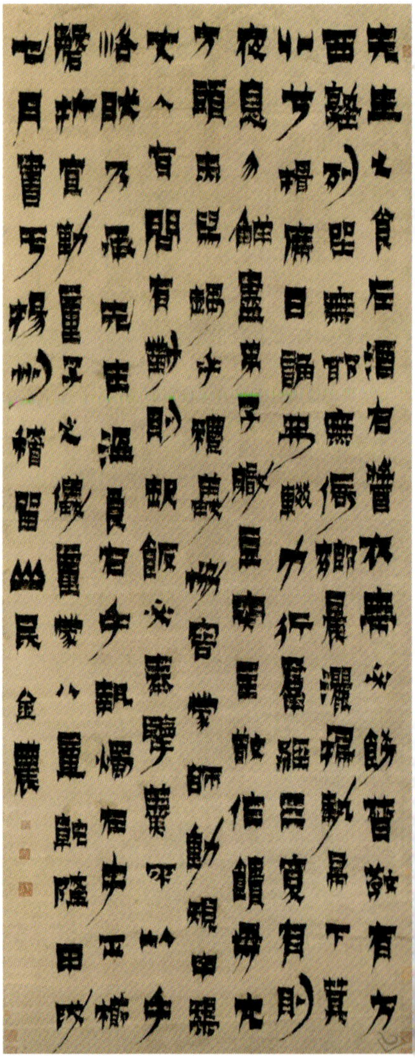

달빛도시 揚州
羅石心物詩(272)

양주는 아득한 상고시대
홍범구주 가운데 하나로

남북 운하와 장강 만나는
고대 상업이 번성한 도시

경제 활발하니 문화예술
자연스레 따라 발전하여

이백도 양주가는 맹호연
부러워 어쩌지 못했다네

항주에는 아리따운 서호
양주에는 날씬한 수서호

호수 위 아름다운 오정교
천하 이름 높은 다리라네

호심의 섬 월관 정자기둥
정판교 시주련 걸려 있고

24교 달빛 돋보이는 양주
이백 시 정야사 떠오르네

2023. 5. 30.

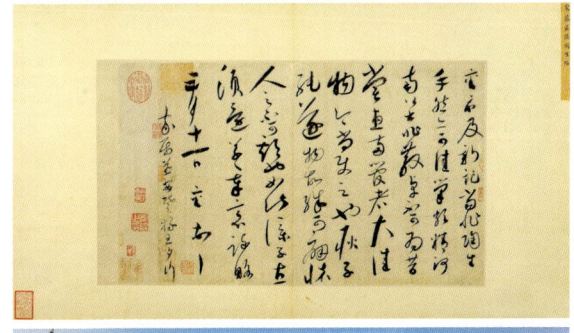

양주는 고대 중국의 九州 중 하나로 장강이 揚子江으로도 불리는 별칭을 얻게 된 배경이 되었다. 당송시대를 거치면서 교통 중심으로 경제발전과 더불어 문화예술의 도시로 거듭 나면서 소장가들과 예술가들이 모여들었으며 조선인 鹽商 安岐(儀周)는 대소장가이자 감정가였다. 청나라 때 석도를 비롯한 양주팔괴 그룹이 탄생하였다. 瘦西湖와 五亭橋, 蓮花橋, 月觀 등 아름다운 경관과 달을 노래한 이백의 시 靜夜思로 유명하다.

揚州 崔致遠紀念館
羅石心物詩(273)

양주교외 당나라 성곽 안에
신라인 문호 최치원 기념관

동상과 함께 세워져 있으니
외국인 기념관 유일 하다네

장안으로 12세에 조기유학
6년 만에 빈공과 급제하여

이곳에서 토황소격문 지어
글로써 황소 난 진압 했다네

대륙에서 천하 문명 떨치고
황제의 자금어대 하사 받아

국위 선양 16년 만에 귀국해
부성군 함양군 태수 지냈네

시기와 질투를 받은 큰 재주
신선의 길로 자취 감췄는데

국내엔 없는 기념관 있으니
외로운 구름 잘 알지 못하네

2023. 5. 31.

양주시 唐城遺址에 중국 유일의 외국인을 위한 기념관이 있으니, 연구 전시 위한 孤雲 최치원기념관이다. 최고운이 젊은 날 황소의 난을 평정하기 위해 근무하던 곳이자 토황소격문을 쓴 곳이기도 하다. 중국에서 활약한 자료와 [계원필경집] 등 명문장을 소개하고 있다. 박근혜 대통령이 중국을 방문했을 때 시진핑 주석이 고운의 한시 泛海를 인용했으며 도로명을 문창로(시호 文昌侯)로 칭한 곳도 있다. 그러나 한국에는 아직 없다.

長江三角洲 崇明島
羅石心物詩(274)

장강 끝나는 지점 삼각주
중국에서 큰 섬으로 셋째

지금은 비옥한 쌀과 어물
물산의 이름 높은 숭명도

당나라 이전엔 장강 하구
양주 진강 일대 있었으니

바다는 내륙 깊숙이 들어
늙은 장강과 몸 섞었다네

비는 서서 죽는다고 했듯
장강은 누워서 죽어 가니

길고긴 양자강 생명 끝에
이곳 숭명도에 장사 지내

이별의 잔속에 비친 달빛
천고의 풍류 꿈결 같은데

해동 쪽 밤하늘 바라보니
나그네 갈 길만 아득하네

2023. 6. 1.

산동에서 출발하여 황하의 상류로 거슬러 올라 천산 곤륜산 기슭을 돌아 장강을 타고 내려 오는 여행 길은 멀고도 아득했다. 이제 남쪽 주강을 따라 서쪽으로 향할 차례이다. 양자강이 죽음에 이르는 마지막 하구에 자리한 삼각주 숭명도는 대만과 해남에 이어 세번째 큰 섬이다. 십여년 전에 섬의 동남쪽과 상해 동북쪽을 잇는 거대한 상해 장강대교가 놓여 숭명도는 이곳의 특산물인 라오바이지우(술이름)와 함께 명물이 되었다. [비는 서서 죽는다] 허만하의 시집.

天目山과 千島湖
羅石心物詩(275)

마주보는 산정 하나 씩 호수
하늘 비친 두개의 눈 천목산

하늘의 눈 피할 수 없다는데
우리들은 언제나 알아차릴까

밝고 맑은 영혼에 내리는 빛
터럭만큼도 속일 수 없는 빛

지상에 임하는 정시의 도래
혼미한 중생들은 어찌 알까

항주 서쪽 이 백리에 천도호
인공호수 위에 뜬 천개의 섬

강마을산촌 물밑 삶의 터전
지금은 소리 없이 잠겼는데

호화 보트 여객선이 달리고
이곳 특산 물고기 팡터우위

유람자들은 몰려 오고 가고
식객은 먹고 마시고 논다네

2023. 6. 2.

절강성 천목산과 이웃한 천개의 섬으로 이루어진 인공댐 천도호. 이곳엔 수몰지구의 모습이 전시관에 재현되어 있다. 15년 전 필자가 인사동전통문화보존회 부회장을 맡고 있을 때 항주시 남송어가 문화지구와 자매결연을 맺어 매년 오고가며 전시행사를 했다. 그시절 임원들과 천도호와 황산을 간 적이 있다. 그곳 호수의 특산물로 팡터우위(일명 大頭魚)가 유명하다. 세 번째 연의 구절은 "白日照臨 一毫無欺"의 스승님 말씀이다.

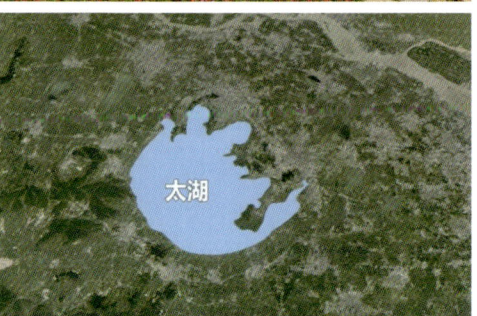

太湖와 太湖石
羅石心物詩(276)

태호 두 글자의 소리 듣거나
바다 같은 태호 보고 있으면

태극과 팔괘를 만든 복희씨
태호가 생각나는 건 왜일까

일육수 한 방울 물에서 비롯
바다를 이룬 곳 생명 발원지

복희 고향 감숙 천수에 가면
태호 사당과 괘태산 있다네

이곳은 태호석으로 유명해
예로부터 문인묵객 애호로

국내외 그 이름 높디높은데
빛깔과 생김새 괴석답다네

소동파 명문이 있는 태호석
소장자 초정 시인이 자랑턴

그때가 어제 같은데 사십년
사람은 가도 돌은 남았다네

2023. 6. 3.

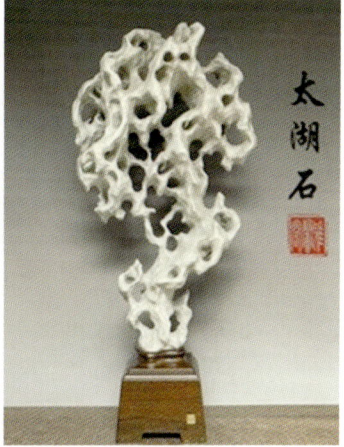

태호는 장강 하류 남쪽 항주 소주 무석 등 여러 도시로 둘러싼 호수이다. 수심은 깊지 않으나 서울 네 배나 되는 큰 호수 안에는 수십개의 섬이 있으며 영화 적벽대전의 촬영지기도 하다. 태호괴석은 강남원림의 주요한 필수품으로 무석원림과 소주원림은 다소 다른데, 소주원림은 성시 안의 평지에 조성하는 반면 무석원림은 자연의 산수를 통해 차경을 이용한다는 점이 다르다. 시 끝부분 언급한 怪石은 초정 김상옥시인 소장품.

畫聖 顧愷之
羅石心物詩(277)

위진남북조는 동방 르네상스
서양보다 천년 앞선 셈인데

이 시대 서론 화론 시론 악론
작품과 더불어 이론을 세웠네

무석출신의 화성칭호 고개지
서성 왕희지와 동일반열인데

유송 육탐미, 양나라 장승요
함께 육조시대 3대화가라네

혼란한 시대가 외려 자유로와
문예의 창신 백화가 제방하니

형상보다 진실을 더 중시했네
마른 인체의 필획을 표현으로

움직임의 느낌 전신의 기운이
시서화 삼절의 고개지 예술론

당송까지 70여 점 존재했지만
작품 단 3점 그 정신 전한다네

2023. 6. 4.

畫聖으로 불리는 고개지는 無錫 출신으로 시서는 물론 이론을 겸한 화가였다. 그의 미학은 形似보다 필획의 氣韻에 의한 傳神에 중점을 두었다. 364년 東晉 建康시대 신축한 瓦官寺 벽화로 維摩詰像을 그려 화가로 이름을 날렸다. 그의 그림은 당송 때 70여점 존재했다는 기록이 있으나 현재 남은 작품은 女史箴圖(대영박물관 소장), 洛神賦圖, 烈女圖 등 세 점뿐이다.

會稽山 蘭亭에서
羅石心物詩(278)

위진시대 산수 시 발원지로
손꼽힌 소흥시 동남 회계산

서성 왕희지 난정서 남기자
시인 묵객들 명소가 되었네

강북 위나라 말기 죽림칠현
강남엔 난정 수계 있었으니

역사 속 아름다운 시서음률
위진 풍류 쌍벽을 이룬다네

읊은 바위 천 개 구릉 만 개
고개지 찬탄은 변함없는데

생사 무상함 토로한 서문엔
술잔과 더불어 비통함 있네

영화 9년 삼월삼일 봄 축제
사안 손탁 등 시 원고 41편

그 시집의 명필 서문이 남아
천고의 울림 가슴에 전하네

2023. 6. 5.

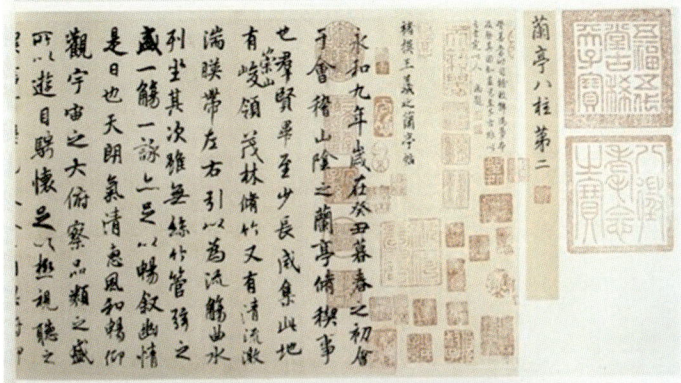

절강성 昭興 옛 山陰의 회계산은 위진시대부터 시서화 문장가들이 배출된 山水詩의 발상지 중 하나로 왕희지의 난정서로 명소가 되었다. 위진 이후 陰三月 三日 봄놀이를 하였던 풍습으로 32명의 문인현사들이 난정에 모여 술을 마시며 시를 짓고 봄날을 즐긴 난정 연회의 시집 서문(28행 342자)은 왕희지 51세(353) 때 쓴 초고이다. 원본은 전하지 않고 명필들의 임서본이 전한다. 왕희지 고향은 소흥(노신의 고향) 아닌 산동이다.

會稽山 大禹陵
羅石心物詩(279)

절강성 소흥시 회계산 기슭
상고시대 중국의 첫 하왕조

개국왕 치수의 영웅 우임금
그의 무덤 대우릉이 있다네

산허리를 파서 관을 넣어서
옛부터 우혈이라 불렸다네

역대 국왕 해마다 제사지낸
전국 36좌 왕릉 중 하나인데

우의 아버지는 곤이고 곤의
아버지는 오제 중 전욱이니

우는 전욱의 손자며 전욱은
황제 손자로서 그의 고손자

나라 인민을 위해 불철주야
집 앞을 세 번 지나쳤으니

청사에 빛난 모범 지도자로
순에 천거된 물의 신이었네

2023. 6. 6.

대우 혹은 하우씨로 불리며 堯舜 이래 夏나라를 개국한 임금으로 순임금에게 천거되어 아버지가 실패한 치수를 맡아 가정을 돌볼 틈도 없이 나라와 백성을 위해 헌신한 성군이다. 궁전 재건축을 재고하고 세금을 줄였으며 九州로 나눠 번잡한 제도를 정비했다. 그의 치적이 족보와 함께 尙書와 列子 등의 기록으로 전해온다. 대우릉엔 禹穴碑(禹陵碑)와 禹祠(禹廟), 禹池 등이 있다. 회계산엔 5세기 고구려 출신으로 승조를 계승해 三論宗을 계창한 僧朗이 머물렀던 岡山寺가 있다.

天台山 國淸寺
羅石心物詩(280)

옛태주 천태산 천사백년 된
선풍 감도는 고찰 국청사엔

오랜 역사 더불어 명승명사
묵객들 찾는 절강 문화명소

수나라의 전탑 보존돼 있고
전탑과 같은 나이 매화나무

고목에 꽃피니 옥 환생한듯
그 향기가 더욱더 멀리 가네

이곳이 천태대사 주석했던
천태종 불교 발상지였으니

대륙과 반도 먼 섬나라까지
그 종파 아직도 건재하다네

왕희지 서법 오도한 곳으로
시인묵객 발길 끊이지 않고

항주에 개 짖는 소리 없앤
제공활불 출가 고향이라네

2023. 6. 7.

천태산에서 발원된 천태종은 중국불교의 13종파의 하나로 수나라 지의대사가 법화경을 중심으로 천태교학을 완성시켜 창립되었다. 천태교학은 고려 대각국사에 의해 전해진 것으로 알려져 있으나 그보다 훨씬 전 백제의 현광과 신라의 연광이 중국에 건너가 천태교학을 전수받고 귀국하여 그 법을 전했다. 천태종 제16조가 된 의통도 고려의 고승이었다. 국청사는 항주의 奇僧 濟公선사(5백라한 중 하나)의 출가 사찰이다.

杭州 靈隱寺
羅石心物詩(281)

항주 서북쪽 비래봉 기슭
석굴 조각이 330개 넘네

그 중 돋보이는 미륵좌상
인도 엘로라 석굴 닮았네

천육백 년 전의 동진시대
인도 승려 혜리 창건하니

신선의 영들이 깃들은 곳
영은사로 이름 하였다네

이곳 천왕전에 운림선사
강희황제 남순시의 글씨

커다란 액자가 걸렸는데
영자를 잘못 써 운자됐네

천태사 출가한 제공선사
이곳에 오래 주석했으니

항주의 견공들 잡아먹어
서호 마을 조용해졌다네

2023. 6. 8.

항주 飛來峯옆 영은사는 남조 양무제의 도움으로 인도승 慧理가 창건한 강남 선종 五山의 하나이다. 天王殿엔 강희제 南巡時(1689) 쓴 雲林禪寺 네 글자 사액이 걸려 있다. 강희제가 호기롭게 붓을 들어 靈隱寺를 쓰려는데, 첫 靈자의 雨자를 너무 크게 써서 아래 공간이 부족한 것을 깨달은 그는 고승들 앞에서 붓을 놓을 수도 새로 쓸 수도 없어 땀을 흘리자 한 대신이 귀속말로 雲자를 써서 글귀를 지으면 된다고 힌트를 줬다고 한다.

慧因高麗寺
羅石心物詩(282)

일본 오사카에 백제사 있듯
중국 항저우에 고려사 있네

고려국 왕자 대각국사 의천
북송 8년 이곳 혜인사 방문

당에 이어 오대 훼멸된 경전
화엄경 3부 170권 가져와서

정원법사와 교류하였을 때
소동파 접견사로 맞이했네

고려국이 제공한 경전으로
장경각 세워 화엄제일도량

이름이 나자 세칭 고려사로
이제는 혜인고려사 되었네

승통 의천국사 공덕 기리는
대각전엔 왕자 존상 모셨듯

조론주석가 정원법사 함께
화엄제일산의 전통 세웠네

2023. 6. 9.

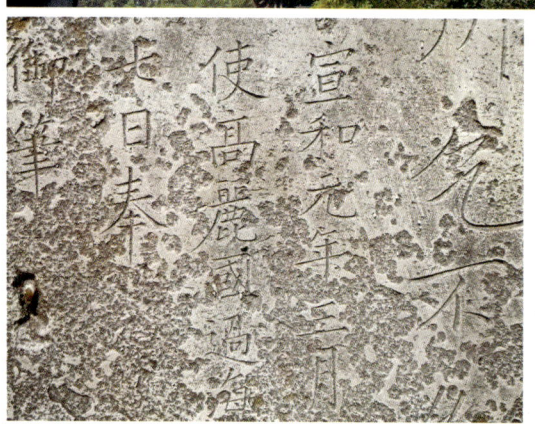

항주 玉岑山 혜인고려사는 당대의 慧因寺였으나 북송 때 고려 문종의 넷째 아들 義天 대각국사가 항주를 방문하여(1085) 경전 제공과 후원금에 의해 크게 번창했으며 한 때 고려사로 불리다가 본래 혜인과 합해졌다. <肇論> 주석서 쓴 淨源法師는 화엄종 고승으로 대각국사를 통해 양국 평화적 교류에 힘썼다. 훼멸된 고찰을 '古高麗寺圖'를 참조해 송대 건축양식으로 복원했다는 기록이 남아 있다.

무역의 도시 寧波
羅石心物詩(283)

7천 년 전 시작된 벼농사로
하모도 문화의 발상지 영파

장악한 바다의 잔잔한 파도
해외를 쉬 오가게 되었으니

영파는 중국 상인을 떠받든
닝보방의 요람이었던 도시

신라 초 있었던 장보고항구
세계 무역의 거점 되었다네

해상실크로드 동쪽 출발지
고려와의 교류역사 깊었네

월호공원엔 송대 고려사관
유적지 아직도 남아있다네

아편전쟁으로 영국이 점령
남경조약으로 개항 되었고

다시 일본인들이 차지했던
파란만장 겪은 수향이라네

2023. 6. 10.

닝보(寧波)는 석기시대 河姆渡文化의 발상지로 근대 上海市가 생기기 천년전 新羅坊과 新羅礁가 있던 곳으로 한 때 장보고의 세계무역의 거점 항구로 명성이 높았으며 당나라로 향했던 구법승들이 거쳐 가는 곳이었다. 고려시대 교류역사를 살펴 볼 수 있는 高麗使館 遺址가 월호공원에 남아 있다. 아편전쟁으로 영국에게 점령당했던 영파는 1세기 후 일본에게 다시 점령당하기도 했던 水鄕의 무역도시이다. 인근 미륵사가 있다.

普陀山 觀音道場
羅石心物詩(284)

중국불교 성지 중의 하나로
저장성 주산군도의 보타산

닝보가까이 작은 섬 가운데
작아서 풍광 더욱 아름답네

평화를 찾아가는 마음인들
부처님 가르침과 다를까만

소리 듣지 않고 볼 수 있는
그 경지 요원하기만 하다네

지장보살 도량 구화산 문수
보살 도량 오대산 보현보살

도량 아미산 관음보살 도량
보타산 전국 4대 명산인데

해상성지 해천불국의 명칭
벗이여 명불허전 아니라네

사면 푸른 물결의 선경이니
불정산 오르면 절로 안다네

2023. 6. 11.

寧波港 가까운 舟山群島 가운데 보타산의 海天佛國의 觀音道場은 구화산과 오대산 그리고 아미산과 더불어 중국불교의 4대성지에 속한다. 예로부터 바다속 선경으로 많은 불자와 시인묵객들이 찾은 곳이다. 이곳엔 普濟禪寺와 法雨禪寺 그리고 慧濟禪寺 등의 3대 선찰이 있으며, 觀音古洞과 善財洞, 靈石庵, 梅福庵, 근래 조성한 거대 관음보살상 등이 오손도손 모여 있다.

安吉 吳昌碩 故鄕
羅石心物詩(285)

온주시 안탕산을 보았으면
안길현 오창석고향 들려야

북경의 제백석과 남오북제
근대의 서화전각 쌍벽이네

자기 필획으로 그림 그리고
자가풍 인장 새긴 거장답게

서로 비교조차 할 수 없도록
각자의 제 갈길 걸어 나갔네

1884년 출생의 오창석 옛집
대대로 벼슬한 집안의 풍모

오씨부자 4진사 출토묘비석
장원교와 반월 연못 남았네

무덤은 서령인사 사장 지낸
절파의 고장 항주에 있는데

상해 천심죽재의 원정에게
새겨준 인장들 한국에 있네

2023. 6. 12.

오창석의 명은 俊卿, 자는 昌碩, 호는 缶廬, 安吉人이다. 淸末과 민국시대의 대서화전각가, 상해화파의 대표인물로 항주 서령인사의 초대 사장을 지냈다. 제백석과 더불어 南吳北齊로 불리며 각자 자가풍의 예술을 창출하였다. 그의 고향엔 四合院式의 대저택이 남아 있으며 狀元橋와 半月池가 있다. 상해의 園丁 민영익의 별장 千尋竹齋를 자주 찾은 그는 원정 한 사람에게 무려 200여과의 인장을 새겨 주었다. 그 천심죽재 별장 그림으로만 남고 자취를 찾을 수 없었다.

두 개의 朱熹紀念館
羅石心物詩(286)

주자를 기리는 주희 기념관
성리학 집성한 복건 무이산

고향인 강서 무원의 문공산
같은 이름의 기념관 있다네

주희는 상요 무원을 떠난 뒤
평생 두 번 고향을 찾았는데

후인들 발길 역시 뜸하다며
후손 주진오 관장이 말하네

푸젠 무이산 본래 명산인데
주희의 무이 구곡가로 인해

온 세상에 널리 알려졌으니
산천과 인물은 함께 간다네

기념관엔 조선의 퇴계 초상
그의 저술 함께 전시했는데

주자학 조선의 영향과 평가
시대와 사람 따라 다르다네

2023. 6. 13.

南宋시대 理學家 주희(1130~1200)의 기념관은 그의 고향인 江西省 上饒市 무원 文公山과 福建省의 無夷山에 각각 건립되어 있다. 주자가 인재를 양성한 서원 역시 구강시 여산 오로봉 남쪽 기슭의 白鹿洞書院과 무이산 紫陽書院이다. 무이산 주희기념관엔 조선 退溪의 초상화와 주자학 관련 저술들이 전시되어 있고 국제퇴계학회 학술대회도 두 차례나 개최했다.

朱子의 武夷精舍
羅石心物詩(287)

주희가 저술과 강학했던 곳
무이구곡의 언덕 위에 있던

무이정사는 청의 강희제가
자양서원으로 승격 시켰네

경내 인지당 관선재 한서관
학생들 묵었던 기숙사 있고

주희의 학문 업적 기념하는
건물들과 사당 등이 있다네

북송 낙양의 정호정이 형제
뒤 이어 이기이원설 낙민학

그의 집대성도 위학 괴수로
삭탈관직 당한 적이 있다네

주자학은 사서학으로 행세
원명청 과거 표준교과서로

논어 대학 중용 맹자와 집주
조선의 과거 교재 되었다네

2023. 6. 14.

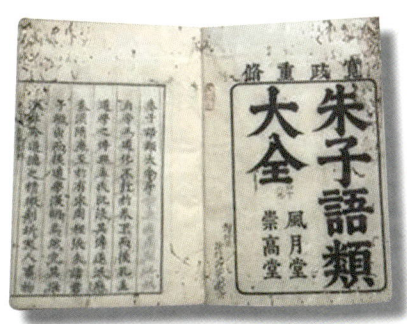

무이정사는 隱屛峰 아래 九曲溪 畔에 있다. 강희황제에 의해 무이정사는 紫陽書院이 되었다. 저술과 강학했던 곳으로 仁智堂, 觀善齋, 寒栖館, 文公祠 등이 있다. 濂學(주염계), 洛學(정명도 정이천), 關學(장재) 등을 집대성하여 理氣二元說의 주자학(민학)을 창립했다. 朱子理學은 元 明 淸은 물론 조선에 긍부정의 영향을 미쳤다. 한 때 僞學魁首로 비판받았으나 그의 四書集注는 과거 교재로 쓰였다.

푸젠의 土樓建築들
羅石心物詩(288)

산중턱 위에서 내려다보면
우주행성에서 온 물체처럼

둥근 접시 비행대의 모습들
어이없이 착각하게 된다네

복건성 동남부 장주 남정현
외부침략을 막기 위해 지은

12세기 이후 원형과 사각형
최초 공동주택 아파트라네

4백여 명이 거주할 수 있는
등록된 건축물 6천 여 토루

유네스코 세계문화유산은
객가인들의 살림집이라네

1970년대 미국 위성 사진은
핵기지로 오인해 CIA 파견

육지의 노아방주 화귀루와
유창루 회원루 승계루있네

2023. 6. 15.

객가인들의 원형 집단거주지로 현대아파트 닮았다. 田螺坑토루군엔 裕昌樓, 和貴樓, 懷遠樓, 承啓樓가 유명. 흙벽 두께는 1.6~1.8m 올라갈수록 10cm씩 얇아진다. 산적을 막기 위해 3층부터 창문이 있고 1, 2층은 출입문만 있다. 각층 54칸, 총 270칸 방에 800여명도 거주할 수 있다. 우물 딸린 1층은 부엌, 2층은 곡식창고, 3층은 노인, 4층은 젊은이 거주, 5층은 창고로 쓰인다.

客家人은 누구인가
羅石心物詩(289)

중국의 유대인이라 불리는
객가인이란 어떤 사람인가

북쪽에 살던 삼묘족 후예로
진나라 혼란기 송 이주정책

북송의 멸망시기 전란 피해
광동 복건 광시 등 남쪽으로

산간 지역에 집단 거주하며
시련 속에 지혜 발휘하였네

머리가 총명한 객가인들은
개혁성도 강하고 근면하여

정치가 경제인 예술가 등등
손문 등소평 이광요 이등휘

아키노 정치인을 비롯하여
재벌 이가성과 장예모 감독

중국 국내외 유명 화교인물
모두 모두 객가인들이라네

2023. 6. 16.

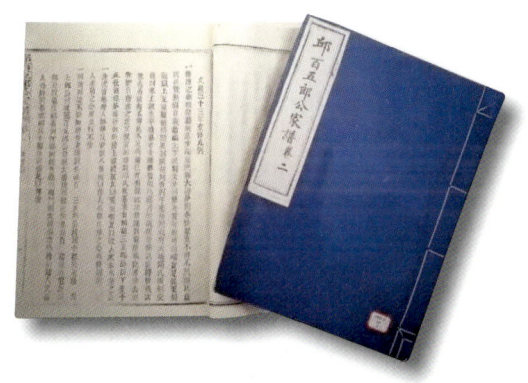

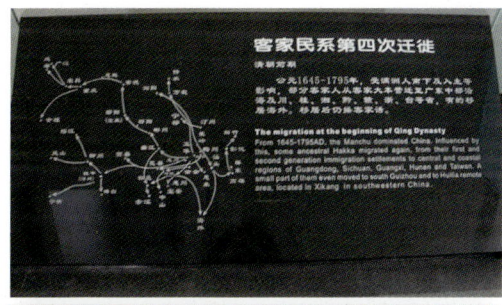

커쟈런(客家人)은 역사의 배후에 감춰진 집단으로 우수한 두뇌를 가진 중국의 유대인으로 불린다. 북쪽에 살던 삼묘족의 후예로 진시황 때와 북송의 멸망시기 전란을 피해 남쪽 광동성, 복건성, 광시성의 산간지로 이동했다. 성공한 관료와 경제인 등 특출한 인물에 혁명지도자 손문, 개혁개방의 등소평, 대만총통 이등휘, 싱가폴 총리 이광요, 필리핀 대통령 아키노, 홍콩갑부 이가성, 장예모와 공리 등이다. 역사 속 인물 중에도 객가인들이 많이 남아 있다.

夏門과 金門島
羅石心物詩(290)

푸젠성 샤먼 앞바다의 섬
대만 중공 양안의 화약고

대륙과 열배나 가깝지만
타이완에 속하는 금문도

대만 최북단 위치한 요새
작은 금문도 열여도 잇는

다리가 놓이고 평화의 종
양안 울려 퍼지는 듯했네

아예 샤먼까지 연결하는
다리를 만들자는 여론도

없지 않지만 요즘 들어선
평화의 종소리 멀기만 해

명말 청초 정성공 저항지
군사 기지 마주섬 더불어

중국양안 잘도 오가는데
한반도는 아직 냉전이네

2023. 6. 17.

중국동남부 푸젠성(福建省) 샤먼(夏門)시 동쪽의 타이완령의 금문도, 明末淸初 鄭成功의 저항거점이기도 했던 전략적으로 중요한 우리 백령도와 비슷한 요새지역이다. 장개석의 국민당이 대만으로 옮긴후 馬祖島와 함께 중요 군사 기지가 되었다. 1958년 44일간 중국 본토의 45만발의 포격으로 2천 6백여명이 죽었다. 53주년되는 2011년 그 포탄파편을 녹여 평화의 종을 제작했다. 이곳은 금문고량주로 유명, 주자의 유적지도 있다.

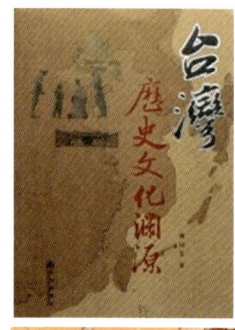

Formosa 台灣
羅石心物詩(291)

아름다운 섬이란 포모사
16C 포르투갈인이 짓고

80년 뒤 네덜란드인들이
다시 포르모사로 불렀네

해적단 장 채르가 들어와
중국 대륙을 침략했으나

청나라 군사력에 밀려서
마침내 타이완이 되었네

갑오전쟁 뒤 일제가 강점
50년의 문화 잔재 남아서

장개석이 상륙한 뒤에도
크게 영향을 끼쳤다는데

중화민국과 중공의 통일
찬반이론 아직 분분하니

UN의 지위상 타이완이나
세계 지도엔 포모사 있네

2023. 6. 18.

1544년 포르투갈 탐험가에 의해 소위 발견된 대만은 1624년 네덜란드가 대만에 상륙해 자기네 영토로 삼아 중요 군사적 거점으로 점차 도시와 항만을 건설하였다. Fomosa는 포르투갈어로 '아름다운 섬(Formosa 美麗之島)'이다. 17세기 해적 두목 장 채르가 활약했으나 청나라 군사력에 의해 밀려났다. 청일전쟁 후 1895년 조약에 의해 일본에 양도되었으며 1945년 회복, 국민당 장개석의 나라가 되었다. 지금은 일개 타이완이다.

中華民國과 TAIWAN
羅石心物詩(292)

갑오 동학농민전쟁의 발발로
조선땅에서 일어난 청일전쟁

일본이 승리하자 점령한 그땅
대만 요동반도에 한반도까지

한국의 첫 수교국인 중화민국
힘의 논리엔 의리도 간데없나

북한과 중공외교 그대로인데
하루아침에 타이완 되었다네

서울 명동 중화민국대사관에
중화인민공화국 깃발이 꽂혀

그 날의 대만외교관 친구모습
30여 년 지나도 잊을 수 없네

주 중화민국 대한민국 대사관
철거한 자리엔 체육관이 서고

101빌딩 옆 대표부 초라한데
영사관은 여행사로 바뀌었네

2023. 6. 19.

1894~1895년 조선서 시작된 청나라와 일본과의 전쟁에서 청나라의 패배로 타이완은 일본의 50년간의 식민지가 되었다. 봉건체제의 청나라를 무너뜨린 근대화의 출발점에 쑨원(孫文)이 있다. 신해혁명 후 37년간(1912~49) 대륙에서의 중화민국은 국공내전으로 공산당에 밀려 대만으로 퇴각했다. 중화민국은 대한민국과 첫국교를 맺은 나라로 1992년 단교했다. 대만엔 국립고궁박물관이 있다.

台北 · 台中 · 台南
羅石心物詩(293)

중산과 중정 기념관이 있고
일제 총독부건물 아직 있고

대북엔 북경서 가져온 보물
산 깊숙이 박물관에 감췄네

북부 해안의 예류지질공원
여왕석 촛대석 자연괴석들

여러 고산족 아름다운 전통
포모사 명불허전 증명하네

타이중 아리산의 민속촌과
해달이 공생한다는 일월담

화련의 구비 구비 대리석길
모두 관광지로 이름 높다네

대남 까오슝은 항구도시로
점령자와 반항자의 기념상

코 큰 백색인들의 침략흔적
여기저기 옛 얘기 전해주네

2023. 6. 20.

중화민국 타이완(臺灣)엔 중화민국 건국자인 손문 國父紀念館과 그의 뒤를 이은 장개석의 中正紀念館이 있다. 길다랗게 생긴 섬나라 타이완은 타이페이와 타이중 그리고 타이난으로 나뉜다. 지역마다 도시의 역사적 특성과 각각 관광지로서의 풍습도 다르다. 台北은 수도로 정치적이고 台中은 고지대의 日月潭 호수와 고산족 문화의 관광지로 유명하며 台南엔 16세기부터 유럽인들의 침입으로 사적지가 많다.

珠江下口 廣州
羅石心物詩(294)

대륙의 남방을 가로 흐르는
중국 삼대강의 하나인 주강

장장 2320km를 흘러 와서는
서강 북강 동강과 모인다네

그 길이는 장강 다음이지만
강의 유량은 황하의 일곱배

운남 귀주를 출발 광서 광동
호남 강서 여섯 성 거친다네

일찍이 개항의 물결을 타고
근대화 문고리를 푼 광저우

광동성의 성도가 된 옛 양성
화남지방의 최대도시 되었네

유럽풍의 거리 거닐다 보면
대한민국임시정부청사 있고

아름다운 주강야경 광주타워
여기가 잠 못 이루는 불야성

2023. 6. 21.

珠江의 길이는 長江 다음이나 年江流量은 黃河의 7배나 되는 큰 강이다. 전쟁과 역사의 무대인 황하와 장강에 가려 그다지 유명하지 않다. 큰 지류로는 西江 北江 東江이 있고, 주강 상류에는 黃果樹폭포와 桂林산수가 이름 높다. 광동요리로 유명한 옛 羊城 광저우는 첫 개항도시로서 서구문물이 일찍 유입됐다. 越秀공원엔 韓國園이 있고, 대한민국임시정부 청사건물과 陳氏書院이 남아 있다.

光孝寺 六祖惠能髮塔
羅石心物詩(295)

절마당 깃발을 두고 승려들
서로 옥신각신 언쟁을 하니

주변 사람들까지 몰려 들어
야단법석 이루고 있었다네

그때 무명의 행자가 나타나
이론 여지없이 해결한 문제

바람도 깃발도 그대로 인데
나부끼는 건 그대들 마음뿐!

이 광경을 지켜본 인종대사
그대 스승이 누구인가 묻자

달마 법손 오조 홍인이라며
물려받은 가사 보여 주었네

인종은 즉시 자리를 바꿔서
육조 혜능에게 예를 갖추니

인종 율사로 삭발한 혜능의
머리털 축발탑 아직도 있네

2023. 6. 22.

광저우 시내 光孝寺(옛 法性寺)에는 육조 惠能대사(638-713)의 삭발 머리카락을 봉안한 팔각형 아름다운 축발탑(혜능발탑)이 있다. 아직 행자의 몸이었던 혜능은 비구계를 청하여 仁宗 조실을 율사로 이곳 광효사에서 수계를 받았다. 5조 문하에서 神秀와의 게송 문답과 더불어 "一日風動, 二日幡動"에 혜능의 "不是風動, 不是幡動, 仁者心動"은 禪門의 중요 話頭이다.

오른쪽 옆 도판은 10여년 전 필자의 달마 그림에 벗 목인 전종주교수가 신수대사와 혜능대사의 게송을 옮겨 쓴 합작이다.
(禪墨展 출품작, 木人 소장)

[神秀大師]
身是菩提樹 心如明鏡臺,
時時勤拂拭 勿使惹塵埃.
(신수의 게송)
몸은 깨달음의 나무이고
마음은 밝은 경대 같으니,
부지런히 털어내고 닦아
먼지가 붙지 않게 하리라.

[惠能大師]
菩提本無樹 明鏡亦非臺,
本來無一物 何處惹塵埃.
(혜능의 게송)
깨달음엔 본래 나무 없고
거울에도 경대가 없으니,
본래 한 물건도 없음인데
어디에 먼지가 붙겠는가.

曹溪山 南華禪寺
羅石心物詩(296)

금강경 읽는 소리에 깨우친
6조로 부촉 의발 받은 혜능

남쪽으로 내려가 은둔 3년
광효사 인종의 수계 받았네

혜능이 교화 도량 찾던 중에
조씨 성의 거사가 희사한 땅

이곳 광동 소관시 조계산엔
혜능이 창건한 그 남화선사

돈오 법문 천하 인재들 모아
남종선 최초로 전파한 37년

선도 악도 생각지 않는 그때
그대 마음은 어디에 있는가

혜능이 설했던 화두 조계선
해동 신라의 구산선문 거쳐

중국 일본에는 없고 한국만
조계종 천년을 이어 왔다네

2023. 6. 23.

초조 달마 이후 5조 홍인(今九江)으로부터 법을 이어받은 후 그의 지시에 따라 질투를 피해 남쪽으로 내려가 피신한 뒤늦게 광효사에서 수계받은 혜능은 광저우 북쪽 韶關市 曹氏가 희사한 땅에 南華禪寺를 창건하였다. 이곳 六祖殿엔 진귀한 육조진신상이 모셔져 있다. 한국의 조계종은 이곳 조계산으로부터 비롯되었으며 신라의 道義선사가 九山禪門을 연 뒤 조계종이 되어 오늘에 이르렀다. 육조의 법통은 허구라는 설도 있다.

端溪硯의 産地 肇慶
羅石心物詩(297)

광저우 양성의 언덕 위에서
광동미술관 한중 첫 교류전

80청년작가전 오픈 뒤 찾은
단계 벼루의 생산지 짜오칭

대륙의 남쪽 수만리밖 그곳
단계에서 장강과 황하 건너

발해 요동 지나서야 단계연
해동 조선 땅에 이르렀다네

조선 선비들이 귀하게 여긴
까닭을 짐작할 듯 하거니와

제왕의 하사품이 되었으니
문방사보 가운데 으뜸이네

한 때 천금과 서로 바꿨다는
노갱에서 캐낸 석질 최상품

몇 차례 방문해 수집한 단계
송원명청벼루로 백연재 됐네

2023. 6. 24.

예로부터 文房四寶 혹은 四友, 紙筆墨硯 중 가장 값나가는 벼루는 중국 광동성 단계(現 肇慶)의 老坑硯이다. 1990년 12월 옛 羊城 광동미술관에서 첫 한중청년서예가전을 기획해 오픈 후 혜능의 고향 佛山을 거쳐 단계촌을 직접 방문하였다. 몇차례 단계를 찾아 수집한 宋元明淸代의 古硯들, 100여 개를 소장하였을 때 개막식에 참석했던 중국 명서법가 劉炳森선생이 필자의 당호 百硯齋를 써 주었다.

桂林 山水甲天下
羅石心物詩(298)

계림의 산수 천하의 제일
양삭의 산수 계림의 으뜸

두 글귀에서 첫째 명언은
남송 때 왕정공의 시라네

그의 두 수의 칠언율시는
계림을 노래한 천고 절창

멀어져 가는 노 안광으로
겨우 쓰고 생을 마감했네

산수 아무리 아름답기로
시인의 아름다움만 할까

천지가 있어 사람 있지만
사람 없으면 천지도 없네

이가염 리강 계림산수도
한 폭에 수백억 호가한들

계림 양삭 비낀 노을빛에
계화주 한 잔만 하겠는가

2023. 6. 25.

廣西省 장족자치주의 북동부에 위치한 리강 따라 펼쳐진 계림산수는 陽朔에 이르면 절정에 이른다. 바위에 새긴 桂林山水甲天下 일곱 자 明句는 南宋의 시인 王正功의 詩句이다. 두보, 한유, 왕창령, 이상은 등도 명시를 남겼다. 현대중국화가인 李可染은 리강계림산수를 많이 그렸는데 한폭에 수백억을 호가한다. 그림이 아무리 아름다워도 현장에서 감상하는 산수만 할까. 계림엔 노적암동굴과 코끼리바위, 桂花酒로 유명하다.

石濤의 고향 桂林
羅石心物詩(299)

법은 일획에서 비롯된다며
태고에는 법이 없었다하네

일획의 법 나로부터 선다고
설한 고과화상의 고향 계림

그의 일획에서 완성된 필묵
드러내고 감추는 체용의 법

만상의 뿌리를 깨닫게 해준
산수의 갑 천하 계림이라네

내 법을 스스로 찾아쓴다는
자용아법 위대한 예술의 길

신에게 드러내는 창조 행위
세인은 알아차리지 못 하네

석도는 망국의 한을 품고서
불문에 자기 신분 숨겼지만

스스로 환쟁이의 이름 두 자
자족할 수 없었던 삶 살았네

2023. 6. 26.

중국 광서성 계림출신인 苦瓜화상 석도(1641-1720)는 明末淸初의 동시대 八大山人과 더불어 畵僧으로 유명하다. 江蘇와 안휘 지방에서 대부분의 생을 보냈으나 널리 여행을 하면서 많은 문인과 교류했다. 그는 이론을 겸한 화가로서 一劃論으로 유명한 畵語錄을 남겼다. 그는 太古無法의 無定形의 定形과 일필휘지를 중히 여긴 自用我法의 개성파 화가였다.

毛澤東의 고향 韶山
羅石心物詩(300)

호남성 상담시의 소산촌
마오쩌둥의 옛집 있는데

목조 凹자형 전통가옥에
대소 방 20여 개 있다네

모택동 청소년시절 보낸
전국 중점문물보호 단위

대문의 현판 등소평글씨
이곳 다녀가며 남겼다네

소년 마오 급히 도망가다
뒤따라오는 애비 못 오게

땅바닥 줄 긋고 넘어오면
개자식 반항아 엿 보였네

호남출신 공산당 인물에
비극생애 영향현 유소기

마오 아들 죽어 팽 당한
상담인 팽덕회도 있다네

2023. 6. 27.

호남성 상담시 韶山村에 마오쩌둥 (1893-1976) 옛집이 있다. 어릴 때부터 생각이 남달랐다. 마오주의는 도교적인 세계관이 그의 모순론과 계급투쟁에 깔려 있음을 알 수 있다. 문화대혁명은 전통문화 파괴의 오점으로 남았다. 1950년 한국전쟁에 참전해 사망한 그의 아들 모안영 사건으로 인해 팽덕회에게 책임이 돌아갔다. 소련 유학까지 마친 황태자격인 그가 죽지 않았다면 중국역사가 달라졌으리라.

文武를 겸한 曾國藩
羅石心物詩(301)

호남성 상담 이웃한 쌍봉현
청나라 마지막 등불 증국번

대저택 건축 면적 1만 평방
점유 면적 4만 평방 이르네

제왕보다 백성을 아낀 재상
그가 남긴 베스트셀러 저서

모택동과 장개석 그들 또한
평생 손에서 놓지 않았다네

조직한 민병대 상군 이끌고
태평천국의 난 평정한 전략

여불위 조조 호설암 더불어
처세술의 달인 4명 중 하나

시문과 경전에 뛰어난 유자
무너지던 나라 붙잡은 충신

아들에게 전한 가서와 함께
전해온 가문의 술 유명하네

2023. 6. 28.

증국번(1811-1872)은 청나라 대학자이자 정치가, 군사전략가, 저술가이기도 한 존경받는 전인적인 인물이다. 과거를 통해 중앙정계에 진출, 물러나 낙향해서는 湘軍을 조직해 태평천국의 난을 진압해 망해가는 청나라를 구했다. 400여권의 대 저술과 가족들에게 5,000통의 편지를 쓴 전집과 영원한 베스트셀러 家書가 전한다. 家酒의 양조장을 필자의 지인이 인수했으며 修身 濟家 治國 平天下 다섯 종류 술을 생산한다.

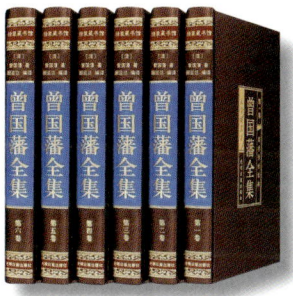

龍場悟道의 王陽明
羅石心物詩(302)

귀주성 귀양시 용장에 가면
왕양명 오도처 남아 있으니

서원과 동상과 사당과 묘지
전시된 서예와 저서도 있네

절강성 여요가 고향인 양명
과거에 거듭 떨어지고 급제

그는 관료로 전쟁터 장수로
제자들 가르침 놓지 않았네

격물치지 주자해석의 잘못
깨달아 지행합일 실천하니

마음 밖에는 사물도 없다는
유불도를 꿰 뚫은 심즉리론

주자학 원나라 막이 내리고
명나라 이미 양명학 유행해

근대 일본도 영향 받았는데
조선만 주야 장천 고집했네

2023. 6. 29.

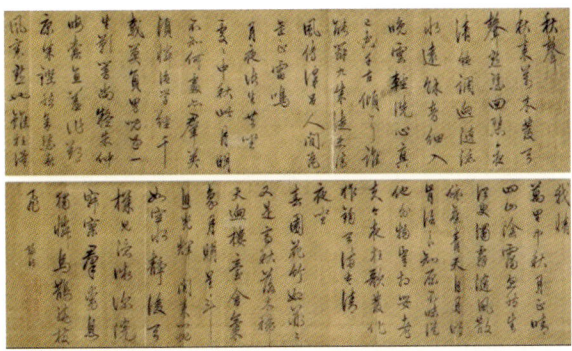

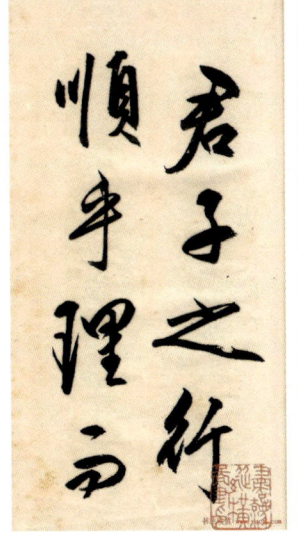

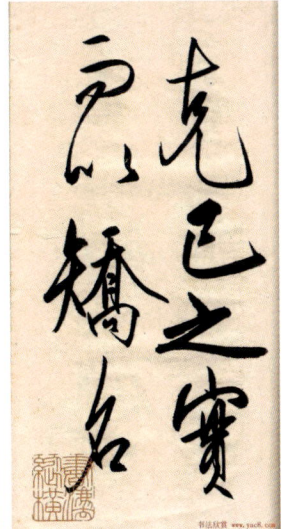

왕양명(1472-1528) 守仁은 12세에 聖人의 道에 관심을 가졌으며 15세엔 군사정세를 파악하여 기마와 궁술을 익혀 뒷날 장수가 되기도 했다. 당시 사상계 주류학문인 주자학에 몰두했으나 格物致知의 외향성 공부에 실망하여 유불도를 두루 섭렵한 후 心卽理와 致良知에 뜻을 두어 知行合一의 陽明學을 수립하였다. 바른 소리하다 모함 당해 貴州 龍場으로 귀양가 그곳에서 도를 깨달았다.

貴州의 名酒名茶
羅石心物詩(303)

세계인이 마시는 술의 절반
중국인이 마신다는 말 있듯

그들 술문화 지방마다 달라
외국인 적응하기 어렵다네

귀한 대접 받는 귀주의 명주
오만 종 가운데 십대 명주로

마오타이가 단연코 으뜸인데
금사 동주 습주 국태가 있네

인걸도 산수정기 맑은 곳에
태어나듯 명주와 명차 또한

물 맑은 곳에서 생산되는 법
십대 명차 중 귀주 미담취아

평생 술보다 차를 좋아한
모주석이 써 준 친필명명

도균모첨과 더불어 쌍벽인데
그 향기 모두 다계 태두라네

2023. 6. 30.

중국 대륙에는 경향각지 술광고가 가장 많다. 약 5만가지 브랜드에 밀주까지 보태면 수를 헤아릴 수 없겠다. 家酒라는 명문가 부호들, 심지어 공자가문의 孔府家酒도 曾國蕃酒 마찬가지로 기업화되었다. 마오타이(茅台)는 최고 브랜드로 주가가 대단하다. 얼마전 부정축재 관료집에서 1만병 넘는 마오타이가 나와 세상을 놀라게 했다. 귀주엔 金沙 董酒 習酒 國台등 명주가 있고 都勻毛尖과 湄潭翠芽 등 명차인 綠茶가 있다.

國台酒
國台酒
500ml
KWEICHOW
MOUTAI
貴州茅台酒
KWEICHOW
MOUTAI

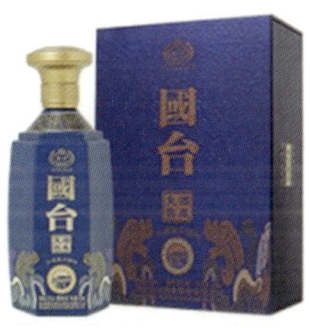

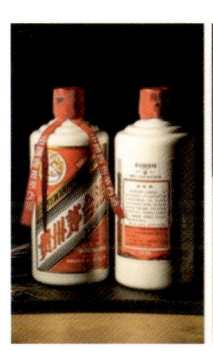

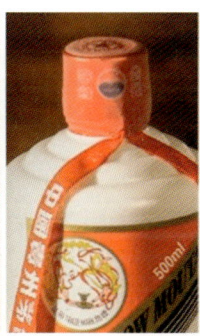

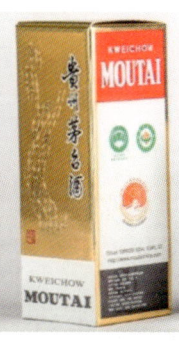

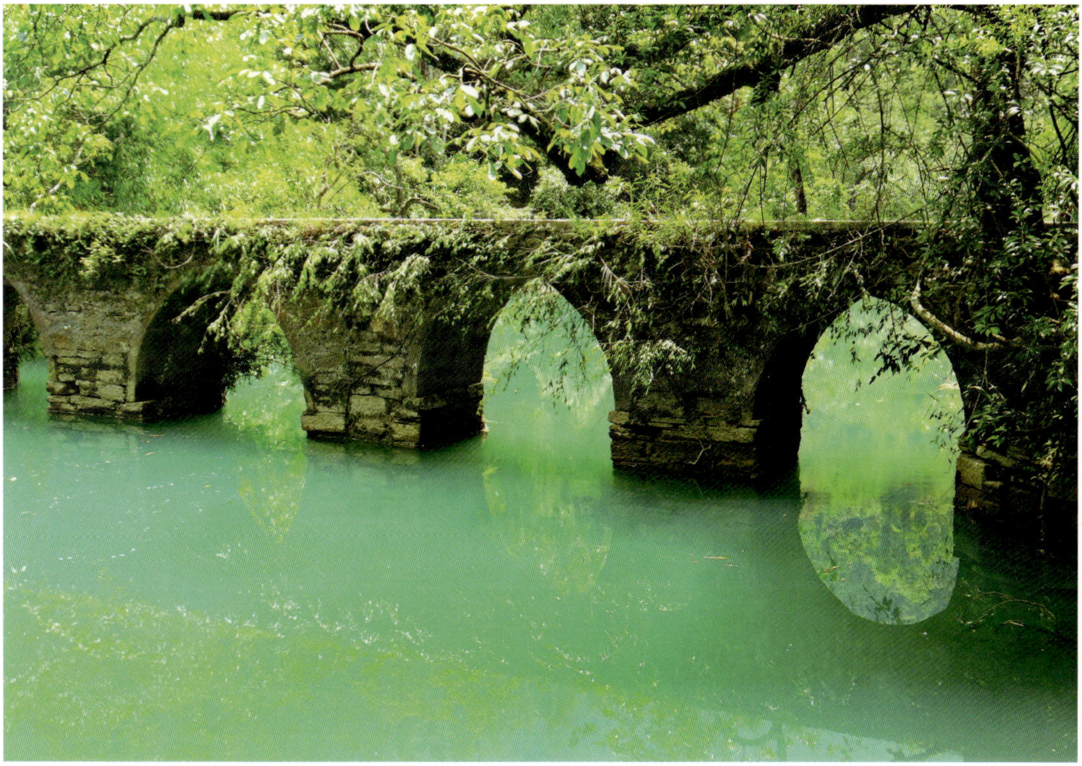

黃果樹大瀑布
羅石心物詩(304)

중국 서남부 자연 명승지들
산과 강에 깃든 소수민족들

오랜 습속 고유문화와 함께
아름다움 벗해 살아 왔다네

저명한 명대 여행가 서하객
그가 작명했던 황과수 폭포

나이아가라와 이과수 폭포
빅토리아에 이어서 네 번째

외국인 가장 많이 찾는 명승
10대 관광지로 손꼽히는데

이 장관을 이백이 봤었다면
뭐라고 읊어 또 과장했을까

비류직하 삼천 척 여산 폭포
황과수엔 비할 바가 못 되니

황학루에 올라 붓꺾은 수모
또 다시 맛보았을지 모르네

2023. 7. 1.

황과수폭포는 귀주에서 가장 유명한 관광지로 중국제일폭, 아시아 최대 폭포로써, 캐나다와 미국의 나이아가라, 브라질과 아르헨티나의 이과수, 잠비아와 짐바브웨의 빅토리아와 함께 세계4대 폭포로 불린다. 명나라 여행가 徐霞客이 이름 지은 黃果樹는 묘족의 전설이 얽힌 一瀉千里 그 기세가 우뢰의 굉음속 극히 아름답다. 이 雄偉, 壯觀앞에서 李白이라면 어떤 시가 나왔을까 궁금하였다.

貴州의 아름다운 곳
羅石心物詩(305)

황과수와 여러 폭포들 보고
불정산 온천에서 피로 풀면

솟구친 땅속의 그 순수만큼
나그네 심신 혼돈에 빠지네

산절로 수절로 해동 선조들
산수 간에 신선국 건설했듯

귀주 운남 땅 묘족과 이족들
치우상 장석 우리 것 닮았네

세계 가장 높은 공중 유리교
550m 절벽양쪽에 걸렸는데

누가 겁 없이 다리를 건너나
올려 보면 엄두도 안 난다네

동인시 범천 정토 범정산은
지구 오아시스 원생림 생태

토가족 살고 있는 산자락엔
원숭이 물 마시는 운사 있네

2023. 7. 2.

귀주는 고대 동이족과 연관이 있는 묘족, 이족과 백족, 토가족 등 소수민족들 살아온 근거지로 산수의 풍광이 아름답다. 황과수폭포 외에 두파당폭포 등 여러 폭포가 있으며 仙人街 풍경지역엔 세계에서 가장 높고 긴 공중 유리다리 있다. 石阡 佛頂山 온천의 휴식처, 범정산의 자연숲은 동식물 보호구역, 그 산 기슭 원숭이가 물마시는 곳 雲숨가 있고 순정한 土家族이 살고 있다.

貴州의 文化觀光村들
羅石心物詩(306)

귀주성엔 농촌 문화 관광촌
아름다운 곳이 많기도 한데

수려한 자연 환경과 풍속들
저마다 정겨운 고유 문화네

필절시 호두향 백족 민생촌
매년 3월 3일 단원절 축제는

노래하고 춤추며 고운 풍채
자랑하는 호방함 충만 하네

귀주의 10대 아름다운 곳인
다민족의 칩거지인 목채촌

순박한 인심에 쾌적한 기후
식용 장미꽃의 장미차 있네

사향부인의 고향 대방고진
이족계단식 밭과 마을있고

두견호숫가 묘족의 영흥촌
백리에 걸쳐 핀 진달래 꽃밭

2023. 7. 3.

귀주성은 농촌문화 관광촌을 선정, 정책적으로 지원하고 관광상품을 개발해 낙후된 농경사회로부터 탈피를 꾀한다. 白族 民生村의 3월 3일 團圓節은 노래하고 춤추며 각자 風體를 자랑하는 명절이다. 다민족의 木寨村은 장미차와 장미사탕으로 유명한 곳. 명나라 위로사 奢香부인의 고향 대방현은 이족 계단식밭과 옛집이 어울려 멋진 풍경이다. 묘족의 영흥촌은 두견호수와 백리 진달래 꽃밭이 장관이다. 묘족은 포로로 잡혀간 고구려 유민의 집단이 남하했다는 설도 있다.

图片来源：视觉中国 www.vcg.com

苗(蒙)族의 根源
羅石心物詩(307)

묘족은 인구 9백만에 이르며
56개 소수민족 중 네 번째로

주로 양자강 아래 살고 있고
귀주성에 절반이 거주한다네

본래 동이족 치우 후손으로
북쪽 황하강 유역 살았으니

상주시대 삼묘의 나라 세운
가무 즐긴 강한 문명국이네

전쟁 기근 질병 피해 남으로
계속해 월남 태국 동남아로

치우 신앙 그들만의 문화는
말은 남았어도 문자 잃었네

20C 전까지도 원시 공동체
농업 위주의 사회 형태였던

기껏 수공예로 생계 꾸리다
지금은 관광 농촌 되었다네

2023. 7. 4.

묘족 조상은 치우(蚩尤)로 그들 부족 마을에서는 흔히 치우상을 볼 수 있다. 아직 북쪽 평원에 살 땐 三苗國을 세웠으며 전쟁과 기근을 피해 점차 남쪽으로 옮겨 지금의 서남 산간과 고원의 귀주성 운남성에 많이 모여 살고 있다. 明淸時代 일부 동남아로 내려가기도 했다. 묘족은 자기 언어를 가지고 있으며 그들 고유 문자도 있었으나 장기간 한족을 접촉하며 사라졌다. 그들의 축제문화는 우리와 너무도 많이 닮아 있다.

苗族祝祭 미니스커트
羅石心物詩(308)

묘족들의 축제는 묘년제
소룡제 고장제 다양한데

치우형상에 두 뿔의 모자
화려한 금속 장식의 치장

샤먼처럼 해와 달과 거울
색동장식 밝고 유쾌한 빛

북방 민족 전통 고스란히
간직한 채 반만년 이었네

축제 때 처녀들 입는 치마
그 길이에 따라 장군 단군

춤사위 연령 등 다양한데
짧은 건 초미니 한뼘치마

60년대 윤복희 처음 아냐
멀고먼 오랜 전통 축제복

한국 고승이 모아온 단군
화재로 모두 다 타버렸네

2023. 7. 5.

묘족의 축제 중에는 召龍節, 苗年節, 牯藏節 등이 있다. 苗(Miao)족의 옛自稱은 朦, 摸, 毛 등 비슷한 발음의 표기가 있었으며 他稱 긴 치마를 입는 長裙(치마군)苗, 짧은 치마의 短裙苗 그리고 紅苗, 白苗, 靑苗, 花苗 등 다양하다. 묘족은 노래와 춤을 좋아하는 동이족 후예 우리와 많이 닮았는데 短裙苗의 축제 때 입는 처녀들의 전통 치마는 소위 미니스커트로 한 뼘되는 초미니를 입기도 한다. 한 스님이 그들의 민속옷을 수집하였으나 절의 요사체가 화재를 당해 귀한 수장품들이 모두 재가 되었다.

貴州의 彛族文化
羅石心物詩(309)

귀주성엔 묘족 다음 이족은
소수 민족 중 여섯 번 째로

중국에서 가장 높은 출산율
이족인구 삼백만 명 산다네

이족들의 민간 공예품 중에
나염예술 수 천년 전통인데

갖가지 천에 꽃무늬의 염색
전 세계 알려진 수공예라네

귀주 유일한 세계문화 유산
귀양북쪽 준의 부근 해룡둔

몽골군 대비한 험준한 요새
잃어버린 토사 왕국 있었네

왕응룡 거주했던 난공 불락
왕궁터 원혼 달래는 해조사

한국 양반가의 한옥 닮아서
놀란 나그네 발길을 멈추네

2023. 7. 6.

귀주의 묘족 다음 인구가 많은 이족은 고유의 말과 문자뿐만 아니라 태양력을 가진 민족이다. 밀납을 사용해 천에 염색하는 기술은 기원전으로 올라가며 독특한 문양이 매우 아름답다. 한때 토사왕국이 있었던 곳, 해룡둔 요새의 성은 피로 물든 전쟁터로 그곳에 위령제를 지내는 해조사 절이 있다. 경북지방 한옥을 닮은 기와집이 있는데 알고 보니 그곳은 임진왜란 참전군이 많이 살던 곳이었다.

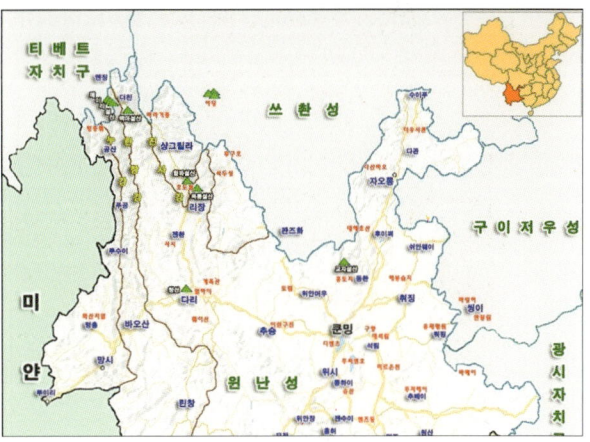

남으로 떠도는 구름, 雲南
羅石心物詩(310)

구름이 남쪽으로 흘러서인가
남쪽의 구름이라서 운남인가

운남고원의 시시각각 바뀌는
나그네구름 아름답기도 하네

흐르는 냇물 다시 오지 않듯
뜬살이 인생 흘러갈 뿐인 걸

맑고 밝은 풍광의 운남 땅에
25개 소수민족 정답게 사네

서남쪽 라오스 미얀마 월남
북동엔 티벳 사천 귀주 광서

한국 인구에 버금가는 운남
면적은 네 배가 넘는다는데

일년 내내 꽃 안 지는 춘성
사계절 옷을 함께 입는다네

미세먼지 하나 없는 청정촌
시골스러운 인정 남아 있네

2023. 7. 7.

貴한 땅 귀주를 떠나 구름처럼 떠도는 발길 운남에 이르면 자연의 淸靜과 인간의 文明이 잘 조화된 삶의 일면을 엿볼 수 있다. 운남고원의 구름은 층층 겹겹이 천변만화한다. 仙境인가 하면 俗世이고 속세인가 하면 선계이다. 서남쪽 3개 국경에 접하고 동북으론 4개 성이 연결되어 있다. 인구 5천만명에 55개 소수민족 중 25개 민족이 자연 속에서 정겹게 모여 살고 있다.

雲南의 省都 昆明
羅石心物詩(311)

곤명은 고대 이곳 이족 명칭
원나라 때 곤명현이 생긴 것

해발 1,895m의 아열대지역
중국에서 가장 훌륭한 기후

곤명은 한때 프랑스 조차지
하노이서 시작된 협괘 열차

아직 오가고 대성당 수도원
프랑스클럽 건물 남아 있네

인류 발원지의 하나 원모현
170만 년 전 원시석화 발견

6억년 형성된 99구향 동굴
석림과 동굴석림 함께 있네

구석기 거주지 문화 유적들
역사와 소수 민족 유구한데

사계절 꽃피는 봄의 도성엔
나그네 구름 머흘머흘 가네

2023. 7. 8.

운남의 성도 곤명은 이족 고대 언어의 음역과 관련이 있다고 한다. 초나라로부터 약 2400여년의 역사를 지닌 곳으로 한나라를 거쳐 원나라 때 곤명이라는 지명이 생겼다. 한때 베트남 점령국이었던 프랑스의 침략을 받았으며, 당시 프랑스인에 의해 놓인 철도가 아직도 운행되고 있다. 높은 곳에 위치한 훌륭한 기후로 밤낮의 일교차가 커서 사계절의 옷을 입는다.

昆明의 石林과 洞窟
羅石心物詩(312)

윈난의 쿤밍 이족 자치현엔
돌기둥 줄줄이 즐비한 석림

도시의 마천루처럼 섰는데
바람결 빛소리 구름감도네

아름다운 돌숲에 걸친 폭포
비취색 호수에 드리운 불빛

구향의 석회 동굴 무리지어
무지개 빛 공간을 이룬다네

하느님의 구천의 별궁인가
신선들의 고향 도원경인가

만약에 유토피아가 있다면
이곳을 빼놓고는 없으리니

인간세상 잠시나마 잊은 채
꿈속인 양 잠입한 환상세계

여행은 언제나 잊음과 새롬
마음과 몸 하나로 느껴지네

2023. 7. 9.

서남고원의 곤명 가까운 곳의 石林엔 아름다운 자연의 風碑들이 숲을 이루고 있다. 석회암지대인 이곳 九鄕은 지상 뿐만 아니라 지하에도 동굴석림이 100여 곳이나 있는데, 돌기둥 사이 호수와 폭포들이 찬란한 광선의 방향에 따라 환상적 별천지를 연출하고 있어 관광객의 발길이 끊어지지 않는다. 신선이 사는 별천지가 따로 있을 것 같지 않은 착각속의 심신을 황홀감에 빠져들게 한다.

雲南의 옛大理國
羅石心物詩(313)

10C 초 백족의 단사평 장군
대의영 멸하고 세운 대리국

3백여 년 서남 지역의 맹주
수도 역시 이곳 대리였다네

영토는 운남 귀주 사천에다
미얀마 라오스 베트남 북부

널리 오래도록 통치했으나
쿠빌라이 공격으로 망했네

대리국의 초대 황제가 세운
호수에 거꾸로 잠긴 숭성사

신라 무영탑과 다른 3개 탑
삼탑도영 공원에 드리웠네

22대 황제 단홍지는 어째서
아무런 저항 없이 항복했나

슬픈 가락 백족 춤 남았는데
지금도 버마 옥장사 오가네

2023. 7. 10.

운남성 대리시는 白族자치주 중심 도시로 아열대고원 계절풍에 의해 온도차가 적으며 사계절 살기 좋은 곳이다. 백족의 段思平이 세운 옛大理國(937-1253)은 宋을 중심으로 서쪽 토번(티벳), 西夏와 겨루며 3백여년 지속한 남조의 후신이다. 초대황제 文德이 세운 崇聖寺의 三塔倒影과 古城이 남아있다. 종교는 아리불교로 국왕이 왕위를 물려주고 승려로 출가하는 전통이 있었다.

아름다운 강산 麗江
羅石心物詩(314)

운남성의 아름다운 강산
리쟝 차마고도 길목인데

운귀고원 청장고원 접한
남방실크로드 역할 겸해

25개 소수민족 살아오며
오랜 문화 각자 형성했던

고유한 풍속 더욱 빛나고
마음 미려한 강산 닮았네

푸얼에서 출발한 차의 길
이곳 리쟝 지나서 만났던

사천 몽정차와 두 갈랫 길
그 맛과 형색 또한 다르네

언어와 문자까지 다른 곳
차문화 또한 다를 수밖엔

다름은 호불호가 아닌 것
차이의 개성 그 문법이네

2023. 7. 11.

위난(雲南)의 리쟝(麗江)은 이름 그대로 아름다운 江山에 거기 사는 사람들 心性조차 미려하고 순수하다. 이곳 저곳 여러 산골짜기들마다 다른 풍속의 소민족이 무리지어 살고 있어 가는 곳마다 호기심 많은 나그네의 발길을 사로잡는다. 다른 말과 문자를 가진 민족까지 그들 독자적인 춤과 노래, 고운 의상과 다양한 신앙이 돋보이기도 한다. 리쟝은 茶馬古道의 길목의 하나로 보이차의 역사적인 고장이기도 하다.

麗江의 4大名勝地
羅石心物詩(315)

리쟝의 아름다운 풍광 4곳
4,500m 옥룡 설산 바라보고

다시 아쉬우면 석교 위에서
물에 잠긴 옥룡설경 본다네

가장 깊은 담수의 노고호수
맑은 거울 봉래선경 이루고

나시족의 본거지 리강 고성
고색창연한 거리 남아 있네

네 번째 속하고진은 백사촌
함께 나시 문화 발원지인데

벗이여, 서화동원 동파문자
쓰고 그려 본 적이 있는가?

갑골문자보다 더 오랜 역사
동화 같은 그림글씨 멋진데

인류의 문자 기원과 발전을
단박 알아 볼 문자화석이네

2023. 7. 12.

麗江 네 관광명소는 玉龍雪山 麗江古城 瀘沽湖 束河古鎭을 손꼽는다. 옥룡설산은 30년전엔 없었으나 지금은 케이블카로 정상을 오간단다. 리강고성은 고건축과 길거리가 옛 정취 자랑하고 노고호수는 옥처럼 맑고 깊어 仙境을 이룬다. 속하고진은 納西族의 오랜 東巴文字와 문화예술을 잘 보존하고 있다. 일전 인천 국립세계문자박물관 개관전에 갔으나 동파문자도, 漢字의 뿌리이자 東夷文字인 갑골문 한 조각도 보이지 않았다.

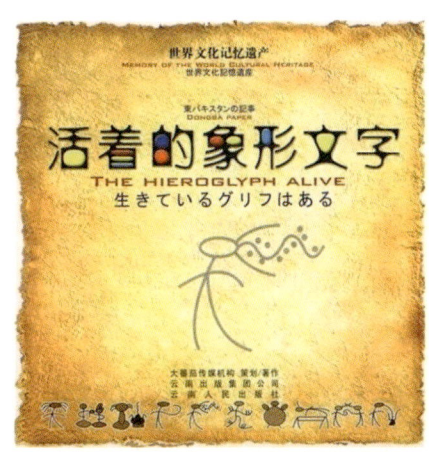

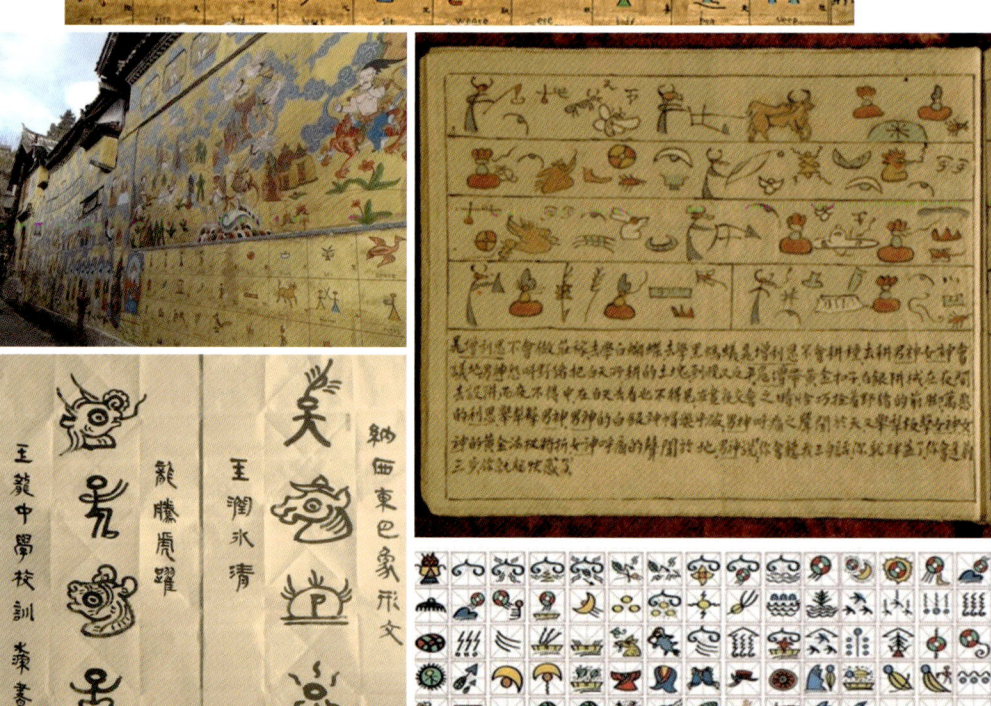

納西族 文字와 壁畵
羅石心物詩(316)

리쟝의 네 관광지에 빠진
진짜 명승지는 리쟝 북쪽

이십릿 길 나시 전통문화
옛 고을 백사 고진이라네

대담 과장 요약의 생동감
영혼의 음악과 같은 빛깔

동파문자와 동파교 벽화
대보적궁 유리전 남았네

동파문자로 기록된 역사
종교철학 천문 의술포함

고대사회 백과사전 서적
2만여 종 전해져 온다네

동파사원 벽화엔 도교와
티벳 라마교 이슬람까지

종합된 예술표현 때문에
침략의 위기 모면했다네

2023. 7. 13.

리쟝의 白沙古鎭 나시(納西)족의 옛 고을엔 동파교 서화가들과 평원에서 온 도교 예술가, 티벳지역에서 온 라마교 예술가들이 함께 그린, 여러 종교가 하나로 합해진 독특한 벽화들이 大寶積宮과 琉璃殿에 보존되어 있다. 불보살 외 관리 범죄자 여행객 사형집행자 등 다양한 직업인이 등장하는 예술적 가치가 높은 초상화들도 그려져 있다. 벽화덕분에 외부 침략자들이 쳐들어 올 때 우리는 같은 동족이라며 살아남을 수 있었다.

보이차의 고향 푸얼市
羅石心物詩(317)

차마고도의 사천 출발지점
운남에도 출발점 있었으니

청나라 보이차의 집산지로
옛사모시에 보이부 있었네

보이부를 거치지 않고서는
외부로 나가지 못한 전매품

지명이 차의 이름이 되었듯
차의 이름이 보이시 되었네

변방의 소수민족 마시던 차
푸얼현 차시장에 내다 팔아

푸얼차로 발음하는 보이차
발효시킨 흑차의 일종이네

생차이며 병차는 청병이고
숙차이며 병차는 숙병이니

일곱개씩 포장한 칠자병차
운반하기 좋게 포장하였네

2023. 7. 14.

보이차의 이름은 청나라 옹정황제 때 貢茶로 선정되면서 차를 수집 제공하는 보이현에서 차이름이 생겼으며 2007년 思茅市에서 보이시로 개명했다. 보이현은 茶馬古道의 루트인 사천성과 달리 운남성의 숙차인 보이차를 티벳, 인도, 네팔 등으로 수출하였던 또 하나의 출발지점이기도 했다. 보이차(푸얼차)는 제다방법과 차의 모양에 따라 여러 이름(七子餅 등)으로 구분된다.

古樹茶와 西雙版納
羅石心物詩(318)

최고 능력자를 고수라지만
백 살 넘은 차나무도 고수네

옹기종기 차밭의 차들 말고
아름드리 하늘 높은 차나무

새 잎들 따기도 힘들다는데
잎새 커서 대엽차라 부르니

청나라 옹정제 황실 진상품
공차 되어 황제차로 불렸네

타이족 12부락의 시상반나
고수차 생산지로 더욱 유명

노반장과 빙도노채 첫 물차
벗이여 그 향미 맛보았는가

어머니 품 같은 넉넉한 향기
깊고 부드러운 그 맛 보려면

설산 차마고도의 고행 같이
청정의 공덕 쌓아야 하리라

2023. 7. 15.

보이차 집산지 푸얼시 동남쪽 시상반나는 타이부족의 주거지이자 오랜 역사의 고수차 생산지이다. 고수차에는 노반장과 氷島가 유명한데 수확이 어렵고 생산량도 적으며 값 또한 비싸 진품을 맛보기 쉽지 않다. 타이어의 시상(西雙)은 十二의 뜻이며 반나(版納)는 행정구역의 일종으로 타이족의 열 두 고을을 의미한다. 이곳은 삼국시대 永昌郡에 속했으며 大葉種茶의 발원지로 고수차의 고향이다.

개혁개방모범도시 심천
羅石心物詩(319)

심천하면 개혁 개방의 도시
등소평의 남순 생각나는 곳

1992년 소련 해체 22일 뒤에
심천으로 향한 열차 올랐네

중공 역시 살아남을 것인가
세계의 우려에 작은 거인은

누구든지 개혁개방 않으면
물러나야 한다고 말했다네

검은 고양이든 흰 고양이든
쥐만 잘 잡으면 된다던 그말

비록 법치 제도엔 요원해도
잘 살아보세 슬로건 통했네

백년의 계약 반환을 앞두고
홍콩을 연결하니 상전벽해

심천은 등소평이 개혁 이끈
개방 상징하는 도시 되었네

2023. 7. 16.

광동성의 심천(深圳, 썬전)시는 대륙의 남쪽 작은 한촌이었으나 제1경제특구로 선정된 후 등소평의 개혁개방 정책의 시범도시로 눈부시게 굴기했다. '심천속도'라는 유행어를 낳을 만큼 초고속 발전을 이룬 배경에는 등소평 남방순시 뿐만 아니라 1997년 홍콩반환이라는 비전과 맞물려 남방 특유 개방적 풍조가 주효했다. 등소평은 싱가폴 이광요의 추천으로 박정희 경제개발 정책과 새마을운동을 깊이 학습하기도 했다.

심천의 美術館들
羅石心物詩(320)

개혁 개방의 바람을 타고
해외 출입 관문역할을 한

심천의 여러 미술관 또한
창구 역할을 맡게 되었네

가장 빠른 설립의 선두는
라호 풍경 속 심천미술관

원로 화가들과 당대 화가
이곳 거치잖은 사람 없네

영남 화파의 거두 관산월
그 미술관 단연 돋보이고

손문시대의 1세대 혁명가
요중개의 동지 여류 화가

하향응 미술관 북경 다음
전국 두 번째 국립이었듯

20년 전 한 때 세 미술관
모두 여성 관장이었다네

2023. 7. 17.

심천시는 개혁개방의 모범도시였듯 중국현대미술에 있어서도 그 창구 역할을 했다. 특구의 심천미술관 전신은 1976년 설립된 심천전람관이었다. 오랫동안 죽의 장막 속 문혁동안 붓을 꺾고 있었던 서화가들은 개방의 물결을 타고 해외로 출구를 찾아 심천으로 모여들었다. 필자의 확인으론 하나뿐인 이곳 전시와 도록발간을 위한 노대가들의 작품은 물론 당대 화가 자료들도 상당량 수집되어 있었다.(廖仲愷부인 何香凝, 關山月)

개방의 관문 羅湖站
羅石心物詩(321)

개혁개방의 제일도시 심천
도시의 관문은 뤄후짠인데

대륙에서 홍콩으로 나갈 때
외국에서 중국 들어갈 때도

직항이 없던 개방초기 때는
홍콩에서 몇 날 기다려서야

비자 받고 구룡역 출발하는
기차로 라호역 거쳐야 했네

구룡반도 시발역 열차 타면
상해 북경 거쳐 한반도까지

상상만 해도 아득한 철길을
40년대까지 자유로 오갔네

이윽고 90년대 홍콩과 심천
양쪽 출퇴근 사람 붐비더니

홍콩반환 뒤 라호역 퇴색해
이제 관문은 추억이 되었네

2023. 7. 18.

개혁개방시기 남방정책의 일환으로 심천은 주해, 산두 등의 항만과 더불어 경제특구에 속했다. 심천하가 흐르는 라호지역은 영연방 시절 홍콩과 중국의 경계지대였으며 대외개방을 맞아 뤄후짠(羅湖站)은 양쪽을 연결하는 관문이었다. 홍콩 九龍역에서 출발한 기차는 대륙 동쪽을 달려 동북의 발해를 끼고 돌아 서울과 부산에 이르렀다. 상상만 해도 실감나지 않았던 기억이 새삼 다시 떠올랐다.

香港과 九龍半島
羅石心物詩(322)

홍콩의 역사는 19세기 중엽
아편전쟁에서 시작 되었네

임칙서가 영국 소유 아편을
몰수해 불태워 일어난 전쟁

신식 무기에 항복한 청나라
홍콩섬을 내어준 남경조약

압력을 받아 상하이 닝보 등
5개의 항구 또한 개항했다네

구룡반도는 왜 영연방 홍콩
편입 되었을까 거듭 물으면

애로우호사건 2차 아편전쟁
영불 연합군에 무참히 패배

천진조약과 북경조약 맺고
구룡반도까지 넘겨 주었네

1997년 홍콩의 반환 때까지
155년간 영국지배에 놓였네

2023. 7. 19.

개혁개방 당시 홍콩은 중국으로 들어가는 관문이자 세계무역 바이어의 통로였다. 아편전쟁에 의해 1842년 맺어진 남경조약은 전쟁 배상금과 함께 홍콩섬이 영국으로 할양되었다. 영국과 프랑스의 연합군에 패한 청나라는 굴욕적인 천진과 북경조약에 따라 구룡반도도 영국에 내주게 되었다. 모든 행정시스템이 서양식으로 바뀐 홍콩은 20세기 말까지 동아시아의 금융과 교역의 중심이 되었다.

유럽풍 추억도시 홍콩
羅石心物詩(323)

싱가포르가 건국되기 이전
백년동안 영국식 현대도시

동방유일의 유럽풍 관광지
금융과 교역의 허브였다네

어릴 적 들었던 홍콩간다는
유행어 그 뜻도 몰랐었는데

그 곳이 얼마나 화려했으면
그리도 가고 싶어 하였을까

유럽은 멀어서 갈 수가 없고
홍콩은 가까워 갈 수 있으니

수북히 쌓여 있는 서양문물
바람 든 여성들의 쇼핑천국

구룡반도에서 건너다 보던
추억의 화려한 홍콩섬야경

빅토리아 공원의 야경 또한
점입가경을 잊을 수 있을까

2023. 7. 20.

한 세기반의 영국령이었던 홍콩은 1997년 중국에 반환된 이후 화려했던 국제적 도시의 홍콩이 아니다. 개혁개방시기 중국 특수를 누렸던 경제적 번영의 시기도 다 지나갔다. 급격한 중국화에 경기침체라는 악몽으로 어려움을 겪고 있다. 그리고 2046년까지 약속했던 자치권도 흔들리는 가운데 최근에는 우산혁명이라는 두 차례 큰 시위가 있었다. 이런 영향으로 많은 홍콩인들이 외국으로 이주하기도 했다. 야경 만큼은 그대로이다.

홍콩에서 마카오로
羅石心物詩(324)

영국에서 포루투갈로 건너
가는 홍콩사이드 부둣가엔

언제나 장사진 페리호 여객
마카오로 가기 위한 것이네

화려한 밤빛 여성도시 홍콩
그에 비해 남성도시 마카오

진주보석보다 큰 돈 오가니
플라스틱 돈 맛보러 간다네

도박에도 철학이 있다는 듯
인생을 도박으로 아는 그들

패가망신한 자 많이 봤어도
성공한 자 눈에 잘 안 띄네

일확천금 꿈꾸며 건넌 바다
홍콩 돌아가기는 지옥의 길

그 지친 삶의 허탈한 모습들
지금도 상기 잊혀지지 않네

2023. 7. 21.

이젠 구룡에서 고속철을 타면 대륙 어디든 갈 수 있게 되었다. 그만큼 홍콩의 중국화는 가속되고 있다. 더이상 홍콩만이 가진 매력을 찾아보기 힘들어진 것은 영국색을 지워나가는 날홍콩화 때문이다. 포르투갈령이었던 마카오도 홍콩과 크게 다를 바 없다. 포르투갈 재벌 리스보아호텔을 중심으로 한 국제도박장엔 주고객이 외국인이 아닌 대륙에서 온 중국인들이다. 예상대로 근래 낯선 풍경이다.

카지노 도시 마카오
羅石心物詩(325)

홍콩과는 달리 마카오는
450년간 포르투갈 지배

20세기가 저무는 1999년
그해 중국에 반환되었네

오문은 카지노산업 우선
비약적 발전 이루었으니

한 해 재정수입의 60%를
카지노에서 충당 한다네

중국 개방 20년도 안 돼
라스베이거스 앞지르고

세계 최대의 카지노 도시
도박 유흥의 메카 되었네

도박 좋아 하는 한족답게
경제성장과 함께 커진 판

가까운 마카오를 놔두고
라스베가스까지 가겠는가

2023. 7. 22.

마카오(奧門)는 오랜 세월 포르투갈령으로 무역 위주의 항만도시로 발전해 오다가 20세기 들어 국제적 카지노산업의 유흥도시로 변모했다. 그렇다고 오문을 향락의 도시로만 생각하면 오산이다. 8개의 아름다운 광장과 22채나 되는 서구문화와 종교의 유서깊은 건축물들이 남아 있어 2005년 세계문화유산에 등재되었다. 마카오는 도보여행자들이 좋아할 만큼 광장과 거리를 산책하다 보면 파스텔톤의 남유럽풍 건물을 발견하게 된다.

마카오의 유적들
羅石心物詩(326)

오랜 포르투갈 식민지였던
마카오는 중국 특별행정구

수백년 걸쳐 지어온 남유럽
고건축들 아직도 남아 있네

백년전만 해도 카지노 유흥
도시 아닌 서양문화 색채들

유서 깊은 종교사원 더불어
동서 문물 혼재한 곳이었네

세나도 광장 지나 베네시안
한때 아시아 유럽풍 휴양지

한국 최초신부 김대건 사제
유학한 성바울 성당의 유적

1603년 지은 선교사 양성소
200년 뒤 불탄 잔해 남았네

17세기 건축 도미니크 성당
콜로만 섬 자비에르도 있네

2023. 7. 23.

마카오 하면 우리나라 최초의 신부인 김대건(탄생 200주년이 되는 2021년 유네스코 세계기념인물 선정)이 생각나는 곳이다. 그가 유학한 마카오는 오늘과 같은 도박과 유흥의 도시가 아닌 동방의 가톨릭 성지와도 같은 종교신앙과 아름다운 휴양의 도시였다. 그 역사를 증거하듯 17세기초 35년에 걸쳐 지어진 성바울성당은 1835년 화재로 타고 건축 전면부와 계단만 남아 있다. 마카오 신사가 생각난다.

珠海市의 圓明新園
羅石心物詩(327)

광동성 주강삼각주 서남쪽
마카오에 연결된 주하이시

어촌이었던 주하이 오문과
쌍둥이처럼 붙어 있었으니

서구문명의 오문에 비해서
낙후되었던 주하이 신도시

마침내 등소평의 경제특구
보란듯 빌딩들만 치솟았네

좁다란 해협건너 마카오를
감싸주는 형태의 도시계획

관광사업 볼거리도 있어야
그래서 만든 추억의 원명원

48경 중 18경을 서양건축물
모방하여 원명신원 세우고

일제침략 악독한 범죄유적
만인묘 위문소 증거남겼네

2023. 7. 24.

마카오의 북쪽에 위치한 주하이는 서로 쌍둥이처럼 마주보고 있다. 옛 갯벌 어촌시절엔 같은 처지였으나 중세 포르투갈인의 점령으로 주하이는 상대적 낙후된 지역이 됐다. 1999년 마카오도 중국에 반환되면서 두 곳이 연결되어 지금은 공동발전을 도모하고 있다. 마카오처럼 역사적 볼거리를 위해 영불연합군에 의해 파괴된 북경의 서양식 황제의 별장 원명원을 복제하듯 신원명원을 재건하고 일본침략의 사적지도 정비했다.

中國 海南島 三亞에서
羅石心物詩(328)

코로나로 막힌 하늘길 통해
오랫만에 열린 가족여행 길

대륙의 남단 담주반도 건너
한국의 제주도 같은 곳 왔네

섬의 형상과 위치는 닮아도
천만명이 사는 크기는 달라

남방 특유의 기후와 풍광은
중국의 하와이라고 불리네

기원전엔 백월국 여족의 땅
베트남 중부 참족 후예였던

중원으로부터 멀고 먼 변방
삼국지의 주애가 이 섬이네

황량했던 해남 유배지 되어
한번 가면 돌아오지 못하는

소동파도 세 번째 유배온 곳
귀향하다 황천길로 갔다네

2023. 7. 25.

중국 남단 하이난(海南)성의 성도는 하이커우(海口)시로 그 남쪽에 싼야(三亞)시가 있다. 제주처럼 북에 제주시가 있고 남에 서귀포시가 있는 것과 흡사하다. 한대부터 중국의 지배를 받아왔으며 해안마을은 본토에서 추방당한 사람들이 사는 유배지였다. 1988년 경제특구로 지정된 후 빼어난 풍광을 바탕으로 세계적인 휴양도시가 되었다. 어제 남경을 거쳐 다섯시간 비행해 싼야의 金月灣 친구의 별장에 도착했다.

海南의 '天涯' 刻石
羅石心物詩(329)

대륙끝 담주해협 건너
중국 최남단 하이난섬

그곳에서 다시 남쪽 끝
바위산에 새긴 두 글자

하늘 끝에 왔다는 천애
스스로 외로운 신세 뜻

누구나 혼자서 왔던 길
홀로 떠나 되 돌아가네

청나라 때 주류천하 객
천애 두자 가슴에 품고

새길 곳 찾아 헤매다가
여기 와 바위에 남겼네

해내존지기 스승님 글씨
내 가슴에 새기고 이곳

찾으니 벗은 북경 있고
야자숲 빈 집만 있었네

2023. 7. 26.

옛날에는 天涯孤島였으나 지금은 인구 천만명이 사는 海南省, 아름다운 휴양지로 변한 海南島를 볼 수 있다. 海南의 최남단 三亞에 오니 커다란 검은 바위산에 새긴 붉은 글씨 두 자 '天涯'가 흥미롭다. 그 '海內存知己 天涯若比隣'의 王勃의 싯구가 떠오르고 필자에게는 소전 스승께서 남기신 명작과 그 내용이 가슴에 전해온다. 天涯와 또 다른 석각 海角이 天涯海角遊覽區(郭沫若書)를 이루고 있어, 대륙의 하늘 끝에서 별장과 차를 내어준 지기가 저절로 생각났다.

옛 崖州 海南島
羅石心物詩(330)

하이난 옛 지명은 애주인데
싼야 애주(崖州) 고성 있고

성안엔 배움의 집 학궁관청
오랜 그 자취 아직 선명하네

원주민인 여(黎)족과 4백년
묘족의 자치주 그들의 전통

새로운 해양문화 형성되어
해상유목 제사의식 남았네

기원 전 남월(南越)에 의해
점령당했던 땅 한무제 정복

한 때 오나라 손권이 차지
버려지듯 잊혀진 땅이었네

남만의 오랑캐 취급당해서
오랜세월 유배지로 쓰이던

절해고도 상전벽해된 지금
대륙 유력자들 휴양지됐네

2023. 7. 27.

해남도의 역사는 황무지로 남아 있었던 탓으로 중원으로부터 크게 주목을 받지 못했다. 白越의 일파였던 黎族이 이곳의 원주민이며 4백년전 운남과 귀주에서 건너 온 묘족의 독특한 전통문화가 그들 자치주에 남아 있다. 묘족은 3월 3일과 7월 7일 전통 축제를 이어 오고 있다. 오늘 가본 三亞灣의 鹿回頭 산정에 있는 거대한 사슴의 석상 조각과 특이한 부호도 여족의 아름다운 기원설화를 새긴 조형물 이었다. 산야만이 한눈에 보인다.

싼야시 원숭이섬에서
羅石心物詩(331)

싼야의 동쪽 남만반도 끝
원숭이의 섬 원주민의 땅

수십종 원숭이들 살아 온
그곳 찾는 이도 유유상종

우리가 원숭인지 원숭이
그들이 우리인지 헷갈려

양쪽 군중을 한참을 보다
난 어디서 왔나 생각했네

내가 곧 하늘인 제천대성
성인 칭호 손오공이 있듯

일본인 스스로 자기조상
원숭이라 자랑하는 민족

주는 것만 받아먹기 보단
날래 빼앗기도 하는 횡포

중국 대륙과 일본 섬 사이
한반도 우리는 누구인가?

2023. 7. 28.

해남섬 중 원숭이섬엔 수십종 수천 마리가 살고 있다. 일본 원숭이 섬들과 유사해 화산이 많은 남방 해양기후의 도서에 사는 그들 습성 또한 닮은 데가 있어 보였다. 음식물을 던지면 몰려드는 본능적인 모습은 봐줄 수 있으나 물건을 훔치고 핸드백을 빼앗고 할퀴는 횡포는 인간이 그렇게 길들인 것같다. 인류의 조상 유인원이 원숭이 후예였다는 설처럼 인간은 얼마나 진화했을까. 원숭이가 인간 두개골을 들고 '생각하는 사람'처럼 명상하는 조각이 인상 깊었다.

아틀란티스 싼야에서
羅石心物詩(332)

과거 육지에 존재했으나
바다속으로 사라진 대륙

이아페토스와 아시아 둘
사이 태어난 아틀란티스

아이들과 어른들이 함께
인산인해를 이루는 난장

칠성급 아틀란티스 싼야
손주와 아쿠아리움 갔네

돌고래 쇼에 탄성 지르는
아이들 틈에 놀라는 어른

어디든지 시끄러운 이들
예의도 양보도 바닥이듯

부딪히고 밟히고 혼잡해
사진 찍기도 할 수 없네

그래도 칠성급을 우기듯
초특급 입장료 변함없네

2023. 7. 29.

무 대륙과 함께 사라진 전설의 땅으로 유명한 아틀란티스라는 이름과 어디서 본듯한 건축물이 눈에 들어온다. 손자들과 찾은 자칭 7성급 고급 리조트 아틀란티스산야에는 아쿠아리움과 공룡전시관 등 다양한 위락시설이 있어 아이들과 어른들 혼재한 가운데 질서란 어디서도 찾아볼 수 없는 혼잡한 장소였으나 관람료는 초특급이었다. 선진국 흉내는 내고 싶지만 유물론사상에 길들여진 탓에 예의와 양보는 버려진지 이미 오래다.

海口市 宋徽宗御筆碑
羅石 心物詩(333)

하이난 하이커우 오공사 안
송나라 휘종의 어필비 있어

서예에 관심 있는 시인묵객
어느 누가 지나칠 수 있으랴

천년 전 문예부흥의 명군주
자기는 비극의 삶 살았으니

휘종 조길의 문약한 사람됨
여윈 수금체 그를 닮았다네

휘종 즉위 19년 37세의 작품
신소옥청만수궁소 명필 비

그의 도교신앙 인연을 밝힌
16행366자 도군황제 글씨로

탁본해 전국에 세운 비석들
나라는 망하고 포로된 탓에

모두 훼멸 되고 남은 두 곳
절해고도 해남에 하나 있네

2023. 7. 30.

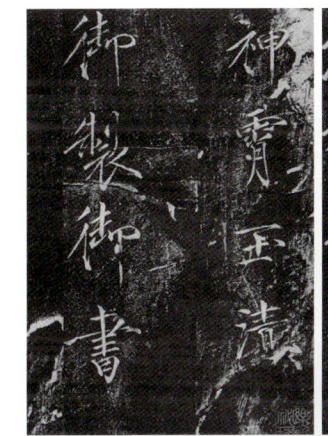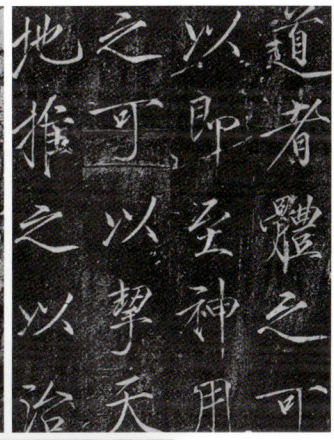

하이커우(海南)시의 五公祠 경내에 있는 '神霄玉淸萬壽宮詔'碑는 송나라 徽宗皇帝 趙佶의 어필이다. 그는 송대 문화예술 발전에 크게 기여하였을 뿐만 아니라 瘦金體라는 서체를 창작한 서화에 일가를 이룬 명군주였다. 자칭 敎自道君皇帝라 했듯 도교에 심취한 나머지 비문을 스스로 써서 새긴 비석을 탁본하여 전국에 세우도록 명했다. 지금은 복건 蒲田과 이곳 해남에 남아 있다.

海南의 東坡書院에서
羅石心物詩(334)

싼야에서 하이커우 가는 길
섬의 서쪽 순환도로 따라서

200여 km 중화고진 도착해
3년 귀양처 동파서원 찾았네

산 하나 없는 사방 일망무제
황량했을 천년 전 밀림 지평

60노인 동파옹 야자잎 모자
도롱이 차림 마을 개 짖었네

달구지에 술 싣고 와 글배운
재주정 서 있고 동파서당엔

려족 제자와 앉아 대화하는
사제지간 정다운 모습 있네

그해 6월 20일 밤바다 건넌
구사일생 그의 시 말해주듯

버려진 땅 원숭이 울음에도
홀로 한스럽지 않다 읊었네

2023. 7. 31.

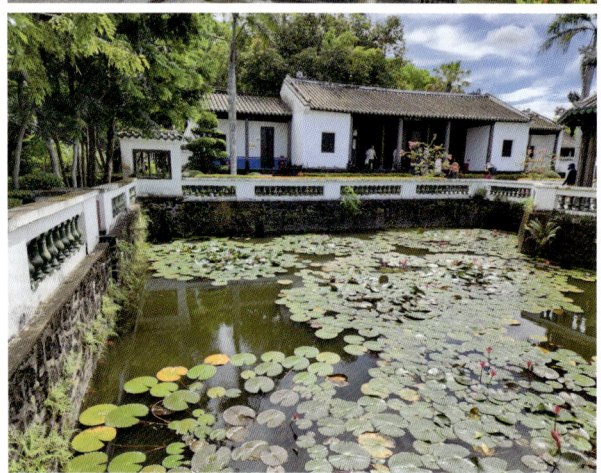

해남성도 북쪽의 도시 하이커우에서는 100km의 거리이나 싼야에서 출발해 서쪽 순환고속도로를 달리면 동파서원이 있는 대평원 中和古鎭까지는 200km가 넘는 두 시간 거리다. 소동파가 이곳으로 귀양와서 3년간 유배생활을 하면서 黎族들과 어울리며 그들 자제들을 가르치던 서당이자 벗들과 술과 차로 자적하던 곳이기도 하다. 재주정과 동파사 그리고 동파서원 뜰엔 동파상이 서 있었다.

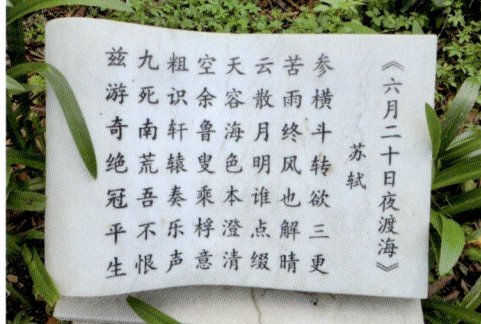

동파2고향 해남을 떠나며
羅石心物詩(335)

동파서원이 있는 중화 마을
발길 닿지 않은 곳 없었으니

그를 기리는 자취마다 시비
정자가 있고 안내판이 있네

서원 벽에 걸린 동파입극도
삿갓을 쓰고 나막신을 신은

한때 황제를 보좌하던 벼슬
당대 최고시인 같지 않다네

추사의 9년에 비하면 3년은
길지 않은 적거 생활이었듯

첫 진사를 배출시킨 제자들
수많은 시작들 삶을 즐겼네

사면으로 유배지를 떠날 때
려족에게 준 이별시에 남긴

'나는 본시 해남사람' 한마디
평생 공업 세곳 중 하나라네

2023. 8. 1.

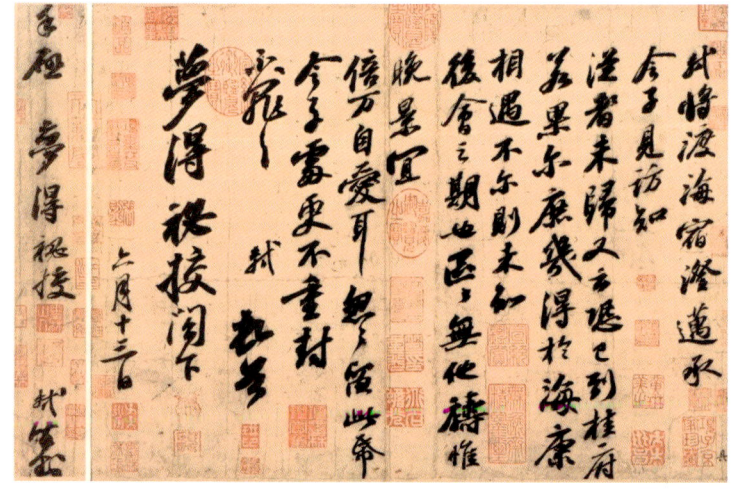

해남 담주의 중화고진은 동파서원 뿐만 아니라 그를 기리는 기념물이 여러 곳 있다. 그가 손수 지었다는 야자숲속 광랑암터, 동파우물, 동파정, 동파좌석 등 남아 있다. 元符 3년(1100) 4월 사면으로 7월에 해남도를 떠날 때의 전별시(別海南黎民表)에 '我本海南人'처럼 비록 유형의 땅에서도 제자를 가르치고 시를 짓고 渡海帖과 같은 명문명필을 남겼다.

동파의 이 渡海帖은 1100년 4월 사면소식을 접하고 해남을 떠나기전 6월 13일 그의 善友 趙夢得에게 쓴 편지이다. 추사에게 우선 이상적이 있었듯 동파에겐 담주인 조몽득이 있었으니, 그는 동파의 적거지 해남까지 서적과 문방사보 등 귀한 물품들을 보내주었다. 당시 조몽득(秘校 벼슬)은 대륙에 있었고 고향에 있던 아들이 기쁜 소식을 듣고 동파를 찾아 인사를 했다. 감사의 표시로 이상적에게 그려준 추사의 歲寒圖는 동양 3국을 거쳐(전쟁 중 소전 손재형 선생이 일본에서 사옴) 국보가 되어 국립중앙박물관에 소장되어 있듯, 역대황제들과 소장인이 빈틈 없이 찍힌 동파의 渡海帖 역시 바다를 두 번 건너 현재 대만 고궁박물관에 소장되어 있다. 편지 끝에 夢得祕校閣下가 보인다.

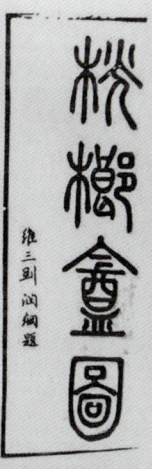

東坡의 平生功業三處
羅石心物詩(336)

두 번째 유배지 광주 혜주
철종4년 다시 해남섬으로

동강과 주강의 뱃길 타고
서쪽 등주에서 만난 아우

소식과 소철 형제 나란히
뇌주까지 한 달 동행하니

왕안석 변법 반대한 죄로
자산과 다산 신세 되었네

동생은 뇌주 적거지 남고
형은 바다를 건너 담주로

죄없는 죄인 형제 이별시
언제 밤비소리 함께 할까

귀양 풀려 귀가 길 이공린
그려 준 초상화에 제 하길

평생 쌓은 공업 세 유배지
황주 혜주 담주라 말 했네

2023. 8. 2.

'나를 키운 건 바람이다' 했듯 동파를 동파답게 완성시킨 건 세 곳 유배였다. 가족 있는 상주로 돌아가는 길 금산(강소성)에서 이공린이 그려준 초상화(自題金山畵像)에 "마음은 이미 재가 된 나무/몸은 매이지 않은 배라네/그대 평생 쌓은 자랑거리 무엇이냐/황주 혜주 담주라네"라고 제했다. 늙고 병든 66세 동파 최후 경지를 이 절필시에서 스스로 묻고 답하고 있다.(滋山 정약전과 茶山 정약용 형제도 남쪽 섬 흑산도와 강진 땅에 나란히 유배되어 닮았다.)

旅順 安重根義士 殉國處
羅石心物詩(337)

옛 고구려성 따라 요동반도
그 끝자락에 자리한 여순만

유럽에서 시베리아 할빈역
거쳐서 뻗어내린 철로 위로

안중근 의사도 이 철길 따라
이승의 마지막 길 여기 이곳

여순 종착역 이르렀을 때를
러시아풍 역사 지켜 서있네

백년 전 악독했던 벽돌건물
고스란히 남아 박물관 됐네

숨 쉬기조차 어렵던 극한의
감옥에 안중근 의사 신채호

이회영 투사들 순국했으나
안 의사의 뜻 못 이루었네

간수방 옆 특별실서 쓴 글
미완 동양평화론만 남았네

2023. 8. 3.

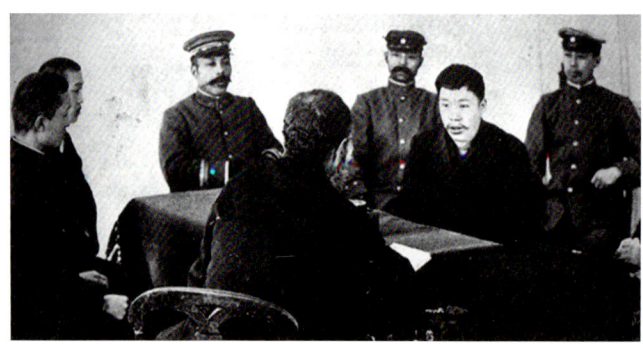

대련시내에서 백여리 서쪽으로 떨어진 여순은 요동반도의 최남단에 위치해 있다. 중국 중요 군항으로 해군기지와 잠수함이 있는 군사요충지역이다. 한국인이 이곳을 찾은 이유는 안중근 의사를 비롯해 신채호 이회영 등 순국한 여순감옥이 있기 때문이다. 본래 러시아가 지은 건물에 일본이 증축한 지금은 박물관이 되어 있다. 안의사가 마지막까지 붓을 들었던 독방이 그대로 있다. 그러나 안의사의 유해는 아직 찾지 못하고 있다.

遼東半島 旅順, 大連港
羅石心物詩(338)

왜구 후예의 일제강점 시절
한반도 목포 군산항 있었듯

요동반도 끝에 여순 대련항
모두 황해와 발해만을 통한

약탈의 거점으로 사용했던
수모의 애환들 남아있으니

곳곳에 포탄 흔적 선명한데
아무 일도 없었듯 잊혀지네

북극 흰곰 비유되는 러시아
유럽에서 시베리아 지나서

베링해 건너 알래스카까지
이어서 여순항도 차지했네

조선에서 시작된 청일전쟁
러일전쟁마저 일본이 승리

할빈까지 러시아 몰아내고
관동사령부 대륙 침략했네

2023. 8. 4.

지정학적으로 요동의 대련항과 여순항은 우리 군산항과 목포항처럼 모두 발해만과 황해에 인접해 있다. 일본이 한반도를 다리 삼아 중국 동북땅에 만주국을 세우고 대륙침략의 기지로 삼았다. 그 배경에는 한반도에서 비롯된 청일전쟁(1894 갑오전쟁)의 일본승리로 그 여세를 몰아 만주와 한반도 지배권을 놓고 러일전쟁(1904)에서 역시 일본이 승리한 데서 동아시아의 비극은 시작됐다.

鞍山의 製鐵所를 보며
羅石心物詩(339)

고대는 철을 다룰 줄 아는
집단이 단연 그 힘 앞섰듯

철 없인 전쟁과 산업발전
꿈꾸지 못 하는 시대라네

만철이 원세개와 합작한
기미년 시작 안산제철소

선진 독일설비 들여와서
제철해 일본에 가져갔네

관동군 사관생 출신 중수
그때 제철의 중요성 학습

30년 뒤 포철을 구상하여
산업화의 뼈대 세웠다네

개혁개방의 주역 등소평
적국이었던 일본방문 길

신일제철 보다 포철 영상
보고 놀라 청암 초대했네

2023. 8. 5.

일제가 한중의 식량만 수탈한 것이 아니라 광물자원도 착취해 갔다. 특히 요동반도 중간에 위치한 안산제철소는 일제의 거대한 야욕을 짐작케 한다. 초대 중공 대사를 지낸 황병태 박사에게 그의 하버드 논문 내용에 대해 묻자 뜻밖에도 안산제철소에 대한 연구였다. 등소평은 포항제철 영상을 보고 매우 부러워한 나머지 82년 비밀리 靑巖 박태준을 초대했었다. 中樹는 소전 서예 스승이 지어준 박정희 대통령의 아호이다.

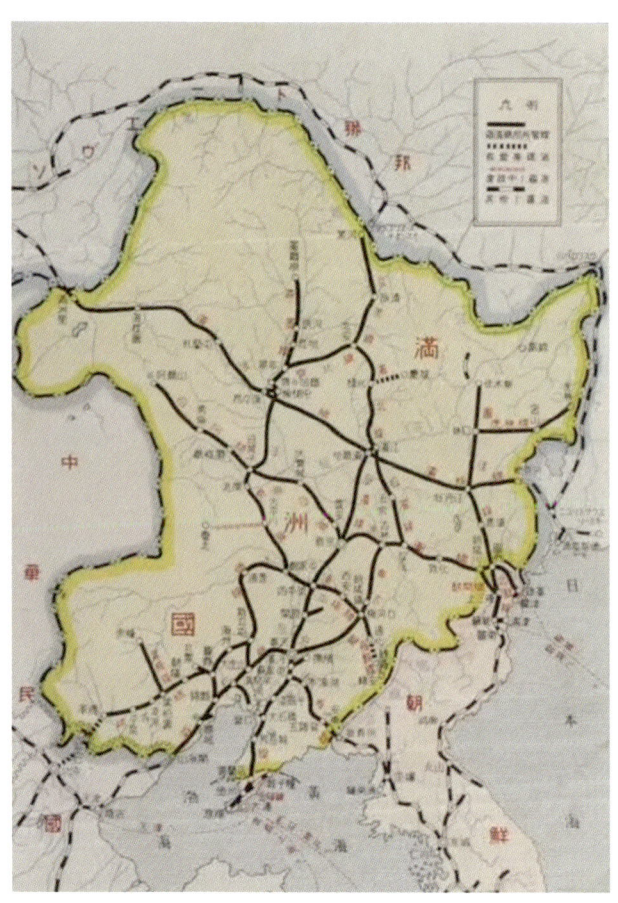

1978년 등소평이 일본가서 "포항제철 같은 제철소 하나 지어달라" 하자 당시 신일본제철 이나야마 요시히로 회장이 "공장이야 지을 수 있지만 중국엔 박태준 같은 인물이 없어서 그런 제철소는 못짓는다"고 말했단다.

盖州의 石棚山 石棚
羅石心物詩(340)

요동반도 서쪽 바다 가까이
영구시 개주의 연운항 부근

석붕산 산정 최대의 석붕인
반만년 신비의 고인돌 있네

고구려가 당의 침략 막았던
바위산 높이 개모성 자리에

이렇게 아름다운 풍광 함께
저렇게 신비로운 석붕 섰네

부족 추장 무덤 지석묘인가
풍패의 관을 닮아 관석인가

벗이여 이다지 멋진 지석묘
고인돌 어디에 다시 있을까

영구 석목성에 있는 고인돌
그 역시 쌍둥이처럼 닮아서

고대의 동이풍속 제사문화
선사의 풍비로 지켜서있네

2023. 8. 6.

중국인은 고인돌을 石棚이라 부른다. 옛고조선과 고구려땅의 석붕산 석붕은 그 규모가 크고 매우 아름답다. 한반도 안의 고인돌이 전체 분포의 절반을 차지하고 있듯 요녕과 산동 그리고 저장 일부 바닷가 동이족이 살았던 곳에만 적석총 모체 고인돌이 존재하는 것은 청동기 동이인 풍속과 묘제의 제사문화와 관련 있다. 중국학자들도 석붕은 동이족 문화로 규정하고 있다. 개주의 개모성 고인돌과 영구의 석목성 고인돌은 서로 쌍둥이처럼 많이 닮았다.

岫岩玉과 紅山玉文化
羅石心物詩(341)

요녕성 안산 만주족 자치현
압록강에서 멀어야 백여 리

중국의 4대 옥산지 중 하나
인심은 후하고 정은 맑다네

왜 예부터 옥을 좋아했을까
이치의 리(理) 옥에서 왔듯

다루기 힘든 옥결 생각하며
삼십년 전 하룻밤 쉬어왔네

반만년 역사의 내몽고 적봉
홍산 문화 옥기 수암옥이니

이곳에서 서쪽 고조선으로
동쪽 한반도로 흘러갔다네

난하에서 비롯된 요하문명
원과 방의 신단과 피라밋형

고구려 수도 국내성에 가면
피라밋 무덤 무수히 많다네

2023. 8. 7.

근래 동양학을 전공하는 학자들 중엔 석기시대와 청동기시대 사이에 옥기시대를 두어야 한다고 주장한다. 특히 내몽고 일대의 홍산 문화의 유물 중 옥기들이 대거 발굴되면서 수긍이 가는 대목이다. 더우기 홍산옥의 대부분이 요녕성 안산시에 속하는 만주족자치현 岫岩에서 생산된 것이다. 같은 산지의 옥기가 한반도에서도 발견되어 서로 연결된 고대문명에 대해 자연 관심을 갖게 된다.

鴨綠江 변경도시 丹東
羅石心物詩(342)

중국 동북의 변경도시 단동
옛 안동은 신의주와 마주해

이성계 회군 압록강 위화도
오리나래 강물에 누워 있네

6.25 남북전쟁으로 끊어진
단교 옆 중조우의교 놓이고

침략군과 독립투사 오고간
녹슨 철교 아픈 역사 말하네

진강산 언덕위에 우뚝 솟은
항미 원조 기념탑과 기념관

왜 중공은 미국에 대들면서
조선을 꼭 도와야만 했었나

태극의 소용돌이 속 한반도
도리어 세계의 중심 되었네

사신들 오가던 천년의 길목
봉황고성이 지켜 서 있는데

온천 마을 다친 상이군인들
요양시설 옆 고려촌도 있네

2023. 8. 8.

동북의 변경도시 단동은 해방전까지 그 지명이 安東이었다. 일본강점기에 침략의 수단으로 놓인 신의주와 연결된 압록강 철교는 숱한 애환속에 1950년 미군에 의해 파괴되고 그옆에 '中朝友誼橋'가 새로 놓였다. 중국은 6. 25를 抗美援朝戰이라 부른다. 단동 인근 옛 사신이 오가던 길목엔 아름다운 고구려 鳳皇古城과 고려촌 지명이 남아 있다.

遼寧 瀋陽故宮을 찾아
羅石心物詩(343)

인구 9백만 넘는 요녕성도
심양 이전엔 봉천이었는데

동북 삼성 한반도로 통하는
십자로 중심 교통의 요충지

고조선 수도 장단경이 이곳
고구려 뒤 당의 안동도호부

발해의 심주는 후금의 수도
묵던, 만주어로 성경이라네

그때 세웠던 묵던 팰리스가
바로 오늘의 심양 고궁이네

만주족이 북경 무혈입성해
1657년 다시 봉천부 되었네

만주 일대를 신성시한 청국
한족 출입을 금지 시켰으니

오죽하면 그 큰 광개토대왕비
밀림에서 수백 년 사라졌겠나

2023. 8. 9.

瀋(沈)陽은 만주족의 고향이자 奉天(府)이니 그곳에 지금 남아 있는 故宮은 後金이 세웠던 수도로써 盛京 즉 Mukden Palace이었다. 이곳 주변을 흐르는 渾河의 옛이름이 瀋水여서 심양이라는 이름이 생겼다. 원 때는 고려국왕 별칭이 瀋王이었으며 소현세자가 인질로 잡혀 갔던 곳이다. 20세기초 동북 군벌 張作霖 張學良 부자에 의해 북양정부가 들어서기도 했다.

瀋陽의 東陵과 北陵
羅石心物詩(344)

후금이 청나라로 바뀐 만주
수도마저 옮기니 성경 고궁

봉천부 그들 유적 남았으니
고궁과 동릉에 북릉도 있네

동링 베이링 누구 무덤인가
동링은 누르하치 복릉인데

베이링은 청조의 2대 황제
황태극과 그의 황후 묘라네

북릉 공원 총 16만 평방되니
기세 굉장해 보느니 놀라고

능 감싼 둥근 성 따라 가면
황태극 룽정 대머리 닮았네

소릉 더불어 성경 삼릉인데
개국황제 조부 영릉 있으니

강희 건륭 가경 3대에 걸쳐
머나먼 이곳 찾아 참배했네

2023. 8. 10.

90년대초 필자의 유학시절 북경의 기후가 매우 건조해 논문 쓰는 기간 우리나라와 비슷한 기후의 단동과 심양에서 반년씩 가족과 함께 지낸 적이 있다. 도시락을 싸서 북릉과 동릉에 소풍갔던 적 있어 그 장대한 능묘의 규모에 놀라곤 했다. 그곳 공주 황후의 복장 빌려 입은 채 찍은 사진 어제 같은데 그 추억 어느새 30년이 되었다. 왕대밭(王竹田) 새긴 도자기도 기념품처럼 남아 있다.

滿州國 수도였던 長春
羅石心物詩(345)

만주국은 괴뢰국 아니라네
일제 패망하기 전 실제 존재

요녕 길림 흑룡강 열하까지
한반도 6배 5천만 인구였네

청 마지막황제 부의 재등극
14년 간 수도 신경이었다네

비록 일제 꼭두각시였지만
애신각라의 궁전 여전하네

원세개가 중화제국 선포 후
자칭 황제된 것 무엇 다른가

나라 훔치면 도적 아닌 황제
자칭과 타칭 다를 바 없다네

만리도성은 개미집 영웅들
하루살이라 읊은 서산대사

영웅은 사라지고 집뿐인데
도쿄엔 만주국 부활의 헛꿈

2023. 8. 11.

1932년 일본제국이 세운 만주국은 만주족과 중국사의 마지막 군주국이었다. 중공은 괴뢰국, 僞滿 즉 가짜만주국이라 부르지만 짧아도 부인할 수 없는 엄연히 존재했던 나라였었다. 청일전쟁과 러일전쟁의 승자 일제의 만주침략의 앞잡이는 관동군과 동척의 버전 滿鐵이었다. 옛 新京 장춘에는 황궁박물원, 관동군사령부, 만주국군사부 건물들 남아 있다. 도쿄엔 아직 만주망명정부도 있다니 헛꿈이 아닐까.

러시아풍 도시 하얼빈
羅石心物詩(346)

부여 고구려 발해를 거쳐서
금나라 초 수도로 삼은 상경

회령부가 지금 하얼빈인데
중도 베이징으로 옮겼다네

19C 말 러시아의 동청철도
블라디보스토크 항 연결해

하얼빈은 러시아식 도시로
건설되어 다시 부활했다네

한국인 하얼빈 역 도착하면
맨 먼저 안중근의사 발자취

화살표 따라 그때 의거장면
총성 들리는 듯 귀기울이네

역사가 나를 무죄로 하리라
체게바라 음성도 들리는 듯

역 자체가 기념관 같은 이곳
말 없이 백년 역사 걷는다네

2023. 8. 12.

아무르강(黑龍江)을 기점으로 한 북만주 변경도시 하얼빈은 1898년 시베리아 횡단철도의 건설로 러시아가 진출 건설한 송화강변의 유럽풍 도시이다. 러일전쟁 후 일본의 그 악명높은 생체실험 731부대에 조선 만주 중국 러시아인들이 희생되었다. 안중근의사 이등박문 저격한 하얼빈역은 우리 한국인들의 거룩한 순례지이다. 모택동은 중국지도의 수탉벼슬에 해당된 이곳을 중공의 수도로 고려한 적이 있다. 12월에 얼음축제가 열린다.

아무르강변 黑河에서
羅石心物詩(347)

하얼빈에서 북쪽 곧장 가면
변경 도시 흑하의 아무르강

검은 땅 시베리아의 동남부
발원해 동쪽 제야강 만나네

국경 따라 흐르는 강의 이름
서로 다르듯 나라도 다르니

남북 아메리카 인디언 마야
조상들 예맥족 살던 곳이네

우리 조상 바이칼에서 왔나
곰은 아무르강 쪽에 많은데

예맥후예 부여 고구려 발해
몽골 혈통 더불어 섞였다네

아무르강 연안의 오로치족
제사문화 우리와 닮았으니

자연과 만물 삼신 무형상제
모두 심물 하나로 통한다네

2023. 8. 13.

대흥안령 동쪽 시베리아를 가로지르는 아무르(흑룡)강은 러시아와 북만주 중국 국경을 가르며 제야(結雅)강과 합류해 연해주 타타르해협으로 나간다. 4,500km의 아무르강변에 살던 예/맥족이 베링해협을 건너 북미의 인디언의 조상이 되고 멕시코(맥貊)와 마야의 조상이 되었다는 연구가 있다. 필자는 1992년 후 黑河를 세번 방문하면서 아무르강을 건너 흥안령과 제야호수 주변을 답사했다.

柳河 羅通山 高句麗城
羅石心物詩(348)

통화의 북쪽 유하현 백여리
대통구 향촌 해발 960고지

남쪽은 고구려 수도 국내성
반대쪽 부여 발상지 연결돼

송하강 상류 자리한 라통산
고구려성 온전히 남았는데

두개 타원형이 연결된 성곽
축조방식 국내성 닮아 있네

단재는 송화강을 백두 원류
우리 민족 아리수라 했는데

하늘 끝 닿은 강물 아득하니
찾는 이 없는 고성 쓸쓸하네

성안엔 넓은 연병장 우물터
말먹이던 물 저수지 남았고

건물 터 다양한 발굴 유물들
그 자리 도교사원 들어 섰네

2023. 8. 14

평생 광개토대왕 비체만 연구한 서법가 秦維國 친구와 단 둘이서 通化와 이웃한 柳河의 고구려 고성 찾아 라통산을 올랐다. "전생에 羅石이 이곳에서 수도해 道通했던 곳인가, 고구려 장수라도 되었던가 하필 무더운 여름에 굳이 높은 성을 오르고자 하는가" 농담반 불평반 투덜거리는 중국 벗을 앞세워 古城을 오르니, 아름다운 고구려성은 옛 그대로인데 주인은 바뀌어 찾는 이 없이 땡볕 숲속 새소리 매미소리만 요란했다.

廣開土境平安好太王碑
羅石心物詩(349)

국토 가장 크게 넓혔던 왕
그분 왕릉 함께 세운 비석

414년 이후 1610년 세월토록
1775자 새긴 위대한 그 기록

주몽 계승한 19대 광개토경
생애 업적 묘지기의 대책도

6.4m 거대한 돌에 새겼으니
국강상 고구려의 수도라네

주자학 조선 잃어버린 국토
태왕비마저 잊은 속국 역사

부끄러운 줄 모르던 그날들
대륙경영 홀로 서 증거하네

허물어진 태왕릉 도굴 되고
밀림 속에 글자도 없어졌던

그 상처 간직한 채 보호각속
유배지 유리벽에 갇혀있네

2023. 8. 15.

고구려 永樂大王 시호는 國岡上廣開土境平安好太王으로 태왕릉 앞 비석은 20대 장수왕이 세웠다. 역사를 얼마나 소홀히 했으면 압록강 건너에서도 보이는 거대한 비석을 입석으로 알았을 뿐 1875년경 발견되기까지 완전히 사라졌었다. 일제는 운반해 가려다 너무 커서 파괴를 고려했으며 심지어 비문 조작설까지 있다. 꼭 30년뒤(1993-2023 사진) 다시 가보니 비석은 유리벽 속에 온전히 갖혀 있었다. 관리인에게 특별히 부탁해 비각 안쪽 30년전 그 자리에 다시 서 봤다.

高句麗 20代 長壽王
羅石心物詩(350)

전성기고구려 이끌었던 왕
재위 79년 97세에 승하한

오래살아 시호 장수왕이니
북위는 강(康)이라 불렀네

광개토대왕 북서쪽땅 넓힌
대이은 장수왕 남진경영해

수도를 평양으로 옮겼으니
선대업적 충주비 세웠다네

광개토대왕릉 무너진 야산
장수왕릉은 건재한 피라밋

돌계단 오르면 평평한 정상
옛날엔 제단 건물 있었다네

환도성아래 수많은 피라밋
적석총 요하에서 장안까지

더멀리 이어진 서쪽 이집트
동쪽으론 마야로 이어졌네

2023. 8. 16.

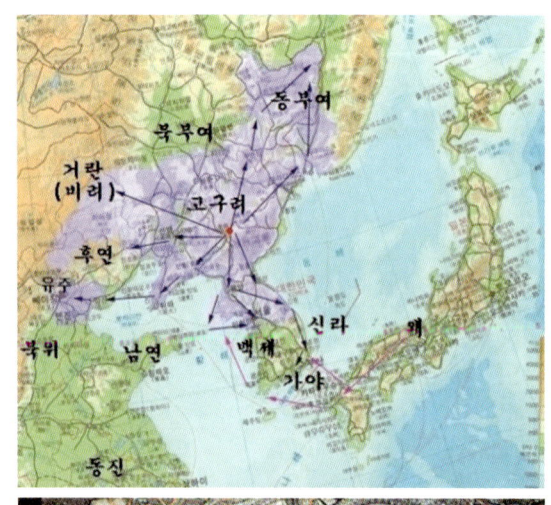

고구려 최전성기의 왕으로 394년 태어나 412년 즉위, 무려 79년을 왕위에 있었던 가장 장수한 위대한 군주였다. 아버지가 북쪽과 서쪽땅을 넓혔던 정복왕이었다면 아들은 남진정책을 써 수도를 옮기고 나라를 재구축해 안정을 다진 수성왕이었다. 백제와 신라를 제압해 한강유역 정벌 후 지금 충주에 중원비를 세웠다. 국력이 강성해진 것은 안으로 왕권을 강화하고 밖으로 주변국을 잘 장악했기 때문이다. 장수왕 피라밋 등은 모두 도굴되고 상부는 훼손되었다.

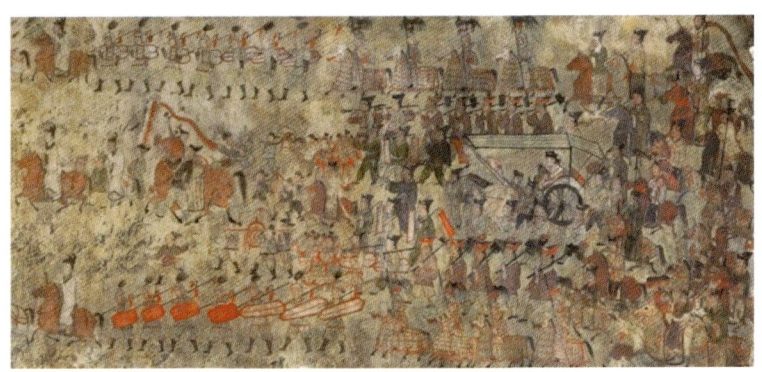

719

졸본의 忽升骨城에서
羅石心物詩(351)

고구려 주몽의 첫 도읍지인
오녀산 위에 펼친 홀승골성

이천년이 지났어도 견고한
성벽 높다랗게 그대로이네

평평한 산 정상에 도읍했던
졸본성곽 원래 모습 잃었고

산성에서 내려다 본 환인벌
옛무덤들 댐 속에 잠기었네

비류수 배위에서 본 오녀성
산자체 거대한 성으로 솟아

신비한 건국설화 간직한 채
전국 100여개 산성 거느렸던

지금은 다섯 선녀 이름붙인
그저 오녀봉 관광지 되어서

빼어난 절벽과 온갖 수목들
풍광에 가린 유적 잊혀가네

2023. 8. 17.

고구려의 첫도읍지인 오녀산성으로 불리는 홀승골성을 오르면 2천년전 축조한 견고한 古城 만져 볼 수 있다. 都城은 사라져도 천혜의 요새 홀승골성은 장대한 모습 아직도 간직하고 있어 감동을 준다. 고구려 왕성보다는 거대한 山門의 五女峯(少女峯, 玉女峯, 參女峯, 秀女峯, 春女峯)과 동천호월, 선인대, 폭포 등 그저 관광지로 유명하다.

本溪桓仁縣 長軍墓
羅石心物詩(352)

요녕 본계시 환인현 장군묘
졸본성 사십리 혼강변 평지

장군의 무덤이라기엔 과한
대봉토 웅장한 석실묘라네

층층이 쌓은 아름다운 묘실
화려한 색상의 연꽃 무늬들

네 벽 전체 백회 위에 그린
벽화가 왕릉묘 말해 준다네

30년 전 찾았을 땐 허술한
그대로 참관 허용했었는데

이젠 오녀산 박물관의 2층
석실모형으로 볼 수 있다네

동명성왕 주몽릉이 아닌가
추정되기도 하는 이 왕릉

연꽃무늬는 불교영향인가
홍산유물에도 존재하는데

2023. 8. 18.

고구려 첫수도 졸본성에서 16km 떨어진 고대 지명 환인현의 강변 평지에 장군묘로 잘못 호칭된(필자의 소견) 거대한 능이 있다. 가장 오래된 고구려 벽화를 간직한 이 석실묘는 주몽장군 능으로 알려져 있으나 연꽃무늬가 불교의 영향관계로 보아 능의 연대를 낮춰 보기도 한다. 불교가 고구려에 들어오기 전, 창도되기도 훨씬 전인 기원전 29세기 홍산문화에도 신성문양의 연꽃이 이미 존재했다.

第2首都 國內城
羅石心物詩(353)

주몽장군 졸본성에 건국해
유리왕 통구평야로 천도 후

곧바로 2만여 명을 동원해
동서남북 쌓은 국내성이네

서쪽남쪽 압록강이 흐르고
동쪽북쪽 산으로 둘러싸여

전형적인 배산임수 집안 들
두 번째 도읍지 궁궐지었네

2000년 동안 어찌 견뎠는가
아직도 궁성자취 뚜렷하니

총2,471m 성곽 자취 걸으며
30년 전 그때 모습 생각나

6개의 성문들은 사라지고
5m성벽은 끊기고 낮아져

아파트 단지 담이 된 그 위
미류나무 줄지어 서있었네

2023. 8. 19.

집안(통구) 國內城은 BC37~AD3, 졸본(홀본)에 이은 두번째 고구려의 수도였다. 427년 장수왕이 평양으로 옮기기전 424년간의 전성기를 구가한 古城으로 안타깝게도 보존상태가 허술했다. 지금은 세계문화유산 등록을 위해 보수 정비했으나 1993년 봄 필자가 찾았을 때는 허물어진 성 위에 아름드리 미류나무가 줄지어 서 있었다. <아! 고구려전>의 기폭제가 되었던 일 떠오른다.

集安博物館을 찾아서
羅石心物詩(354)

시청에서 압록강쪽 가는 길
고구려의 심볼 삼족오 동상

세 발 달린 태양 새 까마귀
고구려 벽화 많이 등장하네

통구벌 국내성 중심 광장에
새로 지은 6각 집안 박물관

30년 전 사각건물과 다른데
유물 전시는 더더욱 다르네

박물관 입구 정면에 걸렸던
광개토대왕비의 탁본 네 쪽

웅장함 축소된 채 2층 구석
출구 쪽에 초라하게 걸렸네

1층 높다란 원형 홀에 있는
중원비 크기의 신고구려비

2012년 새로 발견했다는데
제2의 광개토대왕비라 하네

2023. 8. 20.

집안시 신청사 남쪽 삼족오상 앞에 서커스공연장 같이 생긴 집안박물관(郭沫若 글씨, 2013년 신축)이 있다. 입장표를 사려면 대로 건너서 집안문화센터까지 가야한다. 출입구 검표원이 내 여권을 보더니 외국인은 입장불가란다. 세계 어느 박물관이 외국인은 안된다고 하느냐며 책임자 면담을 요청하자 전화를 걸더니 입장을 허락했다. 촬영금지라는 말끝에 "특히 한국인은 안 된다" 토를 달았다.

集安通溝의 丸都城
羅石心物詩(355)

요령 환인의 졸본성에서 건국
유리왕 22년에 새 자리 찾아서

집안에 건설한 새 왕도 환도성
국내성과 더불어 두 개의 왕성

전란의 아픔을 간직한 환도성
통구하천 계곡을 품고 있는데

산위에 자리해서 산성자 산성
집안 시내 있으니 평지성이네

동쪽 북쪽 서쪽 높은 봉우리
능선을 따라 쭉 성벽 쌓으니

성문은 서쪽 1개 동 남 북에
각각 2개씩 모두 7개 였다네

산성에 도읍하고 요새화해도
전란의 피해는 막을 수 없듯

위의 관구검이 침공하고 백년
선비족 묘용씨에 성은 불탔네

2023. 8. 21.

일반적으로 집안(輯安)의 고구려 도성을 평지성인 국내성이 먼저인 줄 알고 있으나 그렇지 않다. 졸본(卒本)에서 AD3년 國內로 천도해 尉那巖城을 쌓았다는 곳이 곧 환도성이다. 환도성은 중국문헌 <삼국지>에 244년 魏 관구검이 침공했고, 342년 前燕의 묘용씨가 침공했다. 고국원왕 21(342)년 환도성을 보수하고 국내성을 쌓았다는 기록이 있다. 환도성 안에 궁궐터가 남아 있다.

다시 찾은 山城下古墳群
羅石心物詩(356)

여름 무더위에 오른 환도성
소낙비 맞으며 내려오는 길

노천의 고구려 고묘 박물관
삼십년 전 단지 돌무지였네

이제는 완전히 색다른 모습
세계문화유산에 등록하려니

통구 냇가 평지 귀족장상묘
431기 고분 정돈되어 있었네

통구고분군 동쪽 장천부터
서쪽 마선의 향안지구까지

6개 지역에 총 1만 2천 기로
크고 작은 피라밋 장관인데

환문총 사신총 장천 1호총
무용총 모두루총 산성하분

벽화고분으로 이름났지만
우린 땅도 유산도 못지켰네

2023. 8. 22.

집안 고구려고분은 산성하 우산하 만보점 칠성산 하해방 마선구 등 총 6개 지구에 걸쳐 놀라울 만큼 무려 1만 2천기가 분포되어 있다. 그중 다양한 형식과 내용의 아름다운 벽화의 무덤들이 즐비하다. 30년전에 필자가 처음 찾았을 땐 수목과 수풀속에 방치된 묘실내부에 빗물이 줄줄 흐르고 입구가 제대로 관리되지 않고 있어 안타까운 마음이었다. 지금은 정비되어 유네스코세계문화유산이 되었다. '고구려고분박물관'(곽말약 글씨)이란 표지석이 반갑기만 했다.

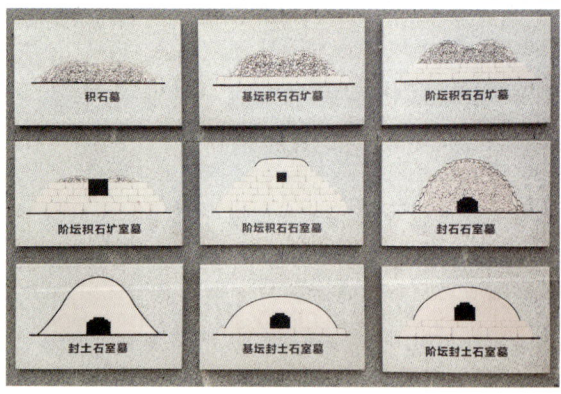

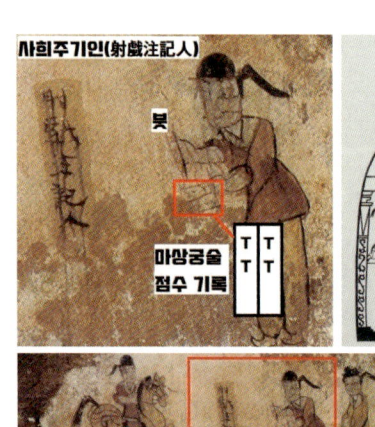
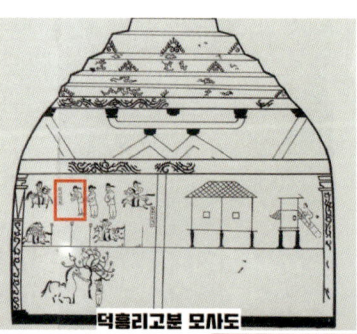

四神塚壁畵의 書藝家들
羅石心物詩(357)

집안 고분군에서 제일 멋진
경치 자랑하는 산성하 떠나

발길 옮겨 사신총에 이르니
좌청룡우백호 남주작북현무

하도 낙서 유래된 사방팔방
망자 수호의 모습 남았는데

석실내 벽화 중 가장 돋보인
붓을 든 서기관 잊지 못하네

머리를 풀어헤친 붓의 남자
나무로 만든 목간에 붓글씨

둥근 벼루 앞에 펼친 책상엔
목간 꾸러미들이 놓여있네

무용총의 서예가는 평상에
걸터앉아 목간글씨 쓰는데

안악 3호분과 덕흥리 고분
붓의 모양 저마다 다르다네

2023. 8. 23.

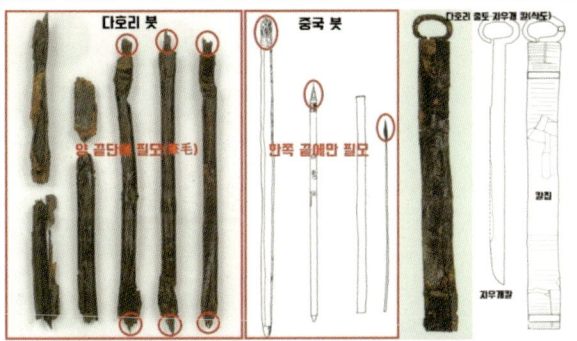

흔히 조선은 기록의 나라로 불린다. 외국인들이 먼저 그렇게 호칭하는 것은 그만한 이유가 있다. 조선 472년 역사를 기록한 <조선왕조실록>은 888책에 무려 4,770만자, <승정원일기>의 글자 수는 2억2,650만자로 중국이 자랑하는 <이십오사>나 <명실록>은 비교도 안된다. 집안과 북한의 고구려 벽화처럼 창원에서 발굴된 1세기 다호리붓이 그 전통 말해준다.(벽화의 글씨 표시는 경향신문과 경향닷컴 기사와 후배 서예가 고광희 박사 논문에서 가져 왔다.)

長川古墳群의 狩獵圖
羅石心物詩(358)

동이족이 낳은 최고 궁사
과녁에 박힌 화살 부르르

1996년 애틀랜타 올림픽
퍼펙 골드 기록한 김경옥

정곡 맞힐 확률 1만분의 1
두 번이나 맞힌 신기였듯

22살 졸본에 나라를 세운
명궁 주몽왕 후예다웠네

집안에서 동쪽으로 30키로
압록강 건너 만포 운악고분

마주한 장천촌 1호분 벽화
그 힘찬 수렵도 어디 갔나?

전기톱으로 잘라 조각내어
남조선으로 밀반출 했다니

금족령 접근 금지에 주범들
사형당한 마을 정적 감도네

2023. 8. 24.

고구려 벽화하면 압록강변 마을 언덕 장천 1호 고분의 그 힘차고 아름다운 동이족 후예 수렵도이다. 달리는 말안장에서 몸을 돌려 도망가는 짐승을 명중시키는 신기에 가까운 활솜씨를 생동감 있게 표현하고 있다. 꼭 30년 전에 숨막히는 감동으로 보았던 그 벽화 전기톱으로 잘라 국내로 밀수입했다. 게다가 그것을 돌려보며 흥정했다니 돈에 換腸한 세상 아니곤 그렇게 될 수 없는 처참한 일이다. 필자의 物波 예술의 그 물결과 파동도 장천고분 山水 물결에서 발상했다.

禹山下 舞踊塚을 찾아
羅石心物詩(359)

수렵도 기운생동은 산 주름
심물의 파동 물파 원조이자

우리 나라 산수화 기원이듯
무용총 가무 민족 증거라네

패션쇼 방불한 화려한 복장
귀부인 행렬 모습 아름답고

횡렬식으로 장대한 두 석실
사신도와 인물 풍속도 있네

벗이여, 그 명칭 유래 아나
왜 그리 호칭하게 됐는가를

일제 때 도굴당한 그 고분들
주인 알 수 없기 때문이라네

문명의 열등의식이 문제였네
남의 것 내 것으로 둔갑시켜

창조적 자기 것 되지 않듯이
수천 년의 역사 바뀌지 않네

2023. 8. 25.

집안 우산 남쪽기슭 왕의 무덤으로 추정되는 二室古墳엔 관중 앞에 춤추는 여인들과 인물풍속도 수렵도 사신도 등 아름답게 그려져 있다. 수렵도의 산주름 표현은 필자가 주창한 心物之波의 物波主義(1997) 예술과 상통된다. 동양예술의 생명은 氣韻生動에 있다. 무용총은 1935년 도굴당한 12개 중 하나로 일본인 이케우치 히로시와 우메하라 스에지가 붙였다.

白頭山 氷葡萄酒
羅石心物詩(360)

일제 때 수풍댐보다 더 상류
조중 합작 운봉산 댐 거슬러

백두산 길목의 거북산 기슭
얼음 포도주 생산기지 있네

구월이면 눈이 내리는 고지
포도알이 눈 속에 익어가면

풍미가 더욱 짙어진 포도 맛
신품종 세계대회 1등 했다네

압록수 호수된 양지바른 곳
술창고 지은 지 십년도 안돼

어린 포도들 땅위 겨우 기며
걸음마 배울 채비 하고 있네

포도밭지기 주인 공자 후예
콩푸쟈술 전통 새로 잇는가

포도주와 우정은 익을수록
향기로워 술벗과 산책하네

2023. 8. 26.

예로부터 산동에 없던 차밭 생겼듯 백두산 기슭 없었던 포도밭 생겼으니 직접 보고 알았어도 문득 모를 일이다. 집안에서 1시간 거리 雲峯山 댐 가는 갈림길, 굽이굽이 백두산 향한 좁은 길 한참 달리다 보면 다섯 개의 거북릉선 둘러 쌓인 압록 호수위 양지바른 곳 鴨江谷酒庄이 나온다. 6년생 포도밭 펼쳐져 있는 아름다운 풍광, 얼음포도주 1병 20~30만원 호가한다.

渤海 첫 도읍지 東牟山
羅石心物詩(361)

신라의 통일은 삼국의 영토
반을 잘라먹은 절반의 통일

당의 속셈 잘 읽지 못하여
안동도호부 불러 들였다네

고구려 유민들과 말갈족들
영웅 대조영이 이끌었으니

동모산기슭에 도읍지 정해
대발해의 시조왕 되었다네

측천무후가 파견한 당군을
당당히 천문령에서 물리쳐

일거에 승리한 대조영부대
동모산을 향해 달려갔다네

일본과의 사신 외교 문서에
고구려와 부여의 후예 발해

나라 안에 다섯 개의 수도
해동성국 전성기를 누렸네

2023. 8. 27.

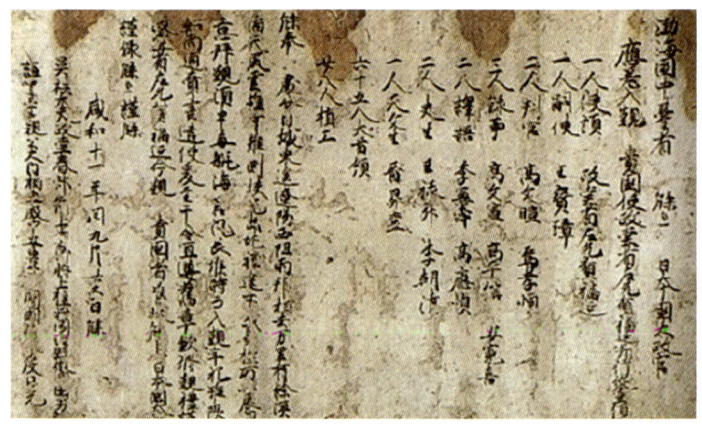

길림성 돈화시 성산자촌에서 바라보이는 발해산성의 동모산은 멀리서 보면 완만한 언덕 같아도 정상에서 사방을 둘러보면 난공불락의 요새이다. 대조영의 부자가 고구려 부흥운동을 전개해 고구려가 망한지 딱 30년만인 698년 震國을 세웠으며 후에 발해국으로 바꾸었다. 일본에 보낸 외교문서에 "우리 발해는 고구려의 옛 땅에 세웠으며, 부여의 전통을 이어받은 국가이다." 전했듯 海東盛國이었다.

尹東柱의 고향 龍井
羅石心物詩(362)

민족성의 실력을 향상해
독립이 가능하게 한다던

윤동주의 재판 판결문에
나온 최후진술 어록처럼

시인은 가슴 속에 새겨진
별들 못다 헤고 떠났지만

독립운동시인 셋 꼽으면
만해 이육사 윤동주라네

시인이 다녔던 대성중학
지금의 용정중학 교정엔

하늘을 우러러 부끄럼이
한 점 없는 그 시비 섰네

동명촌 공동묘지 찾은 지
33년, 새 단장 무덤 앞엔

중국의 위대한 시인으로
둔갑해 부끄럽기만 하네

2023. 8. 28.

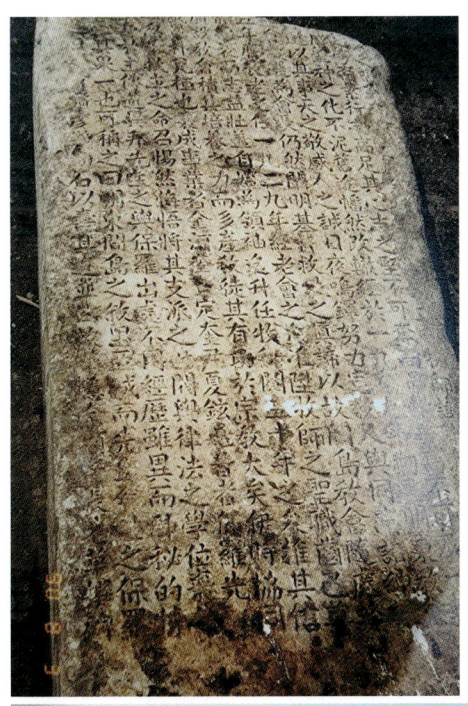

북간도의 연변시 용정 동명촌에서 태어난 윤동주는 광복을 불과 6개월 앞두고, 1년 7개월 간의 후쿠오카 형무소 생활 끝에 27세로 요절했다. 윤시인은 이곳 대성중학과 평양 숭실중학, 서울 연희전문, 도쿄 릿쿄대학, 쿄토 도시샤대학 등에서 영문학을 수학했다. 33년전 공동묘지엔 찾는이 없이 작은 묘표 하나 뿐 초라했었다. 지금은 새로 정비했으나 왠지 불안이 감도는 분위기 속에 윤동주시인의 시 '또 다른 故鄕'이 떠오른다.

先驅者 쉼터의 一松亭
羅石心物詩(363)

윤해영의 작시에 21세 청년
조두남 망명 중 작곡한 가곡

용정을 배경으로 했던 가사
일송정 고개 독립투사 쉼터

그 언덕 옆을 흐르는 해란강
강 이름 또한 무척 아름답듯

지난날 그 강가에 말 달리던
선구자의 꿈 헤아릴 길 없네

용두레 우물 물 긷던 처녀들
용문 다리 위 아름다운 달빛

이역만리 하늘 끝 바라보며
큰 활 쏘던 동이의 후예여!

나라 세우겠노라 맹세하며
말타고 활쏘며 지나갔으리

나그네 귓가 용주사 종소리
비암산 저녁 노을에 걸렸네

2023. 8. 29.

우리 시대 무명시인의 '그리운 금강산'(한상억)처럼 30년대의 무명시인의 '선구자'(본래 제목 '용정의 노래')는 노래가사로 더 유명하다. 필자도 30년전 海蘭江 언덕 一松亭을 답사하고 한 때 선구자를 자주 불렀던 때가 있었다. 1963년 바리톤 김학근이 불러 알려지게 되고 미남 엄정행이 불러 더욱 유명해졌다

鳳梧洞과 靑山里 戰鬪
羅石心物詩(364)

기미독립 이듬해 서북간도
1920. 6. 4. 독립군 30여명이

회룡현 삼둔자 출발 두만강
건너 일본 순찰대 격파하자

일본국경수비대가 추격해와
죽음의 골짝 봉오동에 도착

홍범도장군 지휘로 포위해
대부분 섬멸시켜 대승했네

봉오동전투서 패한 일본군
전쟁빌미로 마적단을 매수

훈춘사태 후 같은 해 10월
청산리로 다시 진군했으나

김좌진장군 지휘한 연합군
백전백승의 전과 세웠는데

간악한 일본군의 경신참변
학교와 교회도 불태웠다네

2023. 8. 30.

요즘 홍범도장군의 흉상이 정가의 뜨거운 감자이다. 공산주의 이력을 문제 삼은 것. 그는 봉오동 전투와 청산리 전투에서 혁혁한 공을 세우고도, 자유시에 몰려간 민족진영의 독립군에게 총뿌리를 겨누고 몰살시키는 일에 가담했다. 그뒤 만주에서 독립군의 씨가 말랐던 적이 있다. 그는 그 당시에 '독립군을 붉은 군대에 편입시키라는 소련의 요구'를 거부했던 김좌진이나 이범석장군과는 아주 결이 다른 사람이다. 일본군은 두 전쟁에 대패한 분풀이로 서북간도 한인 3,600여명을 살해(庚申慘變)했다.

國境都市 圖們과 琿春
羅石心物詩(365)

북한 땅 바라보려 찾아 왔던
90년대 초 그때나 지금이나

변함없이 헐벗은 북녘 산하
국경도시 도문 건너 남양시

두만강은 푸른 물이 아니라
흐린 물결 잔잔히 흐르는데

오가는 이 없는 한적한 다리
강변 앞 전망대 입장료 받네

도문에서 동해로 이어 달려
세 나라 접경의 훈춘가려면

방천 풍경구역 지나 영안진
망해각 동해 바다 보인다네

두만강 건너면 함북 훈융리
철조망 너머 새벌군 보이고

고강의 전망대 용호각 올라
자유로이 오가는 새들 보네

2023. 8. 31.

한반도 지도의 최상단 작은 국경 도시 도문은 여진족 역사와도 밀접한 곳이다. 샛강 같은 좁은 두만강 건너 남양시, 30여년전과 변한 건 없다. 두만강 국경선 따라 동해로 나가면 조선 중국 러시아가 만나는 훈춘시. 英安鎭 건너 함북 훈융리가 눈앞 철조망 뒤에 보이고 琿春河 유역 평야가 펼쳐져 있다. 古江의 새 전망대 용호각 오르면 북한 라선시 선봉특구가 보인다.

白頭山 天池에서
羅石心物詩(366)

여기 첫발 디딘 지 얼마던가
옥빛 하늘 담은 백두의 천지

더 오를 곳도 건널 곳도 없어
걸음 멈춘 객은 손을 모을 뿐

천지 부모님 푸른 언덕 민족
가없는 둥근 사랑 굽어 살펴

자자손손 이 땅에 홍익인간
이화세계 구현 되게 하소서

백두대간 여기에서 시작해
허리쯤에 철조망 걸렸으니

짐승들도 오가지 못한 세월
어언 70년이니 이제는 그만

겨우 이어온 간난의 반만년
불사신의 자랑스런 이 겨레

하늘 거울에 비춰본 마음엔
하루 속히 통일되게 하소서

2023. 9. 1.

백두산 천지는 1990년 후 천문봉과 백운봉, 장백폭포 쪽으로 세 번 등정했는데 다행스럽게도 매번 맑고 아름다운 천지의 물색 볼 수 있었다. 등소평도 세 번 올랐으나 한 번도 구름 걷힌 천지 볼 수 없어 시를 남겼다. 백두의 신이 허락하지 않은 걸까. 라석심물시의 여정을 백두산에서 그 막을 내린다. 365일에 하루 더해 총 366수. 그간 국내외 독자님들께 감사를 드린다.

跋文

고전과 함께 떠나는 동아시아문명기행

玉潭 朴正鎭 시인, 인류학박사

현대는 고전이 잊혀져 가는 시대라고 말한다. 고문상서보다 금문상서가 어느 때보다 삶에 유익하기 때문이리라. 그러나 고전은 고전이다. 지금까지 온고지신(溫故知新)해 온 것이 인류의 문명사라면, 오늘날 바쁜 생활에 쫓겨 마음이 급해져 지신온고(知新溫故)한다고 하더라도 고전을 틈틈이 읽어야 새로움의 의미마저도 제대로 음미할 힘을 지니게 될 수 있음을 알고 있다.

라석 손병철 시인이 [동아시아문명기행시집]을 펴낸다고 한다. 그동안 스마트폰으로 매일 보내온 새로운 형식의 여행시를 틈틈이 읽어오면서 감탄한 터였지만 그것을 집대성하여 우선 366편을 담아 1권으로 펴낼 요량인가 보다. 방대한 작업이 아닐 수 없다. 동아시아 문명은 오늘날 요하(遼河)유역의 홍산(紅山)문명의 발굴로 문명의 발상 시기가 점차 당겨져 지금부터 8천년 경까지 올라가고 있다. 예부터 중국 고전에도 동이(東夷)문명에 대한 회고와 귀소본능이 없었던 것은 아니지만 이른바 하화(夏華)문명, 즉 중국문명은 동이문명을 바탕으로 그 위에 세워진 문명임을 웬만한 동양학자들은 다 알고 있다.

갑골문만 하더라도 은허(殷墟)의 유물이고, 은(殷)의 문명은 동이문명을 기초로 성립된 문명이다. 오늘날 중국문명을 대표하는 성인인 공자도 송나라 후예로 구이(九夷)를 그리워하였음을 논어(論語)를 통해 알 수 있다. 은(殷)의 문명은 옛 송(宋)나라로 전달되었고, 다시 노(魯)나라로 전승되어 공자에 이르렀던 것이다. 공자의 예악(禮樂)문화는 동이와 하화족의 공동문화유산이다.

고대문명과 문화를 오늘날 국경선이나 이해관계에 따라 어느 나라의 것이라고 단정하는 것은 문화 자체의 흐름과 변동의 성격을 감안할 때 매우 위험한 발상이다. 그러한 점에서 한국인으로서 북경대학에서 철학박사 학위를 받은 라석 시인이 동아시아 문명을 기행하면서 고전과 더불어 동아시아 산하를 한 눈에 볼 수 있도록 시로 응축한다는 것은 시대적 의미가 있을 수밖에 없다. 라석 시인은 어떤 동양학자보다도 이러한 사명에 적임자이고 특임자이다. 일찍이 외조부로부터 한문을 배워 고전 경학에 통달하였을 뿐만 아니라 다시 북경대학에 유학하여 철학과 미학을 익힘으로써 동서고금(東西古今)의 문명에 두루 학식을 갖춘 인물이다. 따라서 그는 동아시아문명과 문화를 일이

관지(一以貫之)할 수 있는 힘을 가지고 있다.

　아울러 라석은 학문을 좋아했을 뿐만 아니라 시서화(詩書畵)를 연마하여 나름의 일가를 이루었으며 심물론(心物論)철학을 바탕으로 심물지파(心物之波)의 물파주의(Mulpaism) 필묵 예술운동을 국제적으로 펼친 장본인이다. 이에 더하여 틈만 나면 유오산수(遊娛山水)하는 여행을 좋아하여 풍류객(風流客)으로 중국 대륙과 시베리아, 몽골, 돈황 넘어 옛 36국의 서역, 티벳까지 발이 닿지 않은 곳이 없을 정도로 주유천하했다. 이제 그에게 고전과 대륙의 산하가 어우러진 여행기를 집대성하도록 하늘이 사명을 주었으니 그 결집물이 바로 '동아시아문명기행시집 1'이다.

　중국 땅은 하도 넓고 커서 장강(長江)과 황하(黃河)를 비롯하여 강산(江山)과 하천(河川)이 복잡하게 얽혀있으므로 고전과 역사를 안다고 하더라도 지리와 문명, 즉 문화와 유불선의 철학과의 관계를 제대로 숙지하고 해독하기 그만큼 어렵다. 이러한 난제를 풀어줄 수 있는 동아시아 한중일 삼국의 적임자가 바로 라석 시인이다. 그래서 우리는 라석의 문명기행을 응원해 왔다.

　이 책은 미래 동아시아 인재들의 교양서로서도 손색이 없을 것이다. 역사를 지리와 더불어 읽고, 역사를 빼어난 인재와 더불어 사색하면서, 또한 시인묵객 예술가들의 작품과 더불어 음미할 수 있다면 이보다 즐거운 일은 없을 것이다. 또한 짧게 응축된 시를 현장의 귀한 자료사진과 더불어 즐긴다는 것은 금상첨화의 즐거움이 아니랴!

　이 한 권의 책으로 공자의 즐거움의 전부라고 할 수 있는 불역열호(不亦說乎), 불역락호(不亦樂乎), 불역군자호(不亦君子乎)를 동시에 즐길 수 있을 것으로 사료된다. 오늘날 중국의 어느 시인과 학자가 라석과 같은 반열에 오를 수 있으며, 일본의 어느 시인과 학자가 이렇게 폭넓은 시야와 깊이를 가질 수 있다는 말인가. 라석과 함께 우리시대의 죽림칠현을 꿈꾸는 불한티 멤버의 한 사람으로서 뜻깊은 이 책의 상재를 축하한다. 그리고 동아시아문명기행 2권도 차질 없이 출간될 수 있기를 기원한다.

2023년 9월 25일 한가위를 앞두고 파주 交河에서

시인의 물음은 무겁고 벅차다

한빛 **김주성** 정치철학박사

라석 손병철 선생의 심물시가 366수로 대장정을 마쳤다. 길고 긴 여정은 동아시아 문명의 흐름을 누비고 있다. 걸음을 멈출 때마다 옛 문명의 영욕을 노래한다. 시인의 발걸음은 황하를 거슬러 올라 곳곳을 살펴보다가, 장강을 타고 휘돌아 백두산 천지에서 마무리 된다. 시인의 노고를 치하해야 할 텐데, 시심이 머문 곳이 워낙 많으니 간추리기가 쉽지 않다.

마침 주옥같은 시들 가운데 눈길을 사로잡는 시편이 있어 소재로 삼을까 한다. '누란(樓蘭)을 떠나며'란 시편인데, 시인은 이 시에서 갑자기 누구도 묻지 않았던 질문을 던지고 있다. 타림 분지의 입구에 자리한 작은 도시로서 비단길의 길목에 있었던 누란을 둘러보고, 시인은 고개를 갸우뚱한다. 누란을 통해서 서쪽의 가르침이 들어왔는데, 왜 동쪽의 가르침은 설산을 넘지 않았느냐는 것이다.

잘 알려졌듯이, 비단길을 통해서 비단, 도자기, 종이, 나침반, 화약이 서쪽으로 넘어갔다. 동쪽의 발명품이 서쪽으로 들어간 것이다. 서쪽에서는 환호하였을 뿐만 아니라, 충격을 받고 사회변화까지 일어났다. 비단과 도자기는 엄두도 낼 수 없을 만큼 화려하였고, 나침반과 화약은 대항해시대까지 열었다. 종이는 지식을 대중화시키고, 문화를 폭발적으로 발전시켰다.

비단길을 통해서 불교와 이슬람, 조로아스터교와 유대교, 기독교와 마니교가 동쪽으로 들어왔다. 서쪽의 여러 가르침이 동쪽으로 밀려온 것이다. 그런데 동쪽의 가르침은 비단길을 통해서 서쪽으로 넘어가지 않았다. 동쪽의 가르침이 서쪽으로 넘어간 때는 근대의 계몽시대였다. 그것도 신앙의 형태로가 아니라 철학의 형태로 전해졌고, 비단길이 아니라 바닷길을 통해서 건너갔다.

아마 시인의 질문에 대한 답은 여기에 있는지도 모른다. 동쪽의 가르침과 서쪽의 가르침이 달랐기 때문이 아니었을까? 종교는 신과 인간을 이어준다. 종교의 가르침은 지성이 아니라 영성을 기른다. 지성이 앎의 문제라면, 영성은 믿음의 문제이다. 이렇게 본다면, 동서쪽의 가르침이 어떻게 다른지 알 수 있다. 동쪽의 가르침은 주로 지상의 삶을 알려 주는 지성의 철학이었고, 서쪽의 가르침은 주로 천상의 삶을 믿게 하는 영성의 종교였던 셈이다.

시인의 말대로 동쪽에서는 영성을 철저히 다루는 종교가 없었으니까, 서쪽의 종교에 호기심이 많았을 것이다. 그렇지만 서쪽에 지성을 다루는 철학이 없을 리 없었을 테니, 동쪽의 가르침에 그리 큰 호기심은 없었으리라. 그런 만큼 동쪽의 가르침이 비바람과 눈보라를 헤치며 발걸음을 옮겨야하는 비단길을 타고 서쪽으로 넘어갈 일은 없었을지 모른다. 바람결을 타고 미끄러지는 바닷길이 열리고서야, 동쪽의 가르침이 서쪽으로 넘어간 것을 보면 짐작이 간다.

지상의 삶에 밝았던 동쪽에서는 생활용품이 먼저 발전했다. 서쪽에서 흉내조차 낼 수 없었던 4대 발명품을 비롯하여 비단이나 도자기가 먼저 발전된 이유일 듯싶다. 그것들에 대한 서쪽의 관심이 컸을 테니, 비바람과 눈보라를 헤치고 서쪽으로 넘겨주었을 것이다. 대신 동쪽에서는 천상의 삶에 대한 서쪽의 가르침을 받아들이고 말이다.

The poet's question is heavy and profound
Kim, Joo Sung Ph.D.

Poet Lasok Son has completed his epic journey of 366 poems. This long and arduous odyssey traverses the flow of East Asian civilization. At every pause in his steps, he sings the nostalgia of ancient civilizations. The poet's footsteps take him through the lands, ascending against the Yellow River, examining various places, and eventually winding down along the Yangtze River to conclude at the peak of Mount Baekdu. Acknowledging the poet's dedication is essential, but since his poetic spirit dwells in so many places, it is not easy to condense it.

Among the precious poems, there is one that catches my eye, which I want to talk about. It's a poem titled "Leaving Loulan," and in this poem, the poet suddenly poses a question that no one had asked before. While looking around Loulan, which sits at the entrance to the Tarim Basin, the poet raises an intriguing question. "Through Loulan, the teachings from the west came, but why did the teachings from the east not cross over to the west?"

As is well known, through the Silk Road, silk, ceramics, paper, compasses, and gunpowder made their way westward. In the west, there was not only jubilation but also shock, leading to societal changes. Silk and ceramics were so splendid that they were beyond imagination, while compasses and gunpowder remained significant until the Age of Exploration. Paper democratized knowledge and sparked explosive cultural development.

Through the Silk Road, Buddhism and Islam, Zoroastrianism and Judaism, Christianity and Manichaeism entered the east. Various teachings from the west flowed eastward. However, the teachings from the east did not cross over to the west through

樓蘭을 떠나며
羅石心物詩(171)

실크로드로 불교와 이슬람
조로아스터교 및 유대교와

기독교와 마니교 등 세계적
종교 드나들지 않음 없는데

유교와 도교는 설산넘어서
서방쪽으로 가지 못했을까

사막을 건너서 오아시스를
가며 어느 누구 묻지않았네

왜 도를 구하러 서쪽땅으로
자꾸자꾸 가기만 하였을까

서쪽땅엔 참 진리가 있는데
동쪽엔 큰 진리가 없었는가

도를 도라하면 도가 아니듯
조문도의 답을 듣지 못했던

유가도 도가도 교가 아니듯
존재의 부정 때문이었을까

2022. 2. 18.

왜 받기만 하고 주지는 못했을까? 20C 전까지 중국에는 왜 종교다운 종교가 하나도 없었을까? 토착종교라 믿었던 유교와 도교는 결국 유가와 도가의 한계를 넘어설 수 없었을까? 윤리적 실천사상과 신선수행 방법에 그친 것은 아닌가? 새로운 희망의 가능성은 어디로부터 오는가? 여러 차례 서역을 여행하며 옛 유적과 유물을 통해 품었던 의문은 하나의 새로운 화두로 남았다. 21C 팬데믹시대에도 累卵의 위기가 떠오르는 것은 왜일까.

Leaving Loulan
羅石心物詩(171)

Loulan, where the Silk Road bore witness
To the passage of Buddhism and Islam, no less,
With Zoroastrianism, Judaism, and more,
World religions coming and going through its door.

But why, Confucianism and Taoism, stayed behind,
Unable to cross mountains, the Western path declined,
Through deserts and oases, no questions were voiced,
Why persistently seek 'the Way' in the West, they rejoiced?

While truth thrived in the West's expanse,
In the East, it struggled for a chance,
Was the only way to the Western lands to roam,
To find enlightenment, one's spiritual home?

Calling a way 'the Way' doesn't make it so,
Didn't we hear of 'the Way' in the morning?
Neither Confucianism nor Taoism are religions,
Could it be due to a denial of the Existence?

Lasok Poem 171, February 18, 2023

Note: Why did we only receive and not give? Why, until the 20th century, was there not a single religion in China worth her salt? Could it be that Confucianism and Taoism, believed to be indigenous religions, ultimately couldn't transcend the limits of their intellectualism? Was it limited to ethical practices and methods of character training? Where does the possibility of a new hope come from? The questions I held through numerous journeys to the Western Regions, pondering ancient relics and artifacts, have remained as a new topic. Why, even in the 21st-century pandemic era, does the crisis of piled-up eggs, or Loulan emerge again?

the Silk Road. When the teachings from the east reached the west, it was during the modern Enlightenment era. Moreover, these teachings were transmitted not in the form of faith but as philosophy, and they went over to the west not through the Silk Road but through sea routes.

Perhaps the answer to the poet's question lies here as well. Could it be because the teachings of the east and west were different? Religion connects God and human beings. Religious teachings mainly nurture spirituality, not intellect. While intellect pertains to knowledge, spirituality pertains to faith. Viewing it this way, we can understand how the teachings of the east and west differed. Eastern teachings were primarily intellectual philosophies that informed earthly life, while western teachings were predominantly spiritual religions that instilled belief in heavenly life.

As the poet suggests, since there were no religions in the east that thoroughly dealt with spirituality, there would have been a great curiosity about western religions. However, it's hard to believe that there were no intellectual philosophies in the west, so there may not have been as much curiosity about eastern teachings. Therefore, it's possible that eastern teachings never had to venture westward through the Silk Road, which required braving storms and blizzards. It is only when the sea routes opened, allowing for smoother travel, that we can surmise eastern teachings made their way to the west.

In the east, where a focus on earthly life prevailed, daily necessities seem to have advanced first. That might be the reason why items like silk and ceramics, including the four major inventions that the west couldn't even imitate, appeared first in the east. The significant interest in these goods from the west could have moved these innovations to the west, braving storms and blizzards. In return, the east may have embraced teachings from the west about heavenly life.

羅石心物詩를 읽고
366首 讀後感

凡然 鄭禹泳 철학박사

서울 안가본 이
서울 사람 이긴다 했던가

황하 장강 3만리 길
五岳 협곡 지나 사막을
그들은 天下라 불렀으니
그 綿綿을
손바닥 보듯 전해주었으니
그곳 사람들에게
우린 앉아서도 이길 만하네

여울져 굽이치는 물결
重重無盡 천하 산세에 서린
오랜 삶의 흔적, 대륙문명
그 그늘 속 삶의 애환마저
詩와 노래로 전해 주었네

노는 건 동네 마을을
벗어나지 못하고
보는 건 백리에 불과하다
한탄했던 옛 시인 蘇轍
천하의 장엄함 구하러
길 떠났다는데

羅石의 발걸음
하나 하나에 담긴 주옥의 詩句
아름다움과 哲理의 깊이에
사진마저 곁들였으니

천하 옛 시인 부럽지 않네

하늘 땅 각각 다른 風光들
굽이굽이 고을마다 얽힌 전설들
너무 오래되어 낡은 문화
잠겨 잊혀진 역사의 뒤안길
풀어 밝히고
새로운 길 예시하더니

볼거리 먹고 마실거리
대륙의 세시풍속마저
두루 펼쳐 보이고
끝내는 나라 걱정으로
聖山에서 그 막을 내렸으니
시인의 우환의식 끝이 없네

365에 하루를 더한 것은
할 말이 아직 남았음을 보임이니
새로운 대장정 떠나는 길에
順風을 기대하며
그간의 여정 감축드리오

예부터 觀光을 留學이라 했고
見聞과 통한다는 그 말
내 비로소 알겠네

2023. 9. 11.
宛山 禹穴에서

心物詩와 心物哲學

「心遠哲學과 心物合一論」

　심원 김형효(心遠 金炯孝) 선생은 고금의 동서철학과 한국철학을 두루 섭렵하고 불후의 저서들을 남긴 한국철학자 가운데 걸출한 존재이다. 한국현대철학의 제1세대인 열암 박종홍 선생의 제자로서 청출어람을 이룬 제2세대의 대표적인 철학자라 할 것이다. 이 땅에서 심원선생 만큼 여러 개 언어를 구사한 철학자는 찾기 쉽지 않고(한문을 포함해 5개국 언어에 정통), 종횡무진으로 동서고금의 철학의 밭을 갈아 제친 분도 없을 것이기 때문이다. 그러기에 심원철학의 옥토를 잘 가꾸어 풍성한 결실을 맺어야 할 몫은 후학들인 우리에게 남아있다.

　필자는 철학도로서 80년대 말부터 선생의 저서를 읽었지만, 90년대에 유학을 마치고 돌아와서야 선생의 존안을 뵐 수 있었다. 그런데 유학 가 있는 동안 내신 저서들을 돌아와 찾아 읽어 내기가 쉽지 않았다. 2000년대에 들어와서는 더욱 그랬다. 다 읽기도 전에 두터운 새 책들이 쏟아져 나왔기 때문이다. 더더구나 필자는 동양철학 전공자로서 서양철학에 어두운 편이라 쫓아가기가 힘들기도 하였다. 선생의 문장은 물 흐르듯 막힘이 없어 문학책을 읽듯 단숨에 읽히기는 하였으나, 관심 분야가 넓고 깊어 핵심을 파악하기가 결코 쉽지를 않았다. 선생은 동양철학과 한국철학의 핵심 분야인 유불도(儒佛道) 삼가(三家)를 서양철학과 비교 연구하여 집대성하였던 것이다. 그렇지만 책마다 주석과 색인이 잘 되어 있어서 후학들이 많은 도움을 받고 있다.

　만년에는 병고에 시달리셔서 선생과 즐거운 청담 자리를 마음껏 가질 수 없었다. 여간 아쉬운 일이 아니다. 하지만 선생의 장서와 유품의 일부를 소장할 수 있게 되어 안타까움을 달래고 있다. 전생에 어떤 업을 쌓았는지 모르지만 이런 귀한 인연을 얻게 되니 감사할 따름이다. 필자가 은거하고 있는 불한티산방에는 따로 마련한 심원서재가 있는데, 서가에는 선생의 때 묻은 책들이 빼곡히 꽂혀 있다. 서책의 면지에는 선생의 장서인이 모두 찍혀 있다. 서가의 책들을 바라보거나 펼쳐 볼 때마다 무언의 가르침이 엄습해오기도 한다. 철학자로서의 성실한 자세와 엄격한 학문의 길에 대한 전범이 보이기 때문이다. 산방에는 심원서재만 있는 것이 아니다. 주변의 불한계곡에는 필자가 명명한 불한12곡 중 심원폭포도 있다. 필자는 선생의 입실제자가 아니고 심원철학회의 말석에 자리한 사숙제자일 뿐이다. 그렇지만 생전의 선생을 회고할 때면 깊디깊은 말씀과 함께 천진난만한 수행자의 표정이 떠오르곤 한다.

심원선생을 추모하는 뜻에서 선생과 공유했던 철학적 관심사항을 키워드로 짚어내어 소개해 본다. 30권에 이르는 방대한 저서를 바탕으로 선생의 철학생애를 살펴본다면 몇 단계의 시기로 구분할 수 있겠지만, 크게 보면 2000년을 기점으로 전후에 큰 변화가 일어난 것을 알 수 있다. 새로운 밀레니엄은 선생에게 있어서 '철학'에서 '사유'로 넘어가는 전환점이었다. 만년에 중관학과 유식학 그리고 화엄학 등 불교철학에 심취하게 되면서 일어난 변화로 보인다. 2003년 이후 10년 동안 저술에 거의 빠짐없이 등장하는 중요한 철학용어가 하나 있다. 그것은 '심물합일(心物合一)'이란 새로운 철학어휘이다. 그것은 유심론도 유물론도 아닌 '심물론'을 대표하는 철학적 키워드이다.

필자가 심물합일이란 용어에 관심을 가지게 된 것은 학창시절에 스승에게 배운 심물문리철(心物文理哲)과 심물론리철(心物論理哲)로 구성되는 '심물론(心物論)' 철학과 관련이 있다. 필자는 승조(僧肇, 384-414)의 [조론(肇論)]을 심물론적으로 해석하여 박사학위 논문('肇論通解及研究', 북경대 1996)을 썼다. 심물관계에 대해서는 유학시절에 탕일개(湯一介) 지도교수 및 장대년(張岱年) 원로교수와 여러 차례 토론했었다. 그렇지만 귀국한 뒤에 심물론에 대한 토론은 심원선생과 유일했다. 필자에게는 철학의 대선배였지만 학문적 동지처럼 너무나 반갑고 소중한 분이었다. 학위논문과 대만에서 발간된 졸저를 드리고 마음껏 토론의 장을 벌리고 싶었지만, 아쉽게도 서로 여의치는 못했다.

이 '심물합일(心物合一)'은 심원선생의 대표작 가운데 하나인 불교의 유식학과 화엄학으로 해석한 하이데거 전기 후기 연구 저술(2000-2002)에서도 아직 발견되지 않는다.

이 용어는 [물학·심학·실학](2003)에 와서야 비로소 등장하는데, '심물합일'이 2번, '심물일체'가 1번 나온다. 이어서 [사유하는 도덕경](2004)에 7번, [철학적 사유와 진리에 대하여](2권, 2004)에 4번 나온다. 그리고 [원효의 대승철학](2006)에는 무려 21번이나 나오는데, '심물합일의 로고스,' '심물합일의 법', '심물합일의 사유', '심물합일의 상응론', '심물합일적 상응과 공명'과 같이 다양한 어휘로 변용되고 확장되어 있다. 마지막 작품이자 철학에세이라 할 수 있는 김형효 철학 산책 [마음혁명](2007)과 철학 편력의 [철학 나그네](2010) 등 3부작에도 심물관계가 여러 곳 언급되어 있다.

심원철학의 심물합일론(心物合一論)에 대해서는 필자를 비롯한 후학들이 앞으로 연구해나가야 하겠지만, 필자가 강조하고 싶은 것은 심원철학에 있어 '심물합일'은 매우 중요한 철학적 귀결점이자 핵심 키워드라는 점이다. 예를 들어, "유식학적 일심(一心)은 오직 인간중심적 마음을 지칭하는 것이 아니라, 우주적 마음으로 우주 법계에 존재하는 모든 중생들의 욕망과 그 기(氣)를 다 총칭하는 그런 심물합일(心物合一)의 마음으로 읽어야 하겠다."([원효의 대승철학] 48쪽)는 문장을 보자. 여기에서는 원효의 일심이문(一心二門)을 해석하면서도 심물합일의 '마음이 기운('人心氣也', 스승 말씀)'임을 전제하고 있지 않은가? 또한 "성불(成佛)의 상징인 심물합일(心物合一)의 관여를 마지막으로 훼방하는 무명(無明)"(같은 책 413쪽)에 대한 언급을 보면, 심원철학이 마지막에 어디에 이르고 있는지를 짐작할 수 있다. 선생은 만년에 불교에 귀의하였다.

심원선생을 기리며 지난 여름(8. 17.)에 쓴 졸시를 첨부한다.

벌바위통신(羅石通信, 56)
―心遠哲學

멀리 보면 잘 볼 수가 있다
아무도 가지 않은 산정

어두운 밤에 더 잘 보인다
바닷가 외로운 등대불

은밀히 보면 잘 알 수 있다
자기 허물을 벗는 생명

형형한 눈빛으로 본 세계
하나로 합일되는 심물

향기가 멀리 갈수록 더욱
맑아지는 그 이치처럼

밝혀 놓은 배움의 큰 강물
쉬지 않고 바다로 가리

다시 밝히는 지혜의 산맥
사해에 우뚝 솟으리니

마음과 사물이 하나인 법
심원이 쌓은 거대한 탑

註 저자(羅石 孫炳哲)의 이 글은 2022년 12월 심원 김형효 선생 5주기 논문 및 추모집[심원 김형효의 철학적 사유와 삶]에 게재된 것으로서 '心物詩'에 대한 이해를 돕기 위해 이 시집에 다시 수록한 것임을 밝힌다.

손병철 라석
孫 炳 哲 羅石 Lasok Son

2021 한빛 촬영

號   羅石, 牟田, 溪亭, 弗寒子, 羅翁
堂號   牟荃齋, 二樂齋, 二默齋, 三竹軒, 石隱樓, 百硯齋,
       北壽齋, 尋齋, 葛石齋, 百梅軒, 弗寒齋, 弗寒山房
字   玉果, 法名 : 景現智, 書藝事師 : 素荃 孫在馨 先生

學歷
北京大學 哲學, 美學 專攻 / 哲學博士
北京大學 比較文化硏究所 硏究員(博士後過程)
中國 中央美術學院 美術史學系 書畵鑑定 碩士

經歷
요녕성 단동사범대학 외빈교수, 성덕대학 전임교수
경희대학교 예술대학, 고려대학 대학원, 경상대학 대학원 강사
부산예총, 부산미술, 한국서협 사무국장 이사 역임
부산YMCA학원, 서라벌외국어학원, 라석서예학원 원장
부산바다미술제, 서울서예비엔날레, 하이서울(서울시) 총감독
물파아트센터, 물파공간서울, 물파공간북경(2002~2013) 관장
통일미술연구소장, 신동북아문화예술연구원장, 국제복희학회장

詩集
[正坐] (1974, 한일출판사), [내 사랑은] (1983, 문장사)
[許黃玉이 加洛國에 온 까닭] (1995, 풀잎문학)
[지상에 머무는 동안] (1995, 풀잎문학)
[창가에 두고 온 달] (1995, 풀잎문학)
[羅石心物詩-동아시아문명기행시집 1] (2023, 불한재)

著書
[肇論通解及硏究] (1999, 대만 불광사, 法藏文庫 19卷),
[物波主義] (1999, 서울 도올아트),
[物波全集] (1997~2013, 10권 물파아트센터),
[羅石文筆集] (2006), [筆墨精神] (2002, 물파아트센터),
[泰墨全集] (2002~2013, 25권 물파아트센터)
[소전 손재형과 호암 이병철의 문화재 이야기] 2023, 불한재

譯書
손소[良敏公文集], 손중돈[愚齋文集] (1982), 이희인[東隱經事]
[達摩易筋經] (1977), [黃帝陰符經] (2020), [時中易] (2021)
僧肇 [肇論通解] (2019)

論文
[肇論通解及研究] (북경대학 박사학위논문, 1996)
[魏晉佛敎의 玄學化] (북경 [原學], 1995)
[心經初探-원측의 티벳장경 속 '심경찬' 연구], [文化的 回顧與展望], 1994)
[周敦頤의 인생추구와 정신경계-시문중심으로] (북경 [原學], 1995)
[淮南子, 한의학과의 상관관계연구] (북경 [中醫學報], 1996)
[退溪梅花詩研究] (초정서예연구원 발표, 2007)
[眞善美와 筆墨精神論] (고려대학교 교육대학원 세미나, 2010)
[心遠哲學과 心物 合一論] (2002, [해체적 사유와 마음혁명])

雜誌
[월간부산예술](1984), [계간부산미술](1985), [월간한국서예](1989)
[白頭의 얼] (1993, 북경), [原學] (1994, 북경), [아트웹진](2001, 서울) 등 창간

展示
개인전/북경전(북경호텔 귀빈루 2층 亞字房 갤러리, 1992)
서울전(서초갤러리, 1998), 대만전(대북갤러리, 1999),
파리전(파리시립미술관, 1999)
서울전(물파아트센터, 2006)
기타 그룹전, 국제전, 기획초대전 다수 참가
전시기획/부산바다미술제(해운대해수욕장 일대, 1985)
2002월드컵기념 국제초서정신전(2002, 예술의전당 서예박물관)
서울서예비엔날레(서울시립박물관, 공평아트센터, 예술의전당 2005, 2007)
세계아동상형문자전(서울예술의전당 서예박물관, 2005)
하이서울, 세계서예축제(물파아트센터 등, 인사동 지역 7개 전시장 2006)
한중일현대서예20인전(물파스페이스 갤러리, 2006)
물파그룹창립10주년전(798아트존 북경물파공간, 2007)
물파그룹, 태묵그룹의 서울 북경 동경 싱가포르 파리 뉴욕 등(1997~2013)
물파그룹순회전(서울, 전주, 대구, 부산, 1997~ 2001)

會員
경기시문학회, 시류동인(1973~1975), 철필동인, 물파동인(1997~현재)
한국문인협회(현재), 한국미술협회, 한국서예협회, 한국전각연구회 회원
초대 도우회 및 영우회원, 한국문인화연구회, 한국서예포럼 회원 등

편집자의 후기

동양의 옛 현인들과 문인들이 문사철에 두루 통하여 시와 서화를 남겼듯이 라석 손병철 박사는 청년시절부터 지금까지 다섯 권의 시집을 펴낸 바 있고, 서예와 현대미술작업도 꾸준히 해오신 분이다. 40여년 세계 여러 나라를 주유하며 기행시를 써 왔으나 특히 지난해부터 매일 핸드폰으로 중국대륙을 시작으로 동아시아 문명의 근원과 그 문화를 시로 옮겨오고 있다. 그 형식은 시와 주해 그리고 관련 이미지 자료와 함께 삼위일체로 구성되어 있다. 1년을 하루도 쉬지 않고 SNS를 통해 국내외 300여명의 독자들에게 매일 보냈으며, 국내 애독자는 물론 해외 독자들 또한 많은 성원의 댓글을 보내왔던 것으로 안다.

대륙문명의 역사 인물과 사적지가 시 내용의 주류를 이루고 있어 축약된 시어로서 전달하자니 부족한 부분은 시마다 주해를 붙일 수밖에 없었고 관련 사진자료들이 동원되기 마련이었다. 세 구성 요소가 일체가 되어 엮어진 366편의 이 시집은 무려 7백60십여 페이지에 이르니, 세계문학사에서 이런 연재시 형식의 방대한 시집이 나온 전례는 없을 것이다. 시의 내용에 있어서도 기존 일반 관광 위주의 기행시문과는 판이하게 다르다. 시인의 해박한 文史哲을 통한 중국의 儒佛道 종교철학과 인물 뿐만 아니라 시인이 몸소 익힌 詩書畵 예술의 안목으로 동아시아문명과 문화예술의 다양한 분야를 섭렵하고 있기 때문이다. 그리고 모바일에 적화된 시 쓰기로 지금까지 지구상에 없었던 전혀 새로운 시형식이 탄생한 것이다.

이는 SNS의 시대가 열렸기에 가능한 새로운 문학 작업이기도 하다. 핸드폰에 바로 시 쓰기는 한시의 5언, 7언 율시처럼 운율을 중시한 정형시 형식을 갖추고 있다. 그것은 라석 시인처럼 즉석에서 써내는 한시 쓰기에 익숙한 시인이기에 이런 시를 쓸 수 있었을 것이다. 심물시를 한시 7언율시로 바꾸었을 때 8행이 7언 네 줄로, 16행은 7언절구 두 수가 되는 셈이다. 이처럼 핸드폰의 자판에 제한되는 글자 수를 고려하여 한 행의 글자를 10자, 11자로 하는 16행의 정형으로 독창적인 시 쓰기가 전개된 것임을 알 수 있다. 한편 현대문명의 혜택인 SNS로 날마다 즉각 발송했다는 것은 받은 독자들이 다시 제3의 새로운 다수 독자들에게도 전파할 수 있는 디지털시대에 새로운 문학 장르의 창출을 의미한다. 시대가 변하면 문화예술도 조류(潮流)에 따르기 마련이다.

편집자로서 이 시집의 몇 가지 특징을 말한다면 366일 보내진 이 시들을 한 권의 책으로 엮는데 있어 시 한 편에 따른 주해와 더불어 펼친 양면에 자료 이미지들을 기준 그리드 없이 레이아웃해나 갔다는 점이다. 아울러 시와 주해는 모바일의 시형식 그대로 흩어지지 않고 묶여진 채 시집 지면의 좌우 위치를 가리지 않고 자유롭게 이동하는 형식으로 편집하였다. 여기 쓰인 이미지들은 시에 연관된 것으로 시인이 직접 촬영한 것도 있고, 여러 사진 자료원에서 또 일반인이 쉽게 접근하기 어려운 희귀한 유물 이미지와 수많은 주요사항들을 자료를 통해 뒷받침한 것도 있다. 특히 보기힘든 고금의 많은 역사 이미지들이 함께 등장한다는 점이 돋보인다. 시인은 366편의 시 편집을 위해 필요한 이미지 자료 4~7점씩 총 3,000여 점을 머리 속에 넣고 있었으니, 편집자로서는시인의 홍관(鴻觀)에 새삼 놀랄 따름이다.

그리고 본래 [불한자심물시-라석중국기행시집]으로 진행되어 왔으나 편집과 교정하는 과정에서 라석 시인의 시 내용 중 핵심 주제가 동아시아 문명과 그 문화라는 것을 간파하고 편집자는 중국기행에서 끝날 문제가 아니라고 판단해 시집 부제를 [동아시아문명기행시집]으로 하고, 일본, 시베리아, 몽골 그리고 한국(남북한)을 포함해 두 번째 [라석동아시아문명기행시집<2>] 를 제안하게 이르렀다. 시인도 흔쾌히 수락하고 그렇게 재출발 하기로 했으니 고마울 뿐이다.

한편 편집자는 평생 다양한 많은 책들을 편집, 디자인해 왔지만 이번처럼 새로운 형식과 내용의 초대형 시집은 처음이다. 편집자는 이 시집에 닮긴 시와 자료들을 통한 다양한 내용을 시인으로부터 크게 배울 수 있는 기회였으며, 또한 내용을 반드시 숙지함으로써 편집을 진행할 수 있었던 것도 사실이다. 한 달여 함께 작업해 오면서 편집자는 저자와 더불어 즐겁고 유쾌한 시간이었다. 두고두고 귀한 추억이 될 것이다. 마지막까지 교정에 도움을 주신 장기성 선생에게 감사를 드린다. 아울러 장차 두번 째 라석 시인의 [동아시아문명기행시집]의 성공을 기대한다.

2023. 9. 29. 계묘년 추석날에 편집자 김호근

라석심물시
동아시아문명기행시집[1]
Lasok's Poems of Unified Mind and World
Lasok's Anthology of Touring East Asian Civilization

2023년 12월 12일 초판 1쇄 펴냄

지은이 손병철(라석 불한자)
편집인 김호근(불한재 주간)
발행처 도서출판 불한재
디자인 김호근, 고미자(디자인투데이)
교 정 장기성(대전대학교 박물관)
인 쇄 함덕호(서울컴)

등 록 2023년 10월 18일 제 2023-000111
주 소 서울특별시 영등포구 영산로 32 그린오피스텔 505호
전 화 02-833-1747
팩 스 02-833-1748
메 일 lasokson@hanmail.net
ISBN 979-11-985430-0-4

정 가 50,000원

이 책은 저작권법에 따라 보호받는 저작물이므로 무단전재와 무단복제를 금지하며, 책의 내용을 전부 또는 일부를 이용하시려면 반드시 저작권자와 도서출판 불한재의 서면 동의를 받아야 합니다. *잘못된 책은 구입하신 곳에서 바꾸어 드립니다.